総合判例研究叢書

刑　法 (8)

有　斐　閣

序

フランスにおいて、自由法学の名とともに判例の研究が異常な発達を遂げているのは、その民法典が百五十余年の齢を重ねたからだといわれている。それに比較すると、わが国の諸法典は、まだ若い。最も古いものでも、六、七十年の年月を経たに過ぎない。しかし、わが国の諸法典は、いずれも、近代的法制を全く知らなかつたところに輸入されたものである。そのことを思えば、この六十年の間に極めて重要な判例の変遷があつたであろうことは、容易に想像がつく。事実、わが国の諸法典は、それに関連する判例の研究でこれを補充しなければ、その正確な意味を理解し得ないようになつている。

判例が法源であるかどうかの理論については、今日なお議論の余地があろう。しかし、実際問題として、多くの条項が判例によつてその具体的な意義を明かにされているばかりでなく、判例によつて特殊の制度が創造されている例も、決して少くはない。判例研究の重要なことについては、何人も異議のないことであろう。

判例の創造した特殊の制度の内容を明かにするためにはもちろんのこと、判例によつて明かにされた条項の意義を探るためにも、判例の総合的な研究が必要である。同一の事項についてのすべての判決を探り、取り扱われた事実の微妙な差異に注意しながら、総合的・発展的に研究するのでなければ、判例の研究は、決して終局の目的を達することはできない。そしてそれには、時間をかけた克明な努力を必要とする。

幸なことには、わが国でも、十数年来、そうした研究の必要が感じられ、優れた成果も少くないようになつた。いまや、この成果を集め、足らざるを補ない、欠けたるを充たし、全分野にわたる研究を完成すべき時期に際会している。

かようにして、われわれは、全国の学者を動員し、すでに優れた研究のできているものについては、その補訂を乞い、まだ研究の尽されていないものについては、新たに適任者にお願いして、ここに「総合判例研究叢書」を編むことにした。第一回に発表したものは、各法域に亘る重要な問題のうち、研究成果の比較的早くでき上ると予想されるものである。これに洩れた事項でさらに重要なもののあることは、われわれもよく知つている。やがて、第二回、第三回と編集を継続して、完全な総合判例法の完成を期するつもりである。ここに、編集に当つての所信を述べ、協力される諸学者に深甚の謝意を表するとともに、同学の士の援助を願う次第である。

昭和三十一年五月

編集代表

小野清一郎　宮沢俊義
末川　博　我妻　栄
中川善之助

凡例

一 判例の重要なものについては判旨、事実、上告論旨等を引用し、各件毎に一連番号を附した。

二 判例年月日。巻数、頁数等を示すには、おおむね左の略号を用いた。

大判大五・一一・八民録二二・二〇七七　(大審院判決録)
(大正五年十一月八日、大審院判決、大審院民事判決録二十二輯二〇七七頁)

大判大一四・四・二三刑集四・二六二　(大審院判例集)

最判昭二二・一二・一五刑集一・一・八〇　(最高裁判所判例集)
(昭和二十二年十二月十五日、最高裁判所判決、最高裁判所刑事判例集一巻一号八〇頁)

大判昭二・一二・六新聞二七九一・一五　(法律新聞)

大判昭三・九・二〇評論一八民法五七五　(法律評論)

大判昭四・五・二二裁判例三・刑法五五　(大審院裁判例)

福岡高判昭二六・一二・一四刑集四・一四・二一一四　(高等裁判所判例集)

大阪高判昭二八・七・四下級民集四・七・九七一　(下級裁判所民事裁判例集)

最判昭二八・二・二〇行政例集四・二・二三一　(行政事件裁判例集)

名古屋高判昭二五・五・八特一〇・七〇　(高等裁判所刑事判決特報)

東京高判昭三〇・一〇・二四東京高時報六・二・民二四九　(東京高等裁判所判決時報)

札幌高決昭二九・七・二三高裁特報一・二・七一　(高等裁判所刑事裁判特報)

前橋地決昭三〇・六・三〇労民集六・四・三八九　(労働関係民事裁判例集)

その他に、例えば次のような略語を用いた。

裁判所時報＝裁　時　　家庭裁判所月報＝家裁月報

判例時報＝判　時　　判例タイムズ＝判　タ

緊急避難

安平政吉

目次

労働争議行為と違法性

藤木英雄

緊急避難

安平政吉

はしがき

終戦後、われわれの刑法学における課題として実務的にも特に深刻に争われた大きな問題に三つのものがある。その一は、「時際法の問題」であり、二は、「期待可能性の問題」であり、三は、「超法規的緊急状態の理論」であつた。これらのうち後の二つの問題は、いずれもここに取り扱つている「緊急避難」ということにも或る程度に関連して発生しているのである。

それで緊急避難に関する判例に対しては、筆者とても、つねに新しい角度からその間に包摂されている理論の指摘と解明につとめたつもりであつたが、はたしてどれだけの成果を挙げることができたか、自分ながら疑問としている。

ここに取り扱つた最高裁判所の判例をはじめ、旧大審院のそれ並びに下級審なる諸高等裁判所の判例は、大体において「八十」に達しようとしている。いますこし多数に及ぶことと想像していたが、かの「正当防衛」などに比較すると、案外にその数が少いように思われた。判例は大体において既往の諸学説を忠実に遵守しているように感じられた。刑法学における喜望岬である「期待可能性」の問題に関しては、何んといつても「緊急避難の理論」が最も近接することになるのであるから、この方面に大いに留意したのであつたが、旧大審院時代から最高裁判所の時代に入つて、「緊急避難と期待可能性」の関係を或る側面から取り扱つている判例を数個見出したが、この問題を真正面から取り扱つている最高裁の判例は、一つあるかないかの程度であるには、いささか失望の念を禁じ得なかつた。緊急避難の理論に関する判例的な諸開拓は、なおこれからだという感じを深くした。

緒　論

一　緊急避難の理論は、ドイツの或る学徒によつても指摘されているとおり、比較的新しいものである。その理論は永い間、かの正当防衛の理論の背後におしやられていた。人々は正当防衛に関しては、古くから相当の考慮を払つたのであつたが、緊急避難ということに関しては、格別にこれと区別することなく、いわば正当防衛の特殊の場合でもあるかのように曖昧な考え方で時を経過した。これは特にドイツ刑法学界において顕著に見受けられる事象であるが、かような傾向は、或る程度にまたわが刑法学界なり、刑法解釈の方面においても看取されるところである。

筆者は今次緊急避難に関するわが旧大審院の判例並びにちかく最高裁判所の判例及び全国各高等裁判所の判例等を一応総合的に研究して、特に右のような感じを深くする一人である。

二　周知の如くわが判例は、正当防衛に関しては相当に数も多く、理論においても可なり開拓されたものを提供しているのであるが、これに比較すると緊急避難に関する判例は、まず何よりも、その数において比較的少く、大体五、六十程度にすぎず、その論じているところも多く一般学説の範囲を出ていない。判例の方面からして、理論の発展を促したようなものは、きわめて少い。従つてわが刑法の解釈論において「違法阻却の事由」といえば、まず「正当防衛論」によつて代表されているといろも過言ではない状態である。

それでは「緊急避難」に関しては問題はないのか、この方面は理論的にまた解釈論的に開拓の余地がないのかといえば、決してそうではない。いな考え方によっては、今後は正当防衛の方面よりも、緊急避難の方が、むしろ根本的に再吟味せられなければならない多くの問題を有つように思われる。これを刑法学発達の現段階よりみるも、近時緊急避難の問題は、少くともつぎのような五つの方向からして一大飛躍と発展とが予想されているのである。

その第一は、人も知る如く一九一二年のドイツのヤーメス・ゴールドシュミットによって刺激された「責任問題としての緊急避難論」の抬頭であった。これによって緊急避難は、単なる違法阻却の一事由としてではなく、刑法の根本問題である「責任論」に対し或る影響を有つものでなかろうかが改めて話題とされることになった。第二は、「超法規的緊急状態の理論」の登場ということであった。ドイツ民法、刑法その他特別法における緊急避難に関する分散的な規定がきわめて不完全なことからして、ここにこれら諸法に立脚しつつも、しかも成法を超えての一種の避難理論が成法の解釈論として新しく唱えられることになった。第三は、「期待可能性の理論」の出現であり、これは緊急避難とははたしてどういう関係に立つかが改めて吟味されることにより、ここに緊急避難の理論は或る意味において刑法責任論にも相関する新しい視野の下に立たされることとなった。第四は、緊急避難をも含めての「違法阻却事由」についての錯誤論に関してであり、ここには故意の成立に「違法の認識」を要するかの問題に関連して、どういう程度までが事実の錯誤として故意を阻却するかが問題とされることとなった。第五は、特にわが国においては、近時かの「対物防衛」の本質論が再び登場するにつれ、この種事象はまた緊急避難論の立場からしても考究の余地があるところとされるに至った。

かようにして緊急避難の問題は、いまようやく刑法の理論的方面においては勿論のこと、実務方面においても幾多の難関を提供しようとしている。その判例的の現われとみるべきものの第一は、かの統制経済法令方面における闇取引とか、租税法方面における滞納その他の税法違反につき、緊急避難の理論を広義に解し、時には期待可能性の理論等を持ち出して一種の刑責否定の理由に供しようとする傾向が看取される一事である。第二は、緊急避難の理論が、合法的な社会階級闘争方面において、しだいしだいに広汎に展開されようとしている一事である。これは社会大衆運動とか、労働争議等の方面において特に顕著に見受けられる事象である。これらの事情に支配されて緊急避難の問題は、いまようやくわが判例の分野においても、新しい世界を見出そうとしている。ただ既往におけるわが判例を検討したところでは、前にも一言したとおり、忠実に一般学説を採用した程度に止まり、この方面における新分野への開拓は、なお今後の判例にまつの外はないように眺められるまでである。

以下に検討を試みた判例は、緊急避難に関する旧大審院の重要判例はもとより、最高裁判所の判例並びに全国各高等裁判所の判例であり、こと苟くも緊急避難に関するものであるかぎり大体これを網羅しておいたつもりである。

一　緊急避難の概念

一　緊急避難の意義

緊急避難(Notstand)とは、自己または他人の一定法益に対する現在の危難を避けるため、已むことを得ずしてする他者の法益侵害行為をいう（刑三七条）（重訂、牧野・日本刑法上巻昭和一三年、三七八）。例えば後にも詳述するが如く、稲苗が湛水により枯死の危険ある場合、湛水排除のために他人の水田灌漑用の板堰を破壊する行為の如きである。判例も右の概念決定を認めて「緊急避難トハ自己又ハ他人ノ生命、身体ノ自由若クハ財産ニ対スル現在ノ危難ヲ避クル為メ已ムコトヲ得サルニ出テタル行為ヲ謂フ」としている（最判大法廷昭二四・五・一八同二三年(れ)三一九号事件）。

緊急避難は、現在的な危難より避けんがために已むことを得ずしてする行為であり、その前提として一定の法益に対する危難あることを要するも、これは違法なものであることを必要としない。合法的のものであつても、これに対し自己または第三者の直接に危険に曝された利益を保護しようとするかぎり、避難行為は成立する。この点は後にも詳述する「正当防衛との区別」に関する重要な一点をなしているのである。

緊急避難行為は、刑法第三七条により不罰とされること明白であるが、何がゆえに立法者はこれをもつて「犯罪不成立の一事由」と認めたのであろうか。それは一種の違法阻却の事由と認めたがためであろうか、それとも一種の責任阻却の事由と認めたためであろうか、乃至はその他公平の原理等によるのであろうか。この点は緊急避難の本質理解に関する問題として、後段に詳述するところであるが、わが判例の或るものは、この点をつぎのように説明している。

この判例は、わが刑法上緊急避難行為の不罰とされる理由を、主として「公平正義の観念」に立脚すると説明している点において、いずれかといえば緊急避難の本質を理解するに、それは違法阻却の一事由を認めたものとする見解に近い態度を示したものということができる。しかしその後段に説いている「行為者が、自己の有責行為に因ってみずから招いた危難に対して緊急避難は許されない」とする判旨が、はたして正しいかどうかに関してはいささか疑問なものがある。この点は、後に「現在の危難」という項目のところにおいて、詳述を試みることとする。

【1】（判旨）「刑法第三七条ニ於テ緊急避難トシテ刑罰ノ責任ヲ科セサル行為ヲ規定シタルハ、公平正義ノ観念ニ立脚し、他人ノ正当ナル利益ヲ侵害シテ尚自己ノ利益ヲ保ツコトヲ得セシメントスルニ在レハ、同条ハ其ノ危難ハ行為者が其ノ有責行為ニ因リ自ラ招キタルモノニシテ社会ノ通念ニ照シ巳ムヲ得サルモノトシテ其ノ避難行為ヲ是認スル能ハサル場合ニ之ヲ適用スルコトヲ得サルモノト解スヘシ」（大判大一三・一二・一二刑集三・八七〇）。

二　緊急避難と正当防衛との区別

正当防衛と緊急避難との異る点は、(1)前者が、違法な侵害を排撃し防禦するため侵害者自身に対してなされる反対侵害であるに反し、後者は、現在の危難より免れんがため他人の正当利益を犠牲にして自己の正当利益を保持する行為である。(2)前者は、違法の侵害に対する反対侵害であるに反し、後者は、その現在的危難は必らずしも違法なことを要せず、いなそれは人的行為によるものであることを必要としない。自然的事実による災厄もこのうちに入り、これらの危難から避けようとする行為を実質とする。ゆえに(3)前者は不正に対する正の関係であるに反し、後者は正に対する正の関係である。これ避難なるものが、一種の放任行為と称せられるゆえんである。(4)正当防衛は、ひろく権利の防衛に出る場合であるに反し、緊急避難は、法律に定められた一定の法益に対する危難を避けようとする場合にかぎられる。(5)前者は、侵害と反撃との間に一定の法益の比量を必要とせず、すなわち小なる法益を護るに大なるそれを反撃しても、苟くもそれが権利防衛上必要であつたかぎり許容される。後者は、一定の比例関係を必要とし、保護されんとする法益が犠牲に供せられた法益に比較して大なることを必要とする。

これらの相異により両者の法律的取り扱いは、その外見において相類似するものがあるようであるが、その内実において著しく趣きを異にしているのである。

わが判例においては、直接に緊急避難と正当防衛との区別を全般的に論じたようなものは殆んど見受けられないが、部分的に、または間接的に、この点を判示したものがないではない。例えば、(1)「緊急避難は、法が権利者双方を完全に保護できないため已むを得ず、一方が他方の権利を侵害することを黙過し、刑責を科さないのに止るのであつて、その行為により損害を被つた他人の権利について民事賠償の責任までをも阻却するものではない」とするが如き(大判大三・一〇・二刑録二〇・一七六四)、或いは(2)「そもそも緊急避難とは『自己又ハ他人ノ生命、身体ノ自由若クハ財産ニ対スル現在ノ危難ヲ避クル為メ已ムコトヲ得サルニ出テタル行為』をいうのであり、右所謂『現在ノ危難』とは、現に危難の切迫していることを意味し、又『已ムコトヲ得サルニ出テタル』というのは、当該避難行為をする以外には他に方法がなく、かかる行動に出たことが条理上肯定し得る場合を意味するのである」とし(最判大法廷昭二四・五・一八同年(れ)三一九号事件)、または(3)「緊急避難は現在の危難すなわち緊迫した危難が他人の法益を害する外、他に救助の途のない状態にあることを必要とし、単にその行為をしなければ危難が来るにきまつているとの主観的予想に過ぎない場合は現在の危難に該当しない」とするが如き、これである(大阪高裁昭二五・三・二三特八・八八)。

二　緊急避難の本質

一　緊急避難行為は、刑法第三七条により「罰せられない」こと明白であるが、その罰せられない理由は、(a)行為の違法性を排斥する意味においてであろうか、それとも(b)行為者の責任性を否定すべきものと認められたがためであろうか、疑いなきを得ない。ゆらい行為の違法性と、行為者の責任性とを区別して考えるに至つたのは比較的新しく、それは十九世紀のドイツ刑法学に負うところが大とされているのであるが、フランスの学説などは、いまなお一般に両者の区別を明白に認めていない。わが刑法はフランス法的な考え方の影響を受け、ただこれを「罰せず」と規定するに止つているので、そこに解釈上疑いの余地を存するわけである。

二　ドイツにおいては、緊急避難なる観念の歴史的発展は比較的近時に至るまで正当防衛の観念の背後におしかくされていた。が、すでにレーニング（R. Loening）によつて指摘されている如く、古くアリストテレスによつて緊急避難に関する標準的見解は正当に把握されていたのであつた。

（一）　その後(a)ローマ法は、ただ個々的な避難の場合を認め、(b)ドイツ古法は、「旅人」、「妊婦」、さらに「急迫に置かれた航海人」などに対し、例えば少量飲食物の窃盗などを避難の一場合として認めた。(c)寺院法は、一般的に「緊急は法律を有たず」（necessitas non habet legem）の原則を認めたが、緊急避難に関しては、わずかに個々的にこれを是認する場合を規定するに止つた。ついで(d)カロリナ刑事法第一六六条は、飢餓に瀕しての正しい窃盗、すなわち犯人みずからまたはその妻子の飢餓を救わんがための窃盗行為の処罰は法律専門家の論議に委ねた。そして右カロリナ法に立脚して、(e)ドイツ普通法は、他人の財産を犠牲にすることによつて生命を維持し得べきことを認めるに至つた。かようにして、さらに刑法学徒は母親の生命維持のための妊娠中絶などを認め、ついでカント、フォイエルバッハ等により緊急の場合は一般に責任能力を欠くものとせられ、このような思想がひろく立法と理論とを支配するに至つた。

(二)　今日ドイツ刑法学徒が一般に緊急避難として説くところをみるに、それは大別して二つとすることができる。その一は、「民法的緊急避難」であり、これはさらに分れて二となる。(a)は「侵害的緊急避難行為」(Angreifende Notstandshandlung, sog., aggressiver Notstand)で、これは主として彼国民法第九〇四条に基くものであり、現在の危難より免れんがためにする他人の所有権一般の侵害は、その害された法益より害されんとした法益が、より大なるかぎり合法とする(vgl. H. Welzel : D. D. Strafrecht, 4 Aufl, 1954, S. 67. W. Sauer; Allg. Strafrechtslehre, 3Aufl, 1955, S. 125)。(d)は「防禦的緊急避難」(Abwehrende Notstandshandlung. sog., Defensiver Notstand)であり、これは彼国民法第二二八条に基くものであり、また「対物防衛」とも称せられる。すなわち特に物より生じた危難それ自体より免れんがために已むことを得ずしてした物的侵害は、四囲の状況よりして著しく過大でないかぎり合法とする(vgl. H. Welzel ; ibid, S. 66. W. Sauer, ibid, S. 125.)。

その二は、「刑法的緊急避難」であり、これは前述の民法的緊急避難と異り、彼国刑法第五四条の規定するところである。すなわち、「一定の行為、それは(彼国刑法第五三条所定の正当防衛の場合以外に)自己の責任に因つて生じたのではなく、他の方法によつて排除することのできない緊急状態に際して、自己または親族の身体若しくは生命に対する現在的危難より免れんがために已むことを得ずしてなされたものは、これを罰しない」旨を規定している。

(三) そして従来のドイツ学界における通説は、右(a)説に従い、緊急避難をもつて違法阻却の事由の一つとして考えてきたのであるが、一九一二年のヤーメス・ゴールドシュミットの著「責任問題としての緊急避難」(J. Goldschmidt ; Notstand als Schuldproblem)以来、これをもつて責任条件阻却事由の一つとして考えようとする見解を生ずるに至つた。

すなわち緊急避難をもつて「違法阻却事由」の一つと考える一派は、主として彼国民法第二二八条、第九〇四条の緊急避難に関する規定に出発して事を考えようとするものであり、緊急避難は要するに真正面に相衝突する二つの法益がある場合、立法者は「法益比量優越の原理」により、その大なる法益救済のために、小なるものを犠牲に供することは已むを得ないとしたものであるから、その本質は一種の違法阻却事由に該当するものと主張するのである(vgl. E. Schmidt; Lehrb., Bd., S. 201.)。この説の刑法的代表者の一人は、メッツゲルである。彼は緊急避難をもつて法益優越の原理よりする違法阻却の一事由として説いている(vgl. E. Mezger; Strafrecht, Ein Lehrbuch, 3 Aufl., 1949, S. 239 ff.)。これと多少趣きを異にするのは、リスト=シュミット刑法教科書第二四版までの見解であり、そこにおいては、ドイツ民法第二二六条及び第九〇四条において認められる緊急避難行為は、違法阻却の事由に属するも、彼国刑法第五四条所定の身体生命の避難に関するそれは責任阻却事由を規定したものとしている(vgl. v. Liszt E. Schmidt; Lehrb., 25 Afl., 1927, S. 190)。

これに反し緊急避難をもつて「責任阻却事由」の一つと考える一派は、ドイツ民法第二二八条、同

第九〇四条、その他特別法において緊急避難を認めている規定に徴しても明白な如く、これらの場合は行為者に対し、その現になされた他者の利益侵害行為の代りに、他の合法的な行為に出るべきことが期待し得られないのであるから、これ疑いもなく一種の責任阻却事由を認めたものと主張するのである。その刑法的代表者とみらるべきエム・エー・マイヤーの如きは、緊急避難は民刑を通じて責任阻却事由に属するものとし (vgl. M. E. Mayer; Allg. Teil, 2Aufl., 1923, S. 304)、特に彼は「緊急避難行為と雖も、これによつて生ぜしめた損害に対しては賠償の責任あること明白であるが、ゆらい適法行為ということと、損害賠償の責任ということとは両立するものでないから、緊急避難行為は違法なものであるが、ただ責任を阻却せしめるものにすぎない」としている (vgl. M. E. Mayer; ibid., S. 305 ff.)。

かように見解は二つに分れているが、近時は第三説なる「差別説」(Differenzierungstheorie) が支配的のようである。これはすでに古くアリストテレスによつて考えられ、近くはルドルフ・メルケルスによつて代表されているところであつて、後に旧ドイツ帝国裁判所の見解も次第にこれに移行したのであつた。この見解によれば、この問題は要するに、個々具体的緊急避難に関する規定を吟味検討して決定さるべき問題で一般的に論断すべきではないとし、さらにすすんで個々具体的の事件の性質如何によつて、そのはたして違法阻却原由とみるべきか、責任阻却原由とみるべきかが分れてくるのであるとする (vgl. E. Schmidt: Lehrb., ibid, S. 202.)。

(四)　けだし同じく緊急避難といつても、その中には種々の社会的意義を有つものがあるからである。すなわち(a)或る緊急状態においてなされた何等かの構成要件該当行為は、これを社会全体の利益擁護の立場より眺めるにおいては、全く合理的であり、必要且つ適当の行動とみられる場合がある。例えば、より大なる利益を救わんがために、より小なる利益を犠牲に供する場合の如きである。かような場合、緊急避難行為が一定の法律的に承認された目的到達への適当な手段としてみられるものであるかぎり、その合理性は違法阻却原由として理解されなければならない。これに反し(b)或る規定の緊急避難なるものは、自己の生存権擁護のために不可避的に是認される場合がある。けだし人間は自己保存律の前には、平常の法律秩序は規範力を失い、何人と雖も最高の生活危険に曝されたときは、自己を犠牲にしてまでも、他の利益を救済するものとは期待し得られないからである。かような場合は、その責任性を阻却するものと解しなければならない。のみならず事態を実際問題として考察するも、ひとしく緊急避難といつても、一は「行為正当化としての緊急避難」(Notstand als Rechtsfertigungsgrund)とみらるべき場合と、二は「免責原由としての緊急避難」(Notstand als Entschuldigungsgrund)との少くとも二者のあることはとうてい否み難い。そこで要は個々の成法なり、個々の行為事実を吟味して、そのいずれであるかを決するの外はないこととなるのである。

(三)　それではわが刑法における緊急避難の本質は、いかにこれを理解すべきであろうか。この点すでに一言した如く、(a)従来の通説は、違法阻却の事由と解してきたが(尤もその中にも、これをもつて正当防衛などと同じく一種の権利として理解するものと、権利ではないが法律上是認される一種の放任行為とみるものとに分れる)、(b)一派の学徒、例えば滝川教授の如きは、エム・エー・マイヤー等の見解に従つて、責任阻却事由であると説くに至つている(滝川等・刑法・昭和二五年・六七、滝川教授・刑法講義一二二頁以下)。

が、われわれはこの点、やはり従来の通説の考えきたつた如く、違法阻却原因と解するのが妥当と考える。けだしその理由の一つは、わが刑法第三七条の要件は、自己または他人の生命乃至財産に対する現在の危難あることをもつて足り、それは必らずしも意思の自由を否定する程度のもの、すなわち責任阻却とするに足る危難を必要としていないのみならず、二には、わが刑法上避難行為の成立せんがためには、被害と加害の法益の権衡を吟味し、前者が後者に勝つている場合のみに限定しようとする趣旨に鑑み、それは畢竟大なる法益擁護のために小なるそれを犠牲に供することは、結局のところ法律の精神とするところに反せず、違法阻却の事由と考えたものと思惟せられるからである(同説、小野・刑法講義総論昭和三〇年一二六頁、安平・改正刑法総論昭和二七年二二一頁)。ただし実際問題として、一定の避難行為事実が同時に責任阻却事由に該当する場合のあり得べきことはこれを認める。このような場合は、たとえ法益比量の原則を破るとしても、なお罪を構成しない。

この点、判例は必らずしも明確なものはないが、ただつぎのような判旨に徴するとき、大体において判例とても「違法阻却事由」説に出ているものといい得る。ただし同じ違法阻却説のうちでも(a)いわゆる「権利行為」というよりも、むしろ(b)放任行為としてのそれに近いように見受けられる。

【2】(判旨)　「緊急防衛ハ特定ノ場合ニ於ケル不法ナル権利侵害ヲ排斥スルカ為メニ法律カ認許保護スル権利行為ナレトモ、緊急避難ハ之ト異リテ特殊ノ場合ニ於テ、法カ権利者双方ヲ完全ニ保護スルコトヲ得サルカ為メニ已ムヲ得ス単ニ其一方カ他方ノ権利ヲ侵害スルコトヲ黙過シテ之ニ刑責ヲ課セサルニ止マルヲ以テ、仮令一方ニ緊急避難ノ原因発生セリトスルモ、之レカ為メニ他方ノ権利ノ消滅ヲ来スヘキモノニアラ

ス、然レハ緊急避難行為者ハ刑事上無罪ノ判決ヲ受クルニ拘ハラス、其行為ニヨリテ損害ヲ被リタル他人ノ権利ニ対シ民事上賠償の債務ヲ負フハ当然ノ結果ナリトス。民法カ第七二〇条ノ例外的規定ヲ設ケタルモ亦此趣旨ニ外ナラス」（大判大三・一〇・二刑録二〇・一七六六）。

【3】（判旨）「刑法第三七条ニ於テ緊急避難トシテ刑罰ノ責任ヲ科セサル行為ヲ規定シタルハ公平正義ノ観念ニ立脚シ、他人ノ正当ナル利益ヲ侵害シテ尚自己ノ利益ヲ保ツコトヲ得セシメントスルニ在レハ同条ハ其ノ危難ハ行為者カ其ノ有責行為ニ因リ自ラ招キタルモノニシテ社会ノ通念ニ照シ已ムヲ得サルモノトシテ其ノ避難行為ヲ是認スル能ハサル場合ニ之ヲ適用スルコトヲ得サルモノト解スヘキナリ」（大判大一三・一二・一二刑集三・八六七）

【4】（判旨）「そもそも緊急避難とは『自己又ハ他人ノ生命、身体ノ自由若クハ財産ニ対スル現在ノ危難ヲ避クル為メ已ムコトヲ得サルニ出テタル行為』をいうのであり、右所謂『現在ノ危難』とは、現に危難の切迫していることを意味し、又『已ムコトヲ得サルニ出テタル』というのは、当該避難行為をする以外には他に方法がなく、かかる行動に出たことが条理上肯定し得る場合を意味するのである」（最判昭二四・五・一八同二二年(れ)三一九号事件）。

三　緊急避難と保全法益

一　緊急避難行為によつて保全せらるべき法益は、刑法上一定せられている。すなわち自己または他人の生命、身体、自由または財産に対する現在的の危難である。この規定は、大体において「自己または他人」という個人的法益乃至私的法益の保全を予想したものということができる。そこでまず問題となつてくるのは、「国家的、公共的法益のためにする緊急避難は許されるか」との一事である。この点、判例は積極的に解している。ただし一定の条件を附している。つぎの如くである。すなわち「国家的公共的法益のためにする正当防衛等は、国家公共の機関の有効な公的活動を期待し得ない極めて緊迫した場合において、その防衛行為が社会通念上、当然妥当性を認められるかぎりにおいてのみ例外的に許容せられるにすぎない」とする。

【5】（事実）「事実は昭和二二年一月一八日全官公共同闘争委員会が二月一日を期して官公庁職員各労働組合総罷業を決行すべき旨のいわゆる二・一ゼネスト突入宣言を発表し、翌一九日朝の東京都下各新聞がその報導をなすや、被告人外一名は罷業を不当として中止を勧告するため産別会議議長聴濤克己を訪れたが不在で面会を得ず、さらに翌二〇日同人を訪れ押問答の末、両人が予め携えていった肉切包丁や刺身包丁を揮って聴濤克己に傷害を加えた。」

（上告理由）「全官公共同闘争委員会の計画した二月一日総罷業は労働組合の正当な争議権の範囲を逸脱した不法な行動であり、この総罷業の計画により社会の秩序安寧が紊乱され、国民の生活権が侵害されるものであり、被告人等の判示傷害行為は、この急迫不正の侵害より国民の生活権を防衛するため已むを得ずして為した行為であるから、違法性を阻却するものである。然らずとするも緊急避難に該当するものである。」

（判旨）「本件の主張は、個人的法益の防衛行為ではなく、国民の安全利福の防衛に関するものである。かかる公益ないし国家的法益の防衛が正当防衛として認められ得るか否かについては、これを否定する学説もないではないが、公共の福祉を最高の指導原理とする新憲法の理念から言つても、公共の福祉をも含めてすべての法益は防衛せらるべきであるとする刑法の理念から言つても、国家的、国民的、公共的法益についても正当防衛の許さるべき場合が存することを認むべきである。だがしかし、本来国家的、公共的法益を保全防衛することは、国家又は公共団体の公的機関の本来の任務に属する事柄であつて、これをた易く自由に私人又は私的団体の行動に委すことは却つて秩序を乱し事態を悪化せしむる危険を伴う虞がある。それ故かかる公益のための正当防衛等（緊急避難も含まれる趣旨）は、国家公共の機関の有効な公的活動を期待し得ない極めて緊迫した場合においてのみ例外的に許容さるべきものと解するを相当とする。そこで原判決の判示した前述の具体的な客観的事態情勢は国家公共の機関（連合国の占領下にある現状においては、占領軍機関をも含めて）の有効な公的活動を期待し得ない極めて緊迫した場合に該当するに至つたものとは到底認めることができない。従つてかかる事態の下においては、被告人の行動を正当防衛又は緊急避難として寛恕するを得ないものといわねばならない」（最判昭二四・八・一八刑集三・九・一四六八）。

二　「名誉または貞操」に対する現在の危難より免れるために緊急避難をなし得るか。この点勿論法文に直接の規定はないが、名誉または貞操は生命、身体、自由に準じて考えらるべき法益であり財産以上であるから、これを積極に解すべきであろう（同説、牧野・日本刑法上、前掲三八〇、宮本・論綱九九、小野・講義総論一二七頁、反対、泉二・刑法大要三九〇、大場・総論五七九）。

四　「現在」の危難

一　緊急避難の構成要件は、大別して二方面より考察することができる。その第一は、前提としての「危難」面の要件であり、これは「現在性」を必要とし、且つ法律の規定する「一定の法益」に対するものなることを要する。第二は、危難に対しての「避難」面の要件であり、これは「已むことを得ずしてなされたこと」並びに「法益権衡の原則」に従つていなければならない。以下、まず前者なる危難の「現在性」の点より考察をすすめてゆくこととする。

二　緊急避難における危難は、「現在」のものでなければならない。ここに「現在」の危難とは、現に危難の切迫していることをいう。ちかく最高裁判所大法廷の判例は、左記の如くこのような見解を採つている。そしてその後の判例とても同様な見解に出で「現在の危難」とは、要するに一定の法益侵害が間近にさし迫つたこと、すなわち法益侵害の危険が緊迫したことを意味するのであるが、しかし被害の現実に発生していることを意味するものではないとしている。つぎの如くである。

【6】（判旨）「そもそも緊急避難とは『自己又ハ他人ノ生命、身体自由若クハ財産ニ対スル現在ノ危難ヲ避クル為メ巳ムコトヲ得サルニ出テタル行為』をいうのであり、右所謂『現在ノ危難』とは現に危難の切迫していることを意味し、又『巳ムコトヲ得サルニ出テタル』というのは当該避難行為をする以外には他に方法がなく、かかる行動に出たことが条理上肯定し得る場合を意味するのである。又自救行為とは一定の権利を有するものが、これを保全するため官憲の手を待つに遑なく自ら直ちに必要の限度において適当な行為をすること、例えば盗犯の現場において被害者が賍物を取還すが如きをいうのである。然るに本件被告事件発生当時における東京都内の食糧事情は一般公知の如く或る程度不足状態にあつたという止まり、一般都民が所論のような逼迫した窮乏状態にあつたともいい得ないのであり、又後段他の論旨に対する説明により明らかなように、被告人等は小林軍次に対し、本件物資の上に何等の権利をも有していなかつたのであるから、被告人等の本法行為が緊急避難又は自救行為のいずれにも該当しないことは多言を要せずして明白である」（最判大法廷昭二四・五・一八、同二二年(れ)第三一九号事件）。

【7】（事実）「各官公庁労働組合の争議は昭和二一年一一月中旬頃から発生し、その後幾多の経過をたどり、漸次参加組合の範囲を拡大し、共同闘争態勢をとり、遂に昭和二二年一月一八日全官公共同闘争委員会は、二月一日を期して全官公庁各労働組合が総罷業を実行すべき旨の宣言（このゼネスト突入宣言の中にはなお二月一日以前において弾圧を受けた場合には、それが如何なるものであろうとも、自働的にゼネストに突入することが記載されている）を発表した事態にあつたのである。そこで被告人外一名は罷業の中止を勧告するため産別会議議長聴濤克己を訪れたが面会を得ず、さらに翌二〇日同人を訪れ押問答の末、両人が予め携えていつた肉切庖丁や刺身庖丁を揮つて聴濤克己に傷害を加えた。が、弁護人等は本法は一種の国家的法

益に対する現在の危難あるものとして被告人等の行為は正当防衛又は緊急避難であると主張した。

が、第二審判決はかかる事態を観察して『本件犯行当時は単に共同闘争委員会が、その総罷業の準備をしてその計画と実行を発表したに止まり、未だ罷業は実行されていなかつたのであつて、従つて罷業の実行による社会の安寧秩序の紊乱乃至国民生活の窮迫という事態は発生していなかつたものであるから、国民の自由又は生活に対する現実の侵害はまだなかつたものというべきである』とし、この理由によつて、急迫な侵害又は現在の危難に当らないと判断した」。

（上告理由）「官公庁組合の争議は、昭和二一年一一月中から熾烈化し、同年一二月二日には共同闘争宣言、同月一八日には中央労働委員会の調停の不調、翌二二年一月一一日には全官公共同闘争委員会を組織して共同闘争態勢の確立、次いで同月一八日にはゼネスト突入宣言となり、事態は危殆に瀕したのである。刑法第三六条の急迫の侵害、第三七条の現在の危難とは侵害や危難が極めて切迫し放置すればそれが直ちに実現する状態を言うのであつて、どのような状態に達すれば急迫若くは現在に該当するかは、その侵害、危難の種類、態様によつて相違するのである。従つてゼネストと言うような特殊の侵害若くは危難と、鉄拳や棍棒の一撃と同一に論ずべきでないことは勿論である。ゼネストと言う行為の特異性、組織、規模の大きさ等を考慮しなければならないのである。そして昭和二二年一月一九日ゼネスト突入宣言が各新聞に発表せられた当時は、ゼネストへの動きは唯、驀進の一路にあつて、通常の手段では到底これを阻止することができない情勢にあり、既に侵害若くは危難は所謂急迫若くは現在の状態に達していたものと言うべきである」。

（判旨）「刑法三六条にいわゆる急迫の侵害における『急迫』とは、法益の侵害が間近に押し迫つたことすなわち法益侵害の危険が緊迫したことを意味するのであつて、被害の現在性を意味するものではない。けだし、被害の緊迫した危険にある者は、加害者が現に被害を与えるに至るまで、正当防衛をすることを待たねばならぬ道理はないからである。また刑法三七条にいわゆる『現在の危難』についても、ほぼこれと同様のことが言い得るわけである。かような見地から、本件につき原判決は『急迫な侵害』又は『現在の危難』に当らないと判定した。しかし急迫な侵害又は現在の危難は、前述のように被害の現在性を意味するものではないから、原判決が現実の侵害がないという理由をもつて急迫な侵害又は現在の危難がないとした判断の誤まつていることは論旨の指摘するとおりである。しかしながら、本件の主張は、個人的法益の防衛行為ではなく、国民の安全利福の防衛に関するものである。かかる公益ないし国家的法益の防衛が正当防衛として認められ得るか否かについては、これを否定する学説見解もないではないが、公共の福祉を最高の指導原理とする新憲法の理念から言つても、公共の福祉をも含めてすべての法益は防衛せらるべきであるとする刑法の理念から言つても国家的、国民的、公共的法益についても正当防衛の許さるべき場合が存することを認むべきである。だがしかし、本来国家的、公共的法益を保全防衛することは、国家又は公共団体の公的機関の本来の任務に属する事柄であつて、これをた易く自由に私人又は私的団体の行動に委すことは却つて秩序を乱し事態を悪化せしむる危険を伴う虞がある。それ故、かかる公益のための正当防衛は、国家公共の機関の有効な公的活動を期待し得ない極めて緊迫した場合においてのみ例外的に許容さるべきものと解するを相当とする」（最判昭二四・八・一八刑集三・九・一四六七）。

三　なお判例は、産婆が臨時救急の手段として褥婦に対し、本来医師によつてなさるべきカンフル注射をしたことは、産婆規則の違反でなかろうかの疑いを存するも、『現在』の危難を避止するに出たものとして、緊急避難の要件を具備するものとしている。つぎの如くである。

【8】（事実）「被告人ハ産婆ニシテ前橋市ナル肩書住所ニ於テソノ業務ニ従事中、昭和八年四月三〇日同市神田ハル方ニ於テ関根キミノ分娩ヲ取扱ヒタル際、キミカ分娩後、同日午後三時頃、顔面口唇蒼白ト為リ、脈博軽微弱時々結滞アリテ異状ノ状態ニ在リタルヲ認メナカラ医師ノ診療ヲ請ハシメスシテ自ラ右キミ

ニ対シ助手吉川キミヲシテ『カンフル』液注射ヲ為サシメ薬品ヲ授与シタリ」。

（判旨）「判示関根キミハ全ク虚脱ノ容態ニ在リテ救急ノ手当ヲ為スニ非サレハ生命ニ危険ヲ及ホスヘキ状態ニ在リタルコトヲ認ムルニ余リアリトス。而シテ患者カ虚脱ノ容態ニ在リタル場合ニ於ケル救急ノ手当トシテハ、『カンフル』液注射ヲ以テ最モ適切且有効ノ治療法ト為スコトハ実験法上明白ナルヲ以テ被告人カ助手吉川キミヲシテ患者関根キミニ『カンフル』注射ヲ為サシメタルハ、産婆規則第七条但書ニ所謂救急ノ手当ニ該当スルモノトス。同規則第八条ニハ産婆ハ妊婦産褥婦又ハ胎児生児ニ対シ外科手術ヲ行ヒ産科器機ヲ用ヰ薬品ヲ授与シ、又ハ之カ指示ヲ為スコトヲ得スト規定セリト雖モ、同条ハ産婆ニ対シ本件ノ如キ救急ノ手当ヲ必要トスル場合ニ於テモ『カンフル』液注射ノ如キ薬品ノ授与ヲ禁シタルモノト解スヘキニ非ス。蓋若シ然ラストセハ前条但書ヲ設ケタル趣旨ヲ没却スルニ至レハナリ（中略）。又原判決ハ其ノ理由ノ後段ニ於テ当時関根キミノ容態ハ救急ノ手当ヲ必要トセサリシカ如キ説示ヲ為ストコロアリト雖、同患者ノ容態ニシテ前記説明ノ如クナル以上、ソレ自体救急ノ手当ヲ必要トスヘキ場合ニ該当スルモノト認メ得ヘキニヨリ右後段ノ説示アルノ故ヲ以テ救急ノ手当ヲ必要トスル場合ニ非サリシモノト謂フヲ得ス。然カモ叙上被告人ノ行為ハ刑法第三七条ノ緊急避難行為トモ観察シ得ヘク、要之法律上罪ト為ラサルモノニ不拘、原審カ産婆規則第七条第八条ニ違反スルモノト解シ、同第一六条ヲ適用処罰シタルハ、結局産婆規則等ノ解釈ヲ誤リタルモノト言ハサルヘカラス」（大判昭九・三・三一刑集一三・三六二）。

四　なお判例の認める「現在」の危難の事例としては、つぎのような四つのものがある。その一は、自己所有の猟犬に他人所有の番犬が「急激」に咬みついてきた場合であり、二は、異常の降雨により水田の稲作が浸害を受けた場合であり、三は、薬剤師が医師の正式の処方箋によらず、ただ電話の依頼によって処方調剤して交付したが、それは「急病人」の発生という事情に支配されたためであつたという事実に関してであり、その四は、列車乗務員が隧道通過の際、牽引車輌の減車を行わなければ随道内で発生する熱気の上昇、有毒ガス等のため生命身体に被害を受ける危険が常時存在するときは、隧道通過前に三割の減車を行うことは、乗務員の経験上現在の危難を避けるため已むを得ない行為であるとしたものである。

右のうち第三の判例が、特に「現在」の危難性に着目して、本来違法視さるべき行為を緊急避難と認めたことは注目に値いする。

【9】（判旨）「他人所有ノ番犬ノ甚シイ咬傷ニヨリ自己所有猟犬カ死ヌカモシレナイ場合ハ、ソノ所有猟犬ニ対スル現在ノ危難アリトイフヘキテアル」（大判昭一二・一一・六同一二年(れ)七九七号事件）。

【10】（判旨）「異常降雨による湛水によつて水田稲作が著しい浸害をうけたときは、財産に対する現在の危難ということができる」（大判昭八・一一・三〇刑集一二・二一六〇）。

【11】（事実）「被告人ハ肩書住居ノ自宅ニ於テ薬剤師トシテ薬品ノ調剤ニ従事スルモノナルトコロ、昭和五年九月一五日及同一九日ノ二回医師小川原亮ヨリ処方箋ニヨラス電話ニテ被告人ノ隣家ナル南千住町三丁目一二番地深瀬マサノ為ニ調剤交付セラレ度キ旨ノ依嘱ヲ受ケ、ソノ都度之ニ応シ犯意ヲ継続ノ上処方箋ニヨラスシテ薬品ヲ調剤シ深瀬マサニ交付シタ」（猶ホ当時患者ハ甚シク苦悶ヲ始メ急速ニ治療ヲ要スヘキ情況ニアリタリ）。

（判旨）「被告人ハ著シキ疾苦ヲ訴ヘ急治ノ必要アル患者深瀬マサニ対シ小川医師カ其ノ病症ヲ診察シ其ノ重病ニ変移スヘキ危険アルヲ恐レテ急速ニ投薬スルノ必要アリト認メ処方調剤方ヲ平素熟知ノ被告人ニ依頼シテ処方箋ノ送付ヲ約シ、被告人ニ於テ其ノ電話処方ヲ書取リタル上、直ニ之ヲ同医師ニ読聞ケ過誤ナキコトヲ確メタル上之ニ依リテ調剤シ且其ノ後相当時日内ニ其ノ処方箋ノ送付ヲ受ケタル事実存スルモノト認ムヘキモノトス。抑々薬剤師法第九条ニ於テ医師ノ署名又ハ捺印シタル処方箋ヲ必要トセルハ薬剤師ノ責任ヲ明ニシテ医薬分業ノ実ヲ挙ケ且調剤上ノ過誤ヨリ生スヘキ危険ヲ避クルヲ目的トスルモノナルカ故ニ、之カ解釈ヲ厳格ニシ其ノ励行ヲ期スルノ必要アルコト勿論ナリトス。従テ薬剤師カ医師ノ調剤所ノ機関トシテ調剤ニ従事スルニ非スシテ自ラ薬局ヲ経営シ自己ノ責任ヲ以テ調剤販売スルニハ必ス処方箋ニ依ルコトヲ要スルハ薬剤師法第一一条ノ規定ヲ遵守スヘキ点ヨリ観察スルモ明白ナルカ故ニ、電話ニ依ル医師ノ処方ノミニ依リ調剤販売ヲ為ストキハ第九条ノ違背タルヤ疑ヲ容レサル所ナリ。又電話ニ依ル処方調剤ハ往往ニシテ過誤ヲ生シ易キモノナルカ故ニ之ヲ避ケ得ヘキ特別ノ事情存スルニ非サレハ須ラク責任ヲ確実ニスヘキ処方箋ニ依ルコトヲ要スヘク又縦令電話ニ依ル処方調剤カ精密ナル条件ノ下ニ過誤ヲ避クルニ十分ナル注意ヲ用フルコトヲ得ル場合ナルニセヨ、治療上急速ヲ貴フ場合ニ非サレハ容易ニ解釈ヲ拡張スヘキモノニ非サルコト亦明白ナリト雖、本件ノ如キ事情ノ在スル場合ニ在リテハ、医師ノ処方箋ニ依リテ調剤シタルモノト之ヲ同一視スルヲ以テ社会通念上及人情道義上妥当ナリトスヘキナリ」(大判昭六・一二・二一刑集一〇・八〇八)。

【12】(判旨)「原判決は、被告人等が判示狩勝隧道通過にあたり牽引車輛の減車を行わなければ隧道内における熱気の上昇有毒ガスの発生等により窒息呼吸困難火傷等を生じ、生命身体に被害を受ける危険が常時存在していたのであつて、その危険の程度は、気象条件、機関車の状況、石炭の良否等の如何により必ずしも常に同一ではないが、新得駅においては狩勝隧道附近の気象、状態を適確に観察することができない事情もあつて、従つて各列車通過毎に一々厳格な減車率を決定することはできないが、大体において三割という減車率は乗務員の経験等に照し必ずしも非科学的であるとは断言できないとし、結局三割減車の各行為は、いずれも隧道通過毎における現在の危難を避くるため已むことを得ないものである旨を認定判示した趣旨と解せられるから、原判決には所論のような理由不備又は理由そごの違法はない」(最判昭二八・一二・二五刑集七・一三・二六七一)。

五 右に反し、判例が「現在」の危難に該らないと認めたものとして注目すべきものに、四つのものがある。その一は、試掘権の期間満了に際し、共同試掘権者が共同出願を肯じないため事態を遷延せしめるにおいては、試掘権の出願による優先権を確保することができなくなるとしても、それは法律上の規定よりしてそうなるのであつて、このような事情があるからといつて、共同試掘の名義を冒用した文書を作成し行使するが如きは、とうてい「現在の危難」ありとしての緊急避難とはいえないとしたものである。その二は、隠退蔵物資摘発のために、個人が人の看守する工場内に侵入したような場合は、仮にその工場内に隠退蔵物資があつたとしても、いまだもつて「現在」の危難あるものと断じ得ないとしたものである。その三は、共犯者から犯行を共にしなければ殺すぞと脅かされた場合とても危難に該らないとするものである。その四は、相手方が斬込みを用意していた場合でも、犯人より機先を制して侵害行為に出た場合は避難とならないとするものである。これらの判例は、いずれも妥当の見解とすべきであろう。

【13】（事実）「被告人ハ恒藤規隆カ被告人等ト共同出願ヲ為スノ意思ナキコトヲ知悉シ居タルニ拘ラス、昭和六年六月二一日擅ニ同人ノ氏名ヲ冒書シ其ノ名下ニ恒藤ト刻セル偽造印ヲ押捺シテ同人ヲ共同出願人ト為セル燐鉱試掘許可願ヲ作成シ、之ヲ福岡鉱山監督局長ニ提出行使シタルモノナリ」。

（上告理由）「然レトモ緊急避難ハ自己又ハ他人ノ生命、身体、自由若クハ財産ニ対スル現在ノ危難ヲ避クル為已ムコトヲ得サルニ出テタル行為ナルヲ以テ、今本件ニ付キ之ヲ考フルニ被告カ昭和六年五月二九日付ヲ以テ福岡鉱山監督局ニ出願書ヲ発送シ、他方恒藤ノ捺印ヲ求ムル為同人ヘ出願書ヲ送付シ、六月一二日迄ニ返送スヘキ旨申添ヘタルモ恒藤ヨリ返事ナク（中略）、恒藤ハ被告ニ向テハ表面共同スヘキコトヲ装ヒツツ内心機ヲ得テ独占セント計画シ居リタルモノナルコトハ之ヲ疑フノ余地ナク、而シテ恒藤ノ行為ハ方ニ其ノ奸策ノ実現ナルコト明ナリ。然ルニ被告カ之ヲ袖手傍観スレハ永年苦辛シ発見シタル自己ノ権利ハ一朝ニシテ奪取セラルルヤ明ナリ。然リ而シテ鉱業法第三三条ノ二、ニ依レハ試掘権者カ試掘権ノ存続期間満了後十日以内ニ同種ノ鉱物ニ付キ更ニ鉱業ノ出願ヲ為シタルトキハ旧試掘鉱区ニ係ル部分ニ就テハ他ノ出願人ニ対シ優先権ヲ有スヘキモノナルモ、被告ハ単独ニテハ右優先権ナク被告及栄二、恒藤ノ三名共同名義ニヨリテノミ優先権ヲ取得スヘキ関係ニアリ、従テ斯ル場合、恒藤ノ氏名印章ヲ使用シ共同名義出願ノ手続ヲ為ササル限リ全然権利ヲ喪失スヘキ危地ニアリ。況ンヤ既ニ恒藤外二、三名ヨリ競願アリ、故ニ仮リニ被告ト単独名義ニテ出願セントスルモ時既ニ遅ク当然不許可トナルヘキコトハ火ヲ見ルヨリモ炳ナリ。斯ル急迫ナル危難ニ遭遇シツツ尚ホ徒ラニ拱手傍観スルカ如キハ何人ト雖到底忍ヒ得サル処ナリトス。以上ノ事実ナルヲ以テ被告人ノ所為ハ即チ是緊急避難行為ナリト云ハサルヘカラス」。

（判旨）「試掘権ハ存続期間ノ満了ニ依リ当然消滅スルコト鉱業法第一八条ノ規定上明白ナレハ本件試掘権ニ付右期間満了ノ翌日タル昭和六年五月二九日以後ニ於テハ被告人ハ最早所論ノ如ク奪取セラルヘキ試掘権ヲ有セス唯共同試掘権者タリシ者ト共同シテ更ニ鉱業ノ出願ヲ為ストキハ同法第三三条ノ二第一項ニ依リ他ノ出願人ニ対シ優先権ヲ有スルヲ得ルニ過キス。然ルニ原判決ノ認定シタル事実ニ依レハ共同試掘権者タリシ恒藤規隆ハ右共同出願ヲ為スコトヲ肯セサリシモノナレハ優先権ヲ有スルヲ得ヘキ出願ハ到底之ヲ為スニ由ナカリシモノトス。而シテ縦令之カ為ニ被告人カ優先権ヲ有スルヲ得サルニ至ルトスルモ這ハ右出願ハ共同シテ之ヲ為スコトヲ要スルモノナルニ此ノ要件ヲ欠クカ為法律ノ規定上然ルモノナレハ之ヲ以テ刑法第三七条ニ所謂現在ノ危難ヲ存スルモノト謂フヘカラス。」（大判昭七・一二・一五刑集一一・一六三六）。

【14】（上告理由）「本件隠匿物資の摘発行為は官憲にたのむも摘発してくれず、時日をすごすと闇に消えるおそれがあるので、他人すなわち国民全体の福祉に供すべき資材を不正に隠匿する行為は、明らかに不

正の侵害である。被告人らの行為は、他人すなわち国民全体の財産に対する現在の危難を避けるために、やむをえず、不正隠匿することにより危害を加えてくる加害者にたいして防衛した行為であつて、正当防衛（又は緊急避難）である」。

（判旨）「所論隠匿物資があつたか否かは記録上明らかでないばかりでなく、仮に所論隠匿物資があつたとしても、正当防衛又は緊急避難の要件たる急迫不正の侵害又は現在の危難があつたといえないから、論旨は採用しがたい」（最判大法廷昭二五・九・二七刑集四・九・一七八八）。

【15】（判旨）「共犯者から犯行を共にしなければ殺すぞと脅かされたので共に強盗行為をしたとしてもそれは生命身体に対する現在の危難であるといえないし、その強盗行為が脅迫行為を避けるために已むを得ない行為ともいえない」（最判昭二四・一〇・一三刑集三・一〇・一六五五）。

【16】（判旨）「被害者今井が多数の子分を擁して斬込みをかける計画をしていたとしても、所論のように、被告人石川が機先を制して一騎打で勝負をし、今井を斃して自殺する覚悟で原判示第二の犯行に及んだものである以上、原判決認定のように殺人、同未遂罪を構成すること勿論であつて、これを緊急避難であるとする所論は現在の法律秩序に照らし到底是認することを得ないところである。このことはたとえ被害者今井が、被告人石川を迎えた際拳銃を所持していて、これを発射しようとしたことがあつたとしても、些かもこの結論を左右されるものではない」と（東京高判昭二五・一〇・三〇特一四・四）。

六　さらに判例は、「滞納により差押えられた物件中に非差押品があるとして、それをその保管場所から無断実力で取り戻す行為」の如きは、現在の危難に対する緊急避難に該らないとしている。が、該事件は、また他面よりすれば「已むことを得ない」に該当しない理由よりして、その不処罰性は否定されたものと解することができる。

【17】（事実）「八王子税務署は早川初太郎に賦課した昭和二四年度所得税約金十一万円の滞納処分として同人方の自転車二台、ラヂオ受信機、ミシン、机鏡台各一個、茶ダンス、ベビーダンス各一棹計八点を差押えた上、昭和二五年一二月二〇日右物件を同税務署において借用中の株式会社白輪商会倉庫内に引き上げたが、右ベビーダンス内には非差押品である早川方子供の普段着衣類数点が入れられたままとなつていたので、早川方家人が被告人等外二十余名に右子供の衣類引上により向寒の折柄途方に暮れている旨を訴えたところ、被告人等外二十余名は右衣類を取り戻すべく税務署に交渉することとなり、一同相携えて右白輪商会に到り、被告人池口が八王子税務署当該係員に再三電話を掛け白輪商会迄出張を求めたが要領を得ず、かくて平穏に交渉する希望を失うに至つたため、被告人等外二十余名は前記差押品を早川のため実力を以て取り戻すことを共謀し、即時白輪商会代表者の看守する前記倉庫内に故なく侵入し、八王子税務署長が保管していた前記差押品動産八点を右倉庫から運び出して取り戻した」。

（判旨）「右差押品であるベビーダンス一棹中に非差押品である早川方子供の普段着衣類数点が入れられた儘白輪商会倉庫内に引き上げられ、これについて被告人池口が八王子税務署職員に再三電話を掛け、白輪商会まで出張を求めたが要領を得なかつたことは、いずれも所論の通りであるとしても、これにより前記動産八点についての差押が直ちにその効力を失うものでないことは勿論であり、被告人等としては、直接八王子税務署に赴いて当該係員に面接して右非差押品である衣類数点の取戻方を折衝する等正規の手続により、これが取戻を計るべきであつて、これによることを得ない程切迫した衣類取戻の必要性がある状態であつたことは記録上認められないにもかかわらず、被告人等は前記差押品八点全部を実力を以て取り戻すことを共謀して前記のようにこれが保管場である白輪商会倉庫内に故なく侵入して倉庫内からこれを運び出し取り戻したのであるから、被告人の所為に刑法第三七条一項にいわゆる他人の財産に対する現在の危難を避くるため已むことを得ざるに出でたる行為に該当するものということはできない」（東京高判昭二九・七・二六高裁特報一・二・八〇）。

七　判例はまた「緊急避難は、現在の危難すなわち緊迫した危難が他人の法益を害する外、他に救助の途のない状態にあることを必要とし、単にその行為をしなければ危難が来るにきまつているとの主観的予想に過ぎない場合は、現在の危難に該当しない」としている。つぎの如くである。

【18】（判旨）「緊急避難として違法性を阻却せらるる為には、その行為が緊迫せる危難を避くるに必要已むを得ざるものに限るものであるところ、本件違反行為は記録に現われた当時の諸般の情状に照し緊迫せる危難を避くるに必要已むを得ざるものとは容易に之を認めることができないから、本主張は之を採用できない。又弁護人は被告人等は経済再建に貢献しようとして揮発油モビール油が不足して如何ともし難く、殊に主として進駐軍の物資輸送に当り、その傍ら大阪中央市場の食糧輸送に従事していたのであるが政府の油の割当量が少なく進駐軍の要請する輸送と市民生存権の為の輸送要請にも応ぜられなかつたので至上命令と市民の命を救わんがためにやむを得ず本件違反行為に出たものであると主張するけれども、臨時物資需給調整法は我国の経済再建に必要な物資が著しく欠乏している実情に鑑み産業の回復及び振興を計る目的で経済安定本部総裁が定める基本的な政策及び計画の実施を確保するため経済安定本部総裁の定める方策に基く物資の割当配給と供給の特に不足する物資についての使用の制限又は禁止等を規定したものである。我国経済が著しく主要物資の不足を告げる実情にある今日の場合において若し何等の統制を行わなかつたら一部の強者に買占められ物資は偏在し大多数の者は甚しい主要物資の窮乏に陥るべきことは明かである。同法あるが故に不足勝ちながらも政府の配給が行われ、所論の如く産業の回復及び振興に寄与し得るのであるから、充分な配給がないとて本法を無視し名を緊急避難にかりて本法違反の行為に出づることができるという主張は我国経済の実情を知らざるものである。

殊に刑法第三七条の緊急避難は『現在の危難』即ち緊迫せる危難が他人の法益を害する他に救助の途なき状態に在ることを必要とする。然るに所論の危難は被告人等が所論の輸送をなさざれば危難が来るにきまつているという主観的な予想に過ぎないもので、右に所謂『現在の危難』に該当しない。即ち進駐軍はそれ自身強大な輸送力を持つているし、大阪における運送業者は大阪此花運送会社のみではない。従て被告人等が本法を無視しなければ大阪市民は飢え進駐軍の輸送は絶えると云うことは首肯できない。他に取るべき方法は夫々の当局にいくらでもあることは証明を要せざるところである。」(大阪高判昭二五・三・二三特八・八九―九〇)。

八　なお判例は「瀬戸陶磁器工業組合の地域内で陶磁器製造販売を業とする非組合員は、工業組合法所定の取締又は制限に従うとすれば自己の生産額を著しく減少することとなるとしても、現在の危難とはいえず、同法に違反する所為は緊急避難とはいえない」としている。つぎの如くである。

【19】（判旨）「瀬戸陶磁器工業組合ノ地域内ニ於テ陶磁器製造販売ヲ業トスル非組合員ハ右組合理事長ヨリ工業組合法ニ基キ日本陶磁器工業組合聯合会及瀬戸陶磁器工業組合ノ統制品ニ付生産数量ノ割当ヲ受ケタルトキハ該数量ヲ超過シテ製造スルコトヲ得ス。又之カ製品販売ニ付瀬戸陶磁器工業組合ノ共同販売ニ附シ、且日本陶磁器工業組合聯合会ノ製品検査ヲ受クヘキ旨ノ通告ヲ受ケタルニモ拘ラス右ニ違反シタル行為ヲ為シタルトキハ工業組合法第八条ニ違反スルモノニシテ仮令右非組合員カ右割当及通告ニ従フニ於テハ著シク自己ノ生産額ヲ減シ一ケ月六円ノ利益ヲ得ルニ過キサリシトスルモ緊急避難行為ヲ以テ目スヘキモノニ非ス。蓋シ斯ル行為ハ現在ノ危難ヲ避クル為已ムコトヲ得サルニ出テタル行為ト謂フヲ得サレハナリ」と。(大判昭一一・二・一〇刑集一五・九六)。

五　「危難性」の存否

一　緊急避難における「危難」は違法のものであることは必要でない。いな危難の原因が人の行為によると、はたまた人以外の動物によると、自然の事実によるとを問わない（牧野・日本刑法上三八二頁）。尤も「動物の侵害に対する反撃については、これを準正当防衛として取り扱うべきであるか、それとも緊急避難として考えるべきか」、相当に議論はあるが、やはり緊急避難をもつて論ずべしとするものが多いようである。ともあれ判例は「自然的事実に因る現在の危難」に対して緊急避難をなし得べきことを認めている。

【20】（事実）「被告人等ハ共同シテ昭和六年六月二五日午前十一時頃、新潟県西蒲原郡黒埼村大字小平方分字亀貝地内ニオイテ同所古川堀ニ設置セラレアル同郡黒埼村新堀江普通水利組合管理者黒埼村長五十嵐権八ノ管理ニ係ル同所古川堀所在ノ坂堰ヲ居字同村大字鳥原新田ノ排水ヲ防害スルモノト為シ、「ホソ」鍬、鎌、鋸ソノ他ヲモツテ共同シテ之ヲ損壊シタルモノナリ」

（判旨）「要スルニ諸種ノ条件複雑ナル関係ニアルモ挿秧後十日乃至十二日ヲ経過セシ稲ハ他ノ生育時期ニ比シ浸水ニ依ル被害大ナルヲ以テ浸水ノ継続ハ稲作ニ加速度的悪影響ヲ与フルモノト認メラルルカ故ニ、以上ノ事実ヲ以テスレハ当時異常ノ降雨アリ、挿秧後十日乃至十二日ニシテ比較的危険ナル時期ニアル稲苗カ前示ノ如キ湛水ニ因リ其ノ剣先ヲ渡シ或ハ纔ニ五分ヲ余スノミト為レル場合、被告人等カ湛水ノ継続ニ因リ稲作ノ著シキ不作又ハ稲苗ノ枯死ヲ懸念シタルハ農民トシテ当然ノコトト云フヘク、被告人徳一ノ当公廷ニ於ケル供述ニ依レハ本件ニ於テ湛水ハ板堰ノ破壊ヲ以テシテモ尚且爾後二日間稲苗ヲ浸水セシメタルモノナルカ故ニ、被告人等カ稲苗ノ被害ヲ恐フテ一刻モ猶予スル能ハスト做セシコト毫モ不当ノ判断ナリトセス。即チ被告人等カ板堰ヲ破壊シテ湛水ヲ排除セントシタル行為ハ被告人等ノ財産ニ対スル現在ノ危難ヲ避クル為已ムコトヲ得サルニ出テタルモノト認ムヘキナリ」（大判昭八・一一・三〇刑集一二・二一七〇）。

二　問題となるのは、「自己の責任に因つて生じた現在の危難」に対しても緊急避難はなし得るかの一事である。この点、例えば西ドイツ刑法の如きは、危難が自己の責に帰すべき場合でないことを要件としている。しかし、わが刑法の解釈論としては、学説の或るものは「危難の原因が自己の責に帰すべき事由にあると否とを問うことはないもの」としている（牧野・日本刑法上三八二頁）。しかし判例の或るものは、これと反対の見解に出で、ドイツ刑法におけるが如く、自己の責任によって生じた危難に対しては緊急避難行為は是認し難いとしている。この問題は、原則としては自己の責に因ると否とを問わないが、要は個々具体的な事案を精細に吟味して、はたしてそこに社会的に見て「危難あり」とみらるべきかどうかによって事を決すべきであり、一般的に抽象的に論断することはできないであろう。

【21】（事実）「被告人ハ自動車運転手ナル処、大正一三年三月一九日午後九時三〇分頃自動車（空車）ヲ操縦シ、名古屋市東岳町通リノ東側、即左側ヲ南ニ向ヒ疾走中同町一丁目ニ於テ数間ノ前方ニ同一方向ニ向ヒ並列シテ徒歩南進セル三人連ノ通行者アリテ警笛ヲ鳴ラスモ容易ニ道ヲ避ケス、更ニソノ前方数間ノ所ニ於テ同一側ノ電車軌道上ヲ高サ数尺ノ貨物ヲ積載シテ北進シ来レル荷車アリ、加之、尚ホ同一側ノ前方ニ北ニ向テ進行シ来レル自動車アリテ同側ヲ其儘前進スル能ハサリシ状況ナリシ為進路ノ方向ヲ右前方（西南）ニ転シ、前掲荷車ノ西側ヲ擦違ヒテ通過セントスルニ当リ夜間ニシテ殊ニ右荷車ノ背後ハ貨車ニ妨ケラレ洞見スルヲ得サレハ其後方等ヨリ何時人其他ノモノノ出現スルヤモ予メ知ルヘカラサルヲ以テ之ト擦違ハントスルニハ、一旦急停車ヲ為シ、障害ナク通過シ得ヘキヤ否ヤヲ確メ又ハ臨機急停車ヲ為シ得ヘキ用意ヲ為シテ徐行スル等、危害ヲ予防スルニ付最モ周到ナル注意ヲ為シ進行スヘキニ拘ラス、被告人ハ其業務上必要ナ注意ヲ怠リ、右荷車ノ背後等ニ十分ノ意ヲ用フルコトナク漫然一時間八哩程ノ急速力ヲ以テ擦違ハントシタル所、突然右荷車ノ背後ヨリ真鍋某（当十六年）カ現ハレ、道路ヲ西ニ横切ラントシタルヨリ急遽ニ之ヲ避ケヤウトシ進路ヲ更ニ右方ニ転換シタル為電車軌道面ヲ北ニ向テ通行シ居タル真鍋某ノ祖母（当六二年）ニ

自動車ヲ衝突セシメ、同人ニ肋骨折肝臓破裂等ノ創傷ヲ負ハシメ、即日死亡スルニ至ラシメタルモノナリ。」

（上告理由）「本件ニツキ第二審判決ハ、被告人ハ、其ノ過失ニ基キ自己ノ操縦セル自動車ヲ真鍋某ニ衝突セシメントシ同人ノ生命身体ヲ侵害スル虞アル状態、即チ危難ヲ惹起シ、而モ之ヲ避ケントシテ更ニ本件事故ヲ生セシメタルモノナレハ、結局右危難ハ被告人ノ過失ニ因リテ生シタルモノト謂フヘク、従ツテ被告人ノ採リタル前記行為ハ刑法ニ所謂緊急避難ニ該当セサルモノナリト判示セリ、然レトモ、所謂緊急避難ノ場合ニオケル危難ハ、現在ノモノタレハ足リ、其ノ避難行為者ノ過失ニ基キ生シタルモノナルト否トヲ問ハサルモノナルニ拘ラス、前示ノ如ク被告人ノ過失ニ基キ発生シタ危難ヲ避クル場合ニ於テハ、刑法ニ所謂緊急避難ニ非スト認定シタルハ、法律ノ解釈ヲ誤リタル失当アリ。」

（判旨）「刑法第三七条ニ於テ緊急避難トシテ刑罰ノ責任ヲ科セサル行為ヲ規定シタルハ公平正義ノ観念ニ立脚シ、他人ノ正当ナル利益ヲ侵害シテ尚自己ノ利益ヲ保ツコトヲ得セシメントスルニ在レハ、同条ハソノ危難ハ行為者カ其ノ有責行為ニ因リ自ラ招キタルモノニシテ社会ノ通念ニ照シ、已ムヲ得サルモノトシテソノ避難行為ヲ是認スル能ハサル場合ニ之ヲ適用スルコトヲ得サルモノト解スヘシ」（大判大一三・一二・一二刑集三・八七〇）。

三　さらに問題となるのは、現在の「危難」とは、一定の自然人、個人に対するそれを指称することと疑いないが、なおその外に、「何々会社とか」、「何々公団」というような法人または社団等のそれに対するそれをも含むかという点である。法人、それ自体には、身体、生命、自由の法益はないにしても、「財産」上の被害法益は存在している。団体の如きも、なおこれを構成している全自然人の存在を考えるとき、これらに対する危難とても原則として是認さるべきものと考えられる。が、判例の或るものは、つぎのように、この点を消極的に解している。しかし判旨は誤りというべく、その内実は「現在的」な危難がないか、または「已むを得ず」に当らない場合と解すべきであろう。

【22】（事実）「被告会社は従前遠洋漁業を主体としていたが敗戦後近海漁業に転換するの已むなきに至つたのであるが、従来使用の資材は近海漁業に転用するに適しないものが多く新規に所要の資材を集める必要に迫られた。然るに本件取引当時における漁業資材配給状況は曽てない最悪の様相を示し、政府からの資材割当量は実需の一割乃至一割五分程度に過ぎなかつた。此配給量だけに依存したのでは被告会社の事業経営は成り立たない実状に置かれた。従業員二百二、三十名の生存を護るために是が非でも作業しなければならない。配給資材が不足するという理由で事業を見合せることは到底許さない。会社関係事業存廃の岐る所であり従業員の死活問題である以上、所要物資は非合法手段であつても獲得するの万已むを得ない事情を認識して為した行動であり本件取引は会社並びに多数従業員のためにする緊急避難行為か否かが問題となる。」

（上告論旨）「被告人は漁業並びに水産加工業を営む会社函館支社調度課長として業務用物資購入等の業務に従事していたもので、本件闇資材の購入闇取引は被告人によつて同会社のために昭和二二年九月一〇日頃から同年一二月一一日頃までの間に前後十回に亘り行われたものであるが、当時漁業資料配給状況に最悪の様相を呈し、政府からの資料割当量は実需の一割乃至一割五分程度にすぎず、この配給料に依存したのでは被告人会社の事業経営は成り立たない実情にあつたので、拱手傍観するわけに行かず、本件取引は会社並びに多数従業員のためにする緊急避難行為であつた」というにある。

（判旨）「所論のように、敗戦の結果、被告会社が従来目的としていた遠洋漁業から近海漁業に転換しなければならなくなり、それに要する資材は所定の正規の手続によつては従業員その他従来のままの会社の経営規模を維持するに必要な量の一割乃至一割五分しか入手できないので、その余は闇資材に頼らなければならず、若し之に頼らないとすれば経営を縮少しなければならない状態にあつたとしても、刑法三七条に所謂自己又は他人の生命、身体、自由若くは財産に対する現在の危難とは、個人の右法益が危険にさらされている状態をいうのであつて、之を会社、組合等の法人またはこれに類する社団、財団にまで拡張して解すべきものではなく、又会社経営の規模を縮少して従業員の一部を解雇することになつても、その解雇によつて直ちにその従業員の前記法益に対する現在の危難を生ずるとは解し難い。従つて本件は緊急避難であるとの主張は採用しない。」（札幌高函館支判昭二五・七・二八特一二・一八八）。

四 なお「現在の危難」に該るかどうかの点に関する最近の判例として注目すべきは、「労働争議において、組合員の張つたピケラインを、就労しようとする非組合員が突破しようとする事態を生じた場合、これを阻止しようとして組合員が暴行に出た所為は、一種の現在的な危難に対する緊急避難をもつて論じ得べきかぎりではない」とする判例をみている一事である。これに二つのものがある。

【23】（事実）「被告人は横浜市所在第二港湾司令部駐留軍要員労働組合の組合員であつて、同組合が昭和二八年七月二二日からストライキに突入し、非組合員の就業を阻止すべく職場の各入口にピケット・ラインを張るに至つた際、同市中区海岸通り新港橋入口のピケット・ライン責任者として、他の組合員らと共に、同所に泊りこんで、右ピケット・ラインの維持に当つていたところ、右ストライキに参加しない非組合員らが職場内に入ることを組合側に交渉したけれども容れられなかつたところより、集団入場しようとして、同月二六日午前六時ごろ、約六十名の非組合員らが、四列縦隊を組んで、神奈川県庁前方面より右新港橋入口に向つて進行して来たので、当時同入口附近にたむろしていてこれを知つた被告人外十余名の組合員らは、右非組合員らの入場を阻止しようとして、そのうち大神弘好外数名の者が、右非組合員の隊列に向つて馳せつけるや、間もなく右大神と非組合員赤池英夫とかなぐりあいを始め、これがきつかけとなつて、入場しようとする非組合員らと、極力これを阻止しようとする組合員らとが互に入り乱れて混乱状態に陥つたが、その際被告人は所携の長さ約三尺の角棒を振りまわして、非組合員大塚孝一郎の大腿部を殴打し、更に非組合員吉木国雄の腕を殴打する等の暴行を加え、よつて右吉木に対し全治約一週間を要する右前腕部打撲傷を負わせ

傷害した。」

(判旨) 「我が国の憲法は勤労者の団結権を保障しているので、労働者は労働組合を結成し、又は結成された労働組合に加入する権利を有することは明らかであるが、これと同時に、他にもいろいろの自由と権利とを右憲法によつて保障されている関係上、自己の意見に基づいて労働組合を結成しないことも、既に結成された労働組合に加入しないことも自由であると解すべきである(中略) しかしてピケットは労働組合の争議権に基づく争議手段の一種であつて、組合の構成員以外の非組合員に対する関係においては、本来その就業を拒否する根拠がないものであり、特に、いわゆる「スト破り」の雇入れ等のようにストライキの効果を減殺することを目的としたものではなくて、真に生活のために就労しようとする非組合員に対しては、平和的で穏和な説得行為であるならば格別、右限度をこえてその就労を拒否することは許されないものと解すべきところ、本件においては、非組合員らが、原判示のような集団の力によつて強いて就労しようとしたのは、前述のとおり、いわゆる「スト破り」の雇入れ等のように、組合のストライキの効果を減殺することを目的としたものではなくて、真に生活上の必要から、やむなく採つた行動であつたことが認められるばかりでなく、(中略)、このような方法によつて入場したのも、ひつきよう他に執るべき方法がなかつたため、やむをえざるに出た権利行使の手段であつたと考えられるのである。(中略) このような状況下におかれた非組合員らが、右現場において、前示大神と赤池とのなぐりあいをきつかけとして混乱状態に陥つた際その間隙に乗じて一せい入場しようとしたからといつて、いまだもつて原判示のように刑法第三七条第一項所定の現在の危難があつたものということはできないものというべく、従つて被告人の本件所為は結局正当な権利の行使として就労しようとした非組合員に対し、実力をもつて、これを阻止しようとしてなした暴力行為であり、何ら違法性を阻却すべき理由を発見することはできないものといわなければならない。」(東京高判昭三〇・三・三一高裁特報二・八・二六七)。

【24】（事実）「被告人山口倉吉は駐留軍横浜陸上輸送部隊に勤務する日本人労務者によつて組織されていた同部隊労働組合の書記長、被告人青木一雄、同峯村省三はその組合員であつたが、同組合は昭和二八年七月二八日から七二時間ストライキに入つたところ、同月二九日午前六時四〇分頃横浜市中区扇町の右部隊バス通用門から非組合員或は組合員ではあつたが右ストライキに参加しなかつた同部隊勤務の日本人運転手渡辺飯外六名が駐留軍軍人、軍属等を輸送する為横浜駅に赴くべく各一台のバスを運転し一列縦隊で順次出門しようとし、先頭の川名浩運転のバスが出門し、次でこれに続いて渡辺飯がバスを運転正に出門しようとするや、右被告人三名は右バス通用門前に於てピケラインを張つていた組合員約三〇名位と共謀の上、組合員多衆の威力を示してその出門を阻止しようとして（中略）暴行を加え出門を不能ならしめ以て多衆の威力を示して運転業務を妨害したものである。」

（判旨）「被告人山口倉吉は何等権限がないのに、ストライキに参加しなかつた日本人運転手が正当に運転するバスの出門を多数の組合員の威力を示し実力によつて阻止したものと認めざるを得ないのである。しからば原判決が渡辺飯等の運転手は被告人等をして平和的説得をする余ゆうも与えず、ピケラインを強引に突破しようとしたものと認め、被告人山口倉吉の所為を目してピケラインの組合員が右運転手等に対する説得の余地を作る為にのみする止むを得ない妨害行為で、ピケラインに対する現在の危難を避ける為止むことを得ざるに出た行為であるとして刑法第三七条一項本文により業務妨害罪を構成しないと認めたのは正に法令の解釈を誤り事実を誤認したものというべきである。」（東京高判昭三〇・六・一四 高裁特報二・一二・六〇四）。

五　なお判例の或るものは、労働争議の場合、労働者が従来の雇用関係から解雇される不安と脅威を感じたとしても、かくの如きをもつて「現在の危難」ありとし、その現に為した雇主側に対する不法監禁致傷行為の緊急避難行為性を主張し得ないものとしている。

【25】（判旨）「労働者が従来の雇用関係から解雇されることは将来の生活に不安と脅威を感ずるものであることは所論のとおりであろうけれども、他に就労の機会を絶対に喪失するわけでなく且つ本件の場合は被解雇者に対し当分の生活の資として相当額の臨時手当等が支給されることになつているものであり、又一面失業者に対しては失業保険法等の保障も存するところであるから、被解雇者及びその家族の生存に危難の急迫したものがあつたとは解し難いのみならず、本件のような監禁行為に出ることが、これを避けるための真にやむを得ない方法であつたとも到底認めることはできない。従つてこれに対し緊急避難を主張するのは当らない。」（広島高判昭三〇・七・九高裁特報二・一五・七六二）。

六 避難行為の存在

一 緊急避難は、正当防衛と異つて或る侵害に対する反撃ではなく、現在さしせまつた或る危難より免れようとする「避止」行為である。すなわち現在的な災厄から免れんがために已むことを得ずしてした他人の法益に対する加害をいう。ゆえに「避難行為」なるものが緊急避難の中心的部分である。従つて一定の災厄から免れ得る方法が他にあるに拘らず、殊更に積極的に他者の法益を害する行動に出るが如きは緊急避難とはならない。この点に関し、旧大審院当時につぎのような四つの判例がある。

その一は、「産婆が分娩を取り扱つた後、褥婦の顔面口唇が蒼白となり脈搏頻数微弱、時々結帯を呈している場合に、これに立会つた産婆が、臨時救急の処置として患者に対しカンフル液の注射をするような行為は一種の緊急避難行為である」とするもの、二は、「執達吏代理の差押のためにした適法な職務行為に対し、暴行をもつて妨害することは緊急避難とならない」とするもの、三は、「仮処分の実行々為に対する暴行脅迫の行為とても、同じく反撃的になされたかぎり避難行為とならない」とするもの、四は、「後難を慮れての偽証は、これまた避難とならない」とするものである。これらの判旨は、いずれも正当とされなければならない。

【26】（判旨）「関根キミハ全ク虚脱ノ容態ニ在リテ救急ノ手当ヲ為スニ非サレハ生命ニ危難ヲ及ホスヘキ状況ニ在リタルコトヲ認ムルニ余リアリトス。而シテ患者カ虚脱ノ容態ニ在リタル場合ニ於ケル救急ノ手当トシテハ、カンフル液注射ヲ以テ最モ適切且有効ノ治療方法ト為スコトハ実験法則上明白ナルヲ以テ被告人カ助手吉川キミヲシテ右患者関根キミニ、カンフル液注射ヲ為サシメタルハ産婆規則第七条但書ニ所謂救急ノ手当ニ該当スルモノトス。同規則第八条ニハ産婆は妊婦産褥婦又ハ胎児生児ニ対シ外科手術ヲ行ヒ産科器械ヲ用ヰ薬品ヲ投与シ又ハ之カ指示ヲ為スコトヲ得スト規定セリト雖、同条ハ産婆ニ対シ本件ノ如キ救急ノ手当ヲ必要トスル場合ニ於テモ、カンフル液注射ノ如キ薬品ノ投与ヲ禁シタルモノト解スヘキニ非ス。蓋若然ラストセハ前条但書ヲ設ケタル趣旨ヲ没却スルニ至レハナリ」と（大判昭九・三・三一刑集一三・三五〇）。

【27】（事実）「被告人南十吉ハ区裁判所執達吏朝隈武五郎代理清藤英雄カ昭和二年四月四日債権者福富五郎外二名債務者南十吉間ニ於ケル同裁判所ノ訴訟費用確定決定ニ基ク強制執行ニ付債権者ノ委任ニ依リ被告人方ニ赴キ倉庫内ノ物件ニ付対照差押ヲ為サムカ為倉庫ノ戸扉ヲ開カントシタルモ開キ得サリシヲ以テ被告人ニ対シ之ヲ開クヘク命シタルニ被告人ハ言を構ヘテ之ニ応セサリシカハ英雄は已ムナク該倉庫ノ裏手ニ設ケアル空気抜窓ヨリ同倉庫内ニ入ルヘク該窓ニ梯子ヲ掛ケ之ニ乗リタル処被告人ハ其ノ梯子ヲ引摺リ且之ヲ顛覆セントシタル為英雄ヲシテ地上ニ墜落セシメ尚同人ニ於テ再ヒ該窓ヨリ倉庫内ニ入ラントシタルモ今村喜久カ該窓ヲ釘付ニ為シタル為、英雄ハ更ニ該窓ニ梯子ヲ掛ケ之ニ乗リ玄能ヲ以テ其ノ釘付ノ箇所ヲ破壊

シツツアリシ際、被告人ハ前同様其ノ梯子ヲ引摺リ又ハ顚覆セムトスル等ノ暴行ヲ為シ因テ公務員タル清藤英雄ノ公務執行ヲ妨害シタリ。」

（判旨）「執達吏代理清藤英雄カ玄能ヲ以テ釘付ノ箇所ヲ破壊シタルハ本件差押ヲ為スニ当リ閉鎖シアル倉庫ヲ開クヘク債務者タル被告人ニ催告シタルモ之ニ応セサルノミナラス却テ今村喜久ニ於テ倉庫ノ窓ヲ釘付ニ為シテ差押ノ妨害ヲ為スニ依リ其ノ妨害ヲ除去スル方法トシテ已ムヲ得サルニ出テタル職務執行ノ行為ニ認メ得ヘキヲ以テ執達吏代理清藤英雄ノ前示玄能ヲ以テ釘付ノ箇所ヲ破壊シタル所為ハ刑法第二六〇条ノ犯罪ヲ構成スルモノニ非サルハ勿論、之ニ対スル前示被告ノ行為ハ刑法第三七条ノ避難行為ニ該当セサルヲ以テ原判決カ同条ヲ適用セサリシハ正当ナリ。」（大判昭三・二・四 刑集七・五〇）。

【28】（判旨）「本件被告人ノ暴行脅迫ノ行為ハ仮処分ノ実行行為自体ニ対シ反撃的ニ行ハレタル抵抗行為ナルヲ以テ避難行為ト称スヘカラサルハ勿論ナルノミナラス裁判所ノ仮処分命令ニ因ル本件仮処分ノ執行カ原判示ノ如ク適法ナル以上、之ニ対シ緊急防衛行為ノ成立ヲ認ムヘキモノニ非サレハ原判決ニハ所論ノ如キ違法ナシ。」（大判昭四・三・七新聞三〇二〇・九）。

【29】（上告理由）「被告人ノ為シタル原判示第一事実ノ（一）ハ、何等ノ対価ヲ支払ハスシテ手形ヲ入手セル西村吉太郎カ原告トシテ吉田伝ニ請求訴訟ヲ提起セル事件ニ於テ、右西村吉太郎ノ不当ナル請求ニ憤激シ、吉田伝ニ同情ノ余リ不用意ニ偽証セルモノ、原判示第一事実ノ（二）ハ清原清太郎トノ従前ノ関係上後難ヲ恐レテ不得已ニ出テタルモノニ過キス（中略）実刑ニ相当スル程重大ナル罪責アルモノニ非ス。」

（判旨）「仮令所論ノ如ク不当ナル民事訴訟ヲ排斥シ当事者ノ一方ニ同情スル目的ヲ以テスルモ苟モ証人トシテ宣誓ノ上証言スルニ当リ、原判示第一ノ（一）ノ如ク、真実ニ反スル事実ヲ陳述スルニ於テハ偽証罪ヲ構成スヘク、又（二）証人カ当事者ノ一方トノ関係ニ於テ所論ノ如ク同人ノ為有利ナル証言ヲ為スニ非レハ後難ヲ受クル恐アルニセヨ、緊急避難行為ト謂ヒ難キヲ以テ、虚偽ノ陳述ヲ為スニ於テハ偽証罪ノ成立ヲ阻却スルコトナシ。」(大判昭九・九・一四 刑集一三・一二六八)。

二　「避難行為」の解釈に関しては、最高裁判所の時代となつても、大体において旧大審院当時と見解において多く変りはない。その代表的な見解は、つぎのような「家屋不法占拠による営業者に対する威力を使用しての業務妨害は、たとえそれが右家屋明渡を求めるためであつたとしても避難行為とはならない」とする判例において、これを見受ける。

右の判旨と歩調を共にして下級審の判例として、「避難行為」それ自体の成立を否定したものに、つぎのような四つのものがある。一は、「自家用食糧の不足を補うために闇買した米を無許可で運搬した行為は避難行為でないとするもの」であり、二は、「相手方の斬込計画あることを知り機先を制して侵害行為に出たような場合は、避難行為とならないとする」もの、三は、「疾病で苦しんでいる者から嘱託を受けてした普通人の所謂『安楽死』は、これまた避難とならない」としたもの、四は、「本妻が妾を殺害した場合、かくの如き所為も避難をもつて目すべきでない」としたものである。判旨は、おおむね正当である。

【30】(上告理由並に事実要旨)「私は判示の中島町子を金山の支店に留守番をさせて置きました処、家主の大塚喜一、星谷佐一の両名は町子を、おだてて実際私が借りて家賃を払つて来て居るにもかかわらず、借主は私でなく町子である様に作り上げ、㊣家賃が安いので、三者共謀闇家賃の目的で従来の肥料商も運送業も、お前の店の様にして仕舞へとすすめ二人の家主は其裏へ廻つて綱を引き土地の有力者は勿論、警察の方迄手をのばして御機嫌を取り、私の店を自由に直させ、表に物々交換所の看板を上げ、其の内面はドブロクを大量に造つて売つたり、米、油、塩、煙草、砂糖等統制品目を警察の膝下で日用品の無い物は無いと云われ

る位大ちやくな闇商売を始め、警察官は之れを見て見ぬ振りをして居ると云う有様で、私は時々廻つて行つて見て、之れでは仕方がないと思い、店に置いた自分の物を片づけたり、置き替えたりして此様なことをしては困ると云うた事が、業務妨害罪だと云うことになつて裁判所のお手数をかけて居るのが、此事件であります。」

（判旨）「判示の中島町子が判示の家屋を占拠するのは被告人の該家屋に対する賃借権を侵害するものであつても、被告人としては之が侵害を排除するためには須らく国家機関の保護を求むべきであり、自ら判示の如く威力を用いて同女の営業を妨害するが如きことは法の認容しないところといわなければならない。この点に関する原判決の説示は相当であつて論旨はとるを得ない。」（最判昭二七・三・四刑集六・三・三四七）。

【31】（判旨）「わが国現在の経済情勢においても被告人のように娘と二人で田畑一反位を耕作している者が米二俵を闇買して無許可で運搬する行為を緊急避難と解することはできない。」（高松高判昭二四・一〇・四特一・三五〇）。

【32】（判旨）「被害者今井が多数の子分を擁して斬込みをかける計画をしていたとしても、所論のように、被告人石川が機先を制して一騎打で勝負をし、今井を斃して自殺する覚悟で原判示第二の犯行に及んだものである以上、原判決認定のように殺人、同未遂罪を構成すること勿論であつて、これを緊急避難であるとする所論は現在の法律秩序に照らして到底是認することを得ないところである。このことは、たとえ被害者今井が被告人石川を迎えた際拳銃を所持していてこれを発射しようとしたことがあつたとしても、些かもこの結論を左右されるものではない。」（東京高判昭二五・一〇・三〇特一四・四）。

【33】（判旨）「疾病による激烈な肉体的苦痛よりも精神的苦悩によつて懊悩していたことの認められる者から殺害の嘱託を受けて同人を殺害した場合には、正当行為又は緊急避難行為の要件を欠きいわゆる安楽死として違法性を阻却することはない。」（東京地判昭二五・四・一四昭二四年(と)第一二四号事件）。

【34】（判旨）「本妻が妾を殺した場合につき、緊急避難行為であるという主張を否定して被告人の夫が妻である被告人をさて措き、被害者と不倫の行為に耽り、被告人等妻子に対しては、甚だ冷淡な態度に出た

ため、被告人は四人の子供を抱え、精神的にも物質的にも相当苦労したことは右に認定した通りであるが、右認定の事実を以てしては、いまだ生命、身体等の法益に対し、直接且つ切迫した実害或は危険があつたものとは認め難いばかりでなく、被告人の本件行為は、右に認定したように、憎悪、憤激の余りなされた攻撃であつて、避難行為とは認められない。」(東京地判昭二五・一一・四裁判特報七〇・六)。

七　「已むことを得ずして」との法意

一　上述の「避難行為」は「已むことを得ざるに出たこと」を必要とする。これ学徒のいわゆる「補充の原則」(Prinzip der Subsidiarität) これである。すなわち「その行為が自己または他人の法益を保全するにつき必要であり、他に採るべき手段方法がなくしてなされたこと」を要する。

ここに「已むことを得ず」というのは、刑法第三六条の正当防衛の場合と言葉は同じであるが、しかし意味内容を異にし、それは通常一般に「それより他に適当の手段のなかつたこと」を意味するものとされている。学徒の或る者は曰く「已むことを得ずとは、唯一最適当の方法なることの義なり。而して或行為が最適当の方法なるが為には、(a)他の法律上許されたる手段が効を奏する見込なきこと、(b)該避難行為より生ずる法益侵害の程度が、具体的の場合に於ける他の可能なる避難方法に比して最も小なることとの二条件を必要とする」と(宮本・学粋二五六頁同、大綱九九頁)。

けだし正当防衛の場合は、その前提なる危害は違法なものであるから、これに対する防衛は、それが必要なものであり且つ相当 (erforderlich) なものであるかぎり許されるものであるが、しかし緊急避難の場合は、その危難は違法なものであることを必要とせず、合法なものでも足りるのであるから、勢いこれに対応する避難行為は「必要已むなきもの」、「他にとるべき適当の手段がなかつた」というような条件に制約されてくるのである。

わが判例も大体において刑法三七条にいう「已むことを得ず」との意義については旧大審院当時から、右のような一般的見解も是認し、現在の最高裁判所の時代に入つてもこれを維持している。そして高等裁判所の幾多の判例においても、かような見解に従つている。つぎの如くである。

二 まずこの点に関する旧大審院当時の代表的な見解は、つぎの判例のように「緊急避難は、現在の危難が他人の法益を害する外、他に救助の途がない状態に在ることを必要とするのであり、その場を避け得る機会があつたときは、これに該らない」としている。

そして旧大審院当時の判例は、右のような見地から左記判例の如く、(a)侵害排除のために他人の板塀を破壊する行為の如きは、已むを得ざるに出でたものと認め、また(b)他人所有の番犬が突如として自己所有の猟犬に咬みついてきた場合の如きも同様であるとしたのであつたが、しかし(c)瀬戸陶磁器工業組合の地域内で、陶磁器製造販売を業とする非組合員の如きは、若し工業組合法所定の取締乃至制限に従うとすれば、自己の生産額を著しく減少せしめることとなるとしても、かようなゆえをもつて同法に違反するが如きは、「已むことを得ず」に該当するものではないとなしたのであつた。

【35】（事実）「被告人ハ酒気ヲ帯ヒテ淀橋町第二区民会ノ開カレタル淀橋第二小学校御真影奉安室ニ入リ悪口雑言ヲ為シタルニ役員等ノ為退去ヲ求メラレタルモ之ニ応セサルヨリ同人等ノ為廊下ニ拉致サレ役員

ノ一人田中重蔵ヨリ黙ツテ帰レト云ハレタルヲ憤リ靴履ノ儘右足ニテ重蔵ノ左脛部ヲ蹴リ打撲挫傷ヲ負ハシメタリ。」

（上告理由）「本件ハ正当防衛ナリ。仮リニ正当防衛ニ非ストスルモ当時被告人ハ身ヲ以テ逃レントシ緊急ノ状態ニアリタル際、後口ヨリ田中重蔵カ来リ殴ツテ仕舞ヘト声ヲ掛ケ周囲ヲ取リ巻カレ居リタルヨリ現在ノ危難ヲ避クル為已ムコトヲ得ス田中重蔵ヲ足ニテ払ヒ除ケテ表口ニ避難シタルモノニシテ被告人ノ所為カ正当防衛ニ非ストセハ緊急避難行為ナリト謂ハサルヘカラス。」

（判旨）「刑法第三七条ノ緊急避難ハ現在ノ危難カ他人ノ法益ヲ侵害スル外、他ニ救済ノ途ナキ状態ニ在ルヲ必要トスルニ拘ラス、被告人ハ酒気ヲ帯ヒテ淀橋町第二区民会ノ開カレタル淀橋第二小学校御真影奉安室ニ入リ悪口雑言ヲ為シタルニ、役員等ノ為退去ヲ求メラレタルモ之ニ応セサルニヨリ同人等ノ為廊下ニ拉置サレ、役員ノ一人田中重蔵ヨリ黙ツテ帰レト云ハレタルヲ憤リ、靴履ノ儘右足ニテ重蔵ノ左前脛部ヲ蹴リ打撲傷ヲ負ハシメタル趣旨ニ非ラサレハ、叙上被告人ノ行為ハ已ムコトヲ得サルニ出テタルコトナキノミナラス、更ニ原判示事実ヲ其ノ引用証拠ト対照スルニ寧ロ被告人ニ於テ其ノ物ヲ避ケ得ル機会アリシ趣旨ヲ看取シ得ヘキヲ以テ緊急避難ヲ以テ云為スル所論ハ当ラス。」（大判昭八・九・二七刑集一二・一六五九）。

【36】（判旨）「面積四、五丁歩ノ田地ニ挿秧後一〇日乃至一二日ノ稲苗カ異常ノ降雨ニヨル湛水ノタメ剣先ヲ没シ或イハ、纔ニ五分ヲ余スノミニテ湛水ノ継続ニヨリ著シキ不作又ハ稲苗枯死ノ危難アルニ当リ耕作者カソノ湛水ヲ排除スル必要上他人所有ノ水田灌漑用ノ板堰価格四〇円許リノモノヲ破壊シテ湛水ヲ排除ショウトシタ行為ハ現在ノ危難ヲ避ケルタメ已ムヲ得サルニ出テタルモノト認メラレル。」（大判昭八・一一・三〇刑集一二・二一六〇）。

【37】（判旨）「当時被告人ハ狩猟ノ目的ヲ以テ其ノ所有ニ係ル英セッター種牡四歳体重約五貫位価格六百円位相当ノ猟犬一頭ヲ伴ヒ前示清水一郎方前道路ニ差蒐ルヤ、同人方番犬ハ遽ニ右猟犬ニ迫リ来リ之ヲ該道路上ニ咬伏セタルヨリ被告人ハ大ニ驚キ清水方家人ニ対シ番犬ノ制止方ヲ求メタルモ同人等ハ応セス其ノ

儘之ヲ放置セルコトヲ認メ得ヘク、清水一郎所有ノ番犬カ土佐雑種牡四、五歳体重十三貫位価格約百五十円相当ノモノナリシコトハ清水一郎ニ対スル司法警察官代理ノ告訴補充調査ニ徴シ明白ナルトコロナリ。而シテ右両犬ノ種類大小性質等ヲ比照シ、両犬カ叙上ノ如キ状況ノ下ニ在リタルコトヲ彼此考量スレハ其儘之ヲ放置スルニ於テハ被告人所有ノ猟犬ハ清水一郎所有ノ番犬ノ為ニ甚シク咬傷ヲ受クルニ至リ、其ノ結果、或ハ死ニ至ルコトアルヘク少クトモ爾後猟犬トシテノ用ヲ充タスコト能ハス殆ト無価値ノモノトナルコトヲ明白ニシテ被告人カ当公廷ニ於テ供述スルカ如ク其ノ際自己所有ノ猟犬ニ対スル被害ヲ思フテ速ニ応急ノ措置ニ出ツヘキモノト做シタルハ毫モ不当ナル判断ト云フヲ得サルヘク、而モ右猟犬ニ対シ叙上ノ如キ危難アル場ニ於テ直ニ狩猟用火薬類散弾ヲ装塡シタル二連銃ヲ以テ右番犬ヲ狙撃シテ其ノ活動ヲ阻止スルノ外他ニ右危難ヲ避クルニ足ル適当ノ手段方法ナカリシコトハ被告人ノ当公廷ニ於ケル供述ニ依リ明白ナルカ故ニ被告ニ当リ、之ヲ避ケムカ為清水方家人ニ対シ番犬ノ制止方ヲ求メタルモ同人等ニ於テ之ニ応セサリシ為前叙ノ人カ策尽キテ遂ニ前示行為ニ及ヒタルハ其ノ所有猟犬ニ対スル現在ノ危難ヲ避クル為已ムコトヲ得サルニ出テタルモノト認メサルヲ得ス。」(大判昭一二・一一・六同年(れ)第七九七号事件)。

【38】 (事実) 「被告人ハ瀬戸陶磁器工業組合ノ地域内タル瀬戸市及水野村ニ於テ陶磁器製造販売ヲ営ムモノニシテ右組合ノ非組合員ナルトコロ昭和一〇年二月七日及同年三月一二日ノ二回ニ亘リ右組合理事長鈴木舜二ヨリ工業組合法ニ基キ日本陶磁器工業組合聯合会及瀬戸陶磁器工業組合ノ統制品タル電気用ノップ及内線器具ノ生産数量ニ付一定ノ割当ヲ受ケ右数量ヲ超過シテ製造スルコトヲ得ス又之カ製品販売ニ付瀬戸陶磁器工業組合ノ共同財売ニ附シ且日本陶磁器工業組合聯合会ノ製造検査ヲ受クヘキ旨ノ通告ヲ受ケタルニモ拘ラス昭和一〇年二月七日頃ヨリ同年三月二七日頃ニ至ル迄前後数回ニ亘リ前証瀬戸市及水野村所在ノ各工場ニ於テ被告人ニ対スル右割当数量ヲ遙カニ超過シテ製造シ該製品中東電型レセップタクル二千六百四十七個ヲ除キ其ノ余ノ製品ニ付テハ所定ノ製品検査ヲ受ケス且瀬戸陶磁器工業組合ノ共同販売ニ附スルコトナク

シテ其ノ頃被告人ニ於テ直接東京市、大阪市、名古屋市等ニ搬出シ売却シタルモノナリ。」

（判旨）「瀬戸陶磁器工業組合ノ地域内ニ於テ陶磁器製造販売ヲ業トスル非組合員ハ右組合理事長ヨリ工業組合法ニ基キ日本陶磁器工業組合聯合会及瀬戸陶磁器工業組合ノ統制品ニ付生産数量ノ割当ヲ受ケタルトキハ該数量ヲ超過シテ製造スルコトヲ得ス又之カ製品販売ニ付瀬戸陶磁器工業組合ノ共同販売ニ附シ且日本陶磁器工業組合聯合会ノ製品検査ヲ受クヘキ旨ノ通告ヲ受ケタルニモ拘ラス右ニ違反シタル行為ヲ為シタルトキハ工業組合法第八条ニ違反スルモノニシテ仮令右非組合員カ右割当及通告ニ従フニ於テハ著シク自己ノ生産額ヲ減シ一ケ月六円ノ利益ヲ得ルニ過キサリシトスルモ緊急避難行為ヲ以テ目スヘキモノニ非ス。蓋シ斯ル行為ハ現在ノ危難ヲ避クル為已ムコトヲ得サルニ出テタル行為ノ為ト謂フヲ得サレハナリ。」（大判昭一一・一二・一〇刑集一五・一〇三）。

三 右のような旧大審院の見解は、大体において最高裁判所の時代となつても依然踏襲されているのであり、その代表的の表現は、つぎの判旨に見受けられる。なお高裁の判例中にも、これに従つているものを見受ける。

【39】（判旨）「緊急避難における『已むことを得ざるに出でたる』というのは、当該避難行為をする以外には、他に方法がなく、かかる行動に出たことが条理上肯定し得る場合を意味する。」（最判昭二四・五・一八刑集三・七七二）。

【40】（判旨）「隧道を通過するにあたり、牽引車輛の減車を行わなければ隧道内で発生する熱気の上昇、有毒ガス等のため生命身体に被害をうける危険が常時存在するときは、隧道通過前に三割減車を行うことは乗務員の経験上現在の危難を避けるため已むを得ない行為である。」（最判二小昭二八・一二・二五刑集七・一三・二六七一）。

【41】（事実） 被告人小島藤八はこの原判示中島町子が原判示家屋を占拠して営んでいた古物商営業を原判示第一乃至第三記載の如き方法に依り、威力を用いて妨害したというのである。

（上告論旨）「これ原判示中島町子を金山の支店に留守番をさしておいたところ、家主の大塚喜一、星谷佐一の両名は町子をおだてて実際私が家を借りて家賃を払つてきているにも拘らず、借主は私でなく町子であるように作り上げ、家賃が安いので三者共謀闇家賃の目的で従来の肥料商も運送業もお前の店のようにしてしまえとすすめ、二人の家主はそのうちに廻つて綱をひき土地の有力者は勿論、警察の方まで手をのばして御機嫌をとり、私の店を自由に直させ、表に物々交換所の看板を上げ、その内面にドブロクを大量に造つて売つたり、米、油、塩、煙草、木炭、砂糖等統制品目の警察の膝下で日用品のない物はないといわれる位大ちやくな闇商売をはじめ、警察官はこれを見て見ぬ振りをしているという有様で、私は時々廻つて行つてみて、これでは仕方がないと思い、店に置いた自分の物を片付けたり置き替へたりして、このようなことをしては困るといつただけである」と。

（判旨）「判示の中島町子が判示の家屋を占拠するのは被告人の該家屋に対する賃借権を侵害するものであつても、被告人としては之が侵害を排除するためには須らく国家機関の保護を求むべきであり、自ら判示の如く威力を用いて同女の営業を妨害するが如きことは法の認容しないところといわなければならない、已むなき行為として緊急避難とはならない。」（最決二小昭二七・三・四刑集六・三・三四七）。

【42】（判旨）「被告人が強窃盗の共犯者から犯行を共にしなければ殺すぞと脅かされたので、共に強盗行為をしたと供述しているとしても、それが被告人の生命身体に対する現在の危難であるともいえないし、また右のような脅迫を避けるため已むことを得ない行為又はその程度を超えた行為ともいうことはできない。」（最判一小昭二四・一〇・一三刑集三・一〇・一六五）。

【43】（判旨）「緊急避難は、現在の危難即ち緊急した危難が他人の法益を害する外、他に救助の途のない状態にあることを必要とする。」（大阪高裁昭二五・三・二三特八・八八）。

四　判例は右のような見解を採る結果、(a)特に「公共的法益に対する危難等」の存する場合には、本来この種の災厄を排除するには一定の国家的機関が存するのであるから、私人がこれに対し緊急避難行為をすることができるのは必要止むを得ない場合に限られるとしている。左記第一の判例がこれに該る。なお上述のような見地よりして緊急避難の成立しない事例として五つのものを認めている。

【44】 (事実) 「昭和二二年一月一八日全官公共同闘争委員会が二月一日を期して官公庁職員各労働組合総罷業の突入の危機に際し、一私人たる被告人等が『この総罷業は、産別の指令によるものであるから同会議の指導者である同会議議長聴濤克己に交渉し罷業中止方を勧告することとし、但し当時の一般状勢より見て聴濤克己に左様な勧告をしても、同人が之に応ずるかどうか疑問であり、又たとえ同人が承諾しても同人独りの力を以てしては今更罷業を中止させることは至難であろうから、若し聴濤が罷業中止の勧告に応じなかつたならば一面同人が指導者として事玆に到らしめた責任に対する制裁として、又他面同人を傷けることによつて社会的センセイションを捲き起し、総罷業計画団体を動揺させるため同人に対し暴行傷害を加えるに至つた」(この暴行傷害が、一種の国家法益保護のための避難行為と見られ得るかにつき問題を存する。)

(判旨) 「刑法第三六条及び第三七条にいわゆる『已むことを得ざるに出でたる行為』とは、当該具体事態の下において、当時の社会通念が防衛行為として、当然性、妥当性を認め得るものを言うのである。そして殊に国家的、公共的法益に対する侵害等を私人が防衛する場合に、已むことを得ざるものとして当然許さるべき範囲は、整備せる現代国家の機構組織の下においては、必然的に比較的極めて狭少な局限されたものたるべきことは国家理論の帰結として何人も承認しなければならぬところである。」(最判昭二四・八・一八、刑集三・九・一四六八)。

(判旨補遺) 「この点判例は暴力の行使は緊急避難として寛恕さるべきでないとして曰く「かかる事態においても、かかる暴力の行使は、現代国家生活における法律秩序と社会平和をかき乱す以外の何ものでもないことは、健全な常識に照らし、寸毫も疑念をさしはさむ余地がない。かかる暴力の行使は、やがて暴力の専制的支配を是認する思想に通ずるものであつて、立憲国家においては最も排斥しなければならぬところのものである。従つて社会通念は、かかる行動を当然として是認し許容するはずがないことは極めて明白であつて、かかる行為は正当防衛又は緊急避難として寛恕さるべきものではない。」(最判昭二四・八・一八集三・九・一四六九)。

【45】（判旨）「生活に窮した窃盗は、已むを得ずに該らない」として曰く「被告人が、妻は妊娠中であり、食糧難で、その日の食糧にも事欠くような生活をしていたため窃盗をなしたと供述しても、それは犯行の動機を述べているだけで、右犯行は緊急已むを得ない状況の下において行われたと認めることはできない。」(最判二小昭二三・六・一二同二三年(れ)第一九三号事件)。

【46】（上告理由）「原審には重要な事実について審理不尽の違法があるとして曰く「被告人は原判示第一強盗の事実について共同正犯と認定されているが、此の点は非常な問題である。被告人は当時二十三歳の少年であつて、一審相被告の巻野房雄は当時二十七歳の壮年者であり、また強窃盗の常習であるので、第一の事実直前に犯行の場所に三名で行つて着手にかゝつたが宿直員に発見されたと思い三名は一たん巻野の家へ引き帰えり犯行を止めたのである。然るに牧野が一か八か実行すると云いだし、被告人が止めたのであるが巻野は被告人に対し『行かねば殺すぞ』と云つて脅迫したので仕方なしついて行つたもので被告人は意思を抑圧されて巻野の手足となつたものである。被告人は自分の生命、身体に対する現在の危害を直感し、この緊急な危難を虞れ、之を避ける為め已むことを得ずして犯したものであつて、場合によつては生命を懸けてやつている巻野に殺されるやも知れないとの恐怖から本件行為に出たもので、被告人は本心には強盗の意はなかつたものである。従つて第一判示の点は被告人については緊急避難行為として無罪とすべきものと思われるのである。」

（判旨）被告人は「共犯者から犯行を共にしなければ殺すぞと脅かされたので共に強盗行為をしたとしても、それはまず第一に、生命身体に対する現在の危難があるとはいえないし、また(b)その強盗行為が脅迫行為を避けるために『已むことを得ずしてなした』といい得られないとして曰く「被告人は原審公判廷で

『巻野が一か八か行こうといい出したので、私はとめましたが、きいて呉れず行かなければ殺すぞと脅かしますので仕方なくついて行ったのである』との供述をしたことは、その公判調書によって明らかではあるが、前記判示事実に照し右供述を以て被告人の判示行為が所論のように自己の生命、身体に対する現在の危難を避くるため已むことを得ざるに出でた行為であるとの緊急避難行為の主張をしたものとは解し得られない。従って原審がこれに対し判断を示さなかったのは不法でない。」（最判昭二四・一〇・一三刑集三・一〇・一六五六）。

【47】（判旨）　請負人が請負工事を遂行するに必要な人夫の飯の米を闇買することは「已むを得ず」に当らずとして曰く「請負人が請負工事の遂行に必要な土木人夫の飯米補給に充てる為め正規の手続によらないで生産者からの米の買い入れを為すことは、たとい右の食糧補給が工事の完遂に必要な条件であったからと言って、他に用米の買入れを自己又は他人の生命、身体、自由若くは財産に対する現在の危難を避ける為め已むことを得ないで為した行為と見なしうる特別の事情がない限り、直ちにこれを緊急避難行為として食糧管理法違反の罪を免責せられるものではない。」（名古屋高金沢支判昭二七・一一・二二刑集五・一二・二二二〇）。

【48】（判旨）　「我国現在の経済情勢に於ても被告人の如く娘と二人で田畑一反歩位を耕作して居る者が本件の如く米二俵を闇買して無許可にて運搬する行為を目して緊急避難と解することはできない」と（高松高判昭二四・一〇・四特一・三五一）。

【49】（判旨）　「所論は原判決判示の所為は刑法第三七条所定の緊急避難行為であると断じ、その事由を縷述している。しかしながら食糧管理法が国民全般の福祉のため、できる限り、その生活条件を安定せしめるための法律であり、その趣旨は憲法第一三条同第二五条の精神に違反しないことに鑑みるときは、所論の事由は裁判所において適当に裁量判定せらるべき犯情の問題であって、法律上犯罪の成立を妨げる理由であると解することは正当でない」と（名古屋高判昭二四・九・二四特一・一六五）。

五　なお「同僚の宿直員が夜間に心気昂進による胸痛で苦しみ出し、折柄医師も不在、雇運転手も不在であつたので、運転手の免状を有しないが、事実上自動車を運転することのできる被告人が、右同僚を自動車に乗せて病院まで無免許運転したこと」が、一種の現在的な危難より免れるため「已むことを得ずしてなした行為」に該るかどうかにつき、つぎのような判例がある。

【50】（判旨）「原判決は、被告人が昭和二五年八月六日午後一〇時三〇分頃熊本市花畑町において法令に定められた運転の資格を持たないで熊第九九七号普通自動車を操縦した事実を認定しながら、被告人の右行為は緊急避難に該当するもので罪とならないとし、その理由の前段において、同日午後八時頃当夜の宿直員木村泰典（熊本県中央保健所に勤務する被告人の同僚で、当夜被告人も宿直員であつた）が心気昂進による胸痛で苦しみ出し、折柄宿直医が不在であつた上、市保健所等にも連絡がとれず、電話をかけても医者は来ないし、雇運転手も不在で右木村の病状に対し冷手拭で患部を冷やす以外、処置をなし得ない不安に駆られるまま、同人の生命、身体に対する眼前の危急を避けるため、運転資格を持たないのに、木村のかかりつけの病院に赴くべく、前記の自動車に同人を乗せて運転したことを挙げている。そして右事実関係は原判決引用の各証拠によつてこれを認めることができるのであるが、右証拠によつて明らかなように、当夜前記木村の発病の際には被告人等の同僚である上野蘇門がその場に来合せていたのであるから、前記事実関係の下において被告人としては本件のような無免許運転の方法をとらなくても、右上野を最寄の医者の許に走らせるか、或は市内のタクシーを呼ばせる等の措置を講じ得た筈であると思われるのであつて、本件無免許運転のみが前記木村の危難を避ける唯一の手段であつたとは認め難く、むしろ被告人としては、偶々自己に自動車運転の経験あることによつて可能な無免許運転の途を安易に選んだものであることが窺われるのである。要するに原判決は刑法三七条所定の緊急避難の成立要件である『已むことを得ざるに出でたる行為』に関する解釈を誤つたものというの外はない」と（福岡高判昭二六・一一・二八特一九・四四）。

六　さらに「已むことを得ずしてした」と認めることのできない一事例として、判例は、つぎのようなものを認めている。しかしこれは考え方によっては、刑法三七条二項の「業務として特別の義務を負担する者には緊急避難の規定を適用しない」に該当する特殊の場合とも考えられる。

【51】（判旨）「被告人が昭和二八年二月一九日原判決認定の日時場所で藤崎休次郎所有の刺網の樽網を切断したことは被告人の自白するところであるが、右の切断行為が緊急避難行為であるとの弁護人の論旨について検討する。原審証人土川武雄、岩下千正、堀口誠二の供述を参酌すると右土川武雄は当日漁船福寿丸の船長として天草部庁島の海上で午後四時頃から鰮刺網を降し漁撈中、その附近海上に被告人も漁船進洋丸船長として福寿丸に近づき同所附近に刺網を降したものであるが両船の距離が近かつたのと風浪のため双方の網がからみ合うに至り、被告人が急遽自分の網を引きあげたところ、これに福寿丸の入れていた網の樽網がからみついてきたので被告人は自分の網を救うためにその樽網を切断したものであることを認定することができる。

しかして前掲各証人の証言と当審検証の結果等を総合すると漁業者間において、かように双方の網がからみ合つた場合には互に船を接近させて協力して右のからみ合つた部分を解いた上、双方の網を引きあげるしきたりであり、しかも前認定のとおり一方の船が後から網を下したような場合に網がからみついたときは後から網を降した船が、まず義務船と称して自己の船を相手方に接近させてそのからみ合を解くべき旨の慣習が存することが認められ、特段の事情のない限り被告人も亦同様に自己の船を福寿丸に近よせて右認定の措置にいでなければならなかつた筈であることが認められる。そこで本件の場合についてこれをみるに前掲各証人の証言を総合すると、当時相当の風波があり、数本の樽網を切断するにおいては網のその部分が海底に沈下し引き揚げることが不能となり又は潮流の為め網を巻き切られる虞の存した場合であるからその頃既に夕闇と風浪のため作業に多少の困難が予想せられたにしても、被告人としてはまず自ら相手方に船を接近さ

51 せ双方の網を救うが為めに努力しなければならない義務があつたのに拘らず、全くその努力を試みることなく、只自己の網を助けようとするの念に急であるの余り相手方の網の危急に恩を致すことなく急遽相手方の網の樽網を切断したことが認められるので、右は現在の危難を避くる為巳むことを得ずになしたものということはできない。」（福岡高宮崎支判昭三〇・七・一一高裁特報二・一三・六八三）。

八　法益権衡保持の原則

一　つぎに緊急避難の成立せんがためには、「避難行為によつて侵害せられた法益が、その避けんとした被害の程度を超えないこと」、すなわち謂わゆる「法益権衡保持の原則」(Das Prinzip des überwiegenden Interesses) に従つていなければならない。が、この法益の重い軽いは、何を標準として決定すべきであろうか。

この点、学説の或るものは曰く「法益の軽重を測定する標準に付ては、法律の規定するところ明白ではない。けだしこの標準は、単純に抽象的にこれを定めることはできない。刑法は各種の法益に対し、その軽重を測つてその侵害に対する刑を定めたものと解すべきがゆえに、刑の軽重はこれによつて法益の軽重を論ずる一標準となること疑いないが、具体的に当該の場合について相衝突する両個の法益を較量するときは、必らずしも常にその標準によることを得ないであろう。またこの標準は、これを単
53 純に客観的に定めることはできない。要するにその標準は、普通人の有する合理的自衛本能(Selbsterhaltungstrieb) を基礎としてこれを定めるべきである。すなわち相衝突する両個の法益に対し普通人

の見解を基礎として両個の法益が同時に行為者に属したとするならば行為者はそのいずれを採り、いずれをすてるべきであつたかにより、これを定めるべきものと解する」としている（牧野・日本刑法上三八三—四頁）。

二　この点、判例を見るに注目を要すべきものは、つぎの三つである。その一は、湛水の継続により稲苗枯死の危難あるに際し、耕作者が他人所有の板堰を破壊して湛水を排除した事件に関するものであり、その二は、他人所有の番犬が、自己所有の猟犬に咬みついた場合、已むを得ずして右番犬を射殺した事案に関するものである。両者共に判例は、その法益の価値を客観的に評価して、その避けんとした法益が犠牲とされた法益に比較して大なるかぎり罪を構成しないとしているもので、その正当なること、多く論を要しない。その三は、期待可能性と「法益の比較」との関係についてであり、前者なる期待可能性の有無を判断するには、行為当時の諸般の事情を検討すべきは勿論であるが、後者なる法益比較評量をするについては、必らずしも刑法三七条に執着してその規定のような制限、すなわち「法益を三七条の規定するもののみに限定し、且つ法益の軽重を同条の明記する法益の順序によるべきものとすること」に服する要はないとしている。

【52】（判旨）「本件被害物件タル板堰ハ右田地ニ対スル用水設備トシテハ既ニ効用ヲ存セサルコト前記ノ如クナルカ故ニ板堰ノ損壊ニ因ル損害トシテハ其ノ板堰ノ価額四十円ノ外ニハ殆ト挙示スルニ足ルモノナシ。之ニ反シ右湛水ノ難ニ罹レル被告人等ノ耕地ハ右検証調書ノ記載ニ依リ被告人三市ハ七段余、被告人哲二ハ五段、被告人徳一ハ十一段八畝、被告人慎策十段、被告人孫一ハ四段九畝余ニシテ同一ノ運命ニアル同大字ノ被告人以外ノ者ノ耕地ヲ数フレハ尚二十三段ヲ加フヘク、若シ本件板堰ヲ除去スルコトナカリセハ此水田ニ於ケル稲作ニ生スヘカリシ損害ノ程度板堰損壊ニ因レル叙上損害ニ比シテ重大ナルコト極メテ明白ナ

リ。」（大判昭八・一一・二九刑集一二・二二七一）。

【53】（判旨）「価格約一五〇円ノ他人所有ノ番犬カ価格約六〇〇円ノ自己所有ノ猟犬ニ咬ミツキ、放置スレハ死ヌカモ知レヌノテ応急ノ措置トシテ猟銃テ右番犬ヲ狙撃スル行為ニヨツテ生セシメタ害ハソノ避ケントシタ害ノ程度ヲ超ヘサルモノト謂ハサルヘカラス」（大判昭一二・一一・六同一二年（れ）第七九七号事件）。

【54】（判旨）「期待可能性の有無を判断するには、行為当時の諸般の事情は検討すべきは勿論であるが、法益の比較評量において、必ずしも刑法第三七条の規定の様な制限に服する必要はない。」（東京高判昭二三・一〇・一六刑集一巻追録・一八）。

九　緊急避難と期待可能性

一　いうまでもなく緊急状態に基く行為は、同時に謂わゆる「期待可能性のない行為」として責任を阻却することもあり得る。いなさらにすすんで、刑法第三七条の規定に合致しない場合であつても、事情の如何によつては、なお期待可能性のないものとして、その責任性を否定しなければならない場合もあり得るであろう（同旨、小野・新訂刑法講義総論三〇年一二七頁）。それではいつたい緊急避難ということと、期待可能性ということとの間には、どういう関係が成立するのであろうか。わが判例は、この点をどう認めているのであろうか。

いま「期待可能性」に関するわが判例を検討するに、この点については旧大審院当時に若干の判例が下され、また最高裁判所の時代となつて、この問題に関する或る部面的なもののみを取り扱つた二、三の判例をみているのであるが、しかし「期待可能性の理論そのものを是認するのであるかどうか、この点を真正面から取り扱つた最高裁判所の判例」は、なおいまだこれを見るに至つていない。事件としては或いは被告人側より、或いは検察官側より、この点の解答を求めて数件の上告がなされているのであるが、最高裁判所は容易に解答を与えるに至つていないのである。ただ「期待可能性」なるものを主張することも、一つの情状の主張であることを認める程度のものにすぎない（後に詳述）。が、下級審のこの点に関する判例は、相当数これを見出している。

二　いま旧大審院並びに全国各高等裁判所によつてなされている「期待可能性」に関する判例をみるに、その中には諸種のものがある。すなわちそれらのうちには、まず第一に、当事者より期待可能性なるものが主張されているが、「何人をその地位に置いても当該の場合、違法行為に出るの外なく、他にとるべき手段はなかつた、というような事情は認められない」として、事実認定の点で、期待可能性の主張を排斥している判例が、相当数見受けられる。これには次のようなものがある。

【55】（判旨）「被告人が七人の大家族を抱えながら僅か月収五千円の乏しい収入の中から当初同居者のため代金を立替えてまで一升二升と主食を購入しておつたとしても、そうして当時食糧難の時代であつたとは云え何人も被告人と同一の情況においた場合に、その同居者が他に転出後尚同居するものとして受配した食糧等を自家のために費消することなく保存しておくことが期待できないことはないから、被告人の本件の場合、期待可能性なきものとして責任を阻却するわけにはゆかない。」（福岡高判昭二四・八・八特五・二〇）。

【56】（判旨）「敗戦の結果、被告会社が従来目的としていた遠洋漁業に転換しなければならなくなり、それに要する資材は所定の正規の手続によつては従業員その他従来のままの会社の経営規模を維持するに必要な量の一割乃至一割五分しか入手できないので、その金は闇資材に頼らなければならず、これによらねば

経営を縮少しなければならない状態にあつたとしても、かような場合、何人といえども闇資材を購入する以外に、如何なる方法もなかつたとは到底解されないから、被告人が本件犯行をなさないことは不可能であるとの主張は採用しない。」(札幌高函館支判昭二五・七・二八特一二・一八八)。

【57】(判旨)「被告人(元日本在住の朝鮮人)が一日も早く親兄弟のいる日本に渡航したいと考えたことは人情上至極尤なことであつて、何人も之をとがめだてすることはできないけれども、原判決がいつているように、被告人を北朝鮮で待つものは銃殺か或いは異郷の空における流浪生活の外なく、かような生命の危険生活の脅威を犯してまでも被告人に異郷の朝鮮に留まることを要求し得るであろうか、というように事をきめてかかることは困難であつて、右説示のように南鮮に無事脱出後の被告人には当時生命の危険が迫つていたわけでなく、又釜山には叔父がいるので、直ちに異郷の朝鮮において流浪生活に入るの外ないような生活の脅威に直面したものとも認められないから、原判決のように趣く被告人にはその当時適法行為の期待可能性がなかつたものと論ずることはできない。」(名古屋高判昭二五・九・一三特一三・九〇)。

【58】(判旨)「労働基準法第二四条違反の罪につき、期待可能性なしと判断するには各労働者毎に成立する各犯罪毎に個別的に観察して判断すべきもので、被告会社の経営状況、経理事情のみに着目し、総括的に十把一束に判断すべきものではない。」(名古屋高判昭二六・四・一七刑集四・四・三六五)。

【59】(判旨)「企業が使用労働者の賃金を長期に亘つて支払い得ないような場合は、その原因及び将来の見透しにより経営の規模の縮少、人員の整理合理化や、賃金支払資金の入手につき如何なる程度の方法を講じ努力したか、又借入金の性質、返済期、借入の条件等につき審理した後でなければ期待可能性なしや否やの判断をすることはできない。」(福岡高判昭二六・五・一九刑集四・七・六七四)。

三　第二に、「一定の成法に基かず、期待可能性などという抽象的な観念を持ち出して刑責を否定する事由とすることは許さない」とするのがある。旧大審院の「社会生活上已むを得ざるに出でたるものとして其の罪責を免除すべきものと為すが如きは、刑法の根本原理上許さざるところにして、期待可能性の欠如による責任阻却を主張する上告論旨は理由がない」とするのが(大判昭一一・三・五昭和一〇年(れ)一・七八四号事件、草野・刑事判例研究三・五六)、これである。

かのゾルゲ事件につき、昭二〇・七・二四大審院第三刑事部によつてなされた「若し被告人に於て、右文書の内容が軍事上の秘密なることを認識しながら敢て之を尾崎秀実に貸与したりとせば、右尾崎秀実が夙に共産主義を信奉し、リヒヤルト・ゾルゲを首魁とする赤色国際諜報団の一員として我国の国家機密を始め軍事外交等の諸秘密を探知蒐集、之を外国に通報し我国の不利を図り居りたるは本院に顕著なる事実に照し、被告人は縦し尾崎秀実の右の如き活動に付知悉せるところなかりしにせよ重大なる罪責を負うべき筋合にして、仮りに当時の事情が何人をして被告人の地位に立たしむるも、被告人の執りたる措置以外の措置に出ずべきことを期待すること不可能なりしとするも、被告人の当時の地位責任と閲歴識見とは一般人の水準に比し遙に特殊且高度の戒慎を要求せられて然るべき事実に鑑み、単に一般的なる期待を以て臨むべき事理にあらざるものとす」との判旨も、この範疇に算えらるべきものである。

四　第三に、期待可能性の主張をもつて、単に「犯罪の情状の主張にすぎない」とするものもある(例、大判昭八・一一・二一刑集一二・二〇七二)、　ちかく最高裁判所が「本件は期待可能性を欠き責任を阻却し無罪である旨の所論は原審でその主張がなく、従つて原判決もその点について何等判断を与えていないのである。しかのみならず、所論摘示の事情は、いわば貧困で止むなく窃盗をした場合の貧困という状態のように本件犯罪の主観的責任に関係のない単なる犯罪発生原因上に存する憫諒すべき客観的な情状たるに過ぎないものと認められる」とするのも（最判昭二六・一一・二九最高検判例研究室編「最高刑判要旨集」五・二二・三九二）、この類である。

そして同じく期待可能性の存在をもつて「責任阻却の事由」とみるもののうちにも、そのうちには、さらに分れて(a)これをもつて結局「犯意を欠くに至るもの」とするものと（例、東京高判昭二八・一〇・二九）、(b)それはる。「責任能力を否定するに至る」とするもの、(c)右以外の第三の責任阻却事由に該るとするものとがある。次に掲げる判旨【60】は右(b)に属するものであり、【61】乃至【64】は右(c)に属するものである。

【60】（判旨）「一般普通人が、被告人と同一の地位状況の下におかれても、問題の適法行為をしないで、他に適法行為をなすことを期待し得ないときとは、被告人の適法行為を非難するのは難きを強いるものである。……この趣旨は、現行刑法上直接の規定はないが所謂責任能力に関する規定は間接にこの趣旨を窺知せしめるに十分である。即ち刑法第三九条乃至第四一条の規定は、精神発達の未熟若しくは精神障碍の為め責任能力のない者に対し、他に適法行為をすることを期待することができないから、これを罰せずとしておるのである。故に普通の場合には義務履行が期待せられる責任能力者でも、諸種の事情から義務履行を期待できない場合に敢てこれを罰するのは、上述の刑法の規定の精神に背くものと認むべきである。」（大判昭五・二・二八刑集九・八二〇、同昭一二・六・三〇同集一六・一〇七四）。

【61】（判旨）「一般普通人が被告人と同一の地位状況の下におかれても問題の違法行為をせないで他に適法行為をなすことを期待し得ないときには、被告人の違法行為を非難するのは難きを強いるもので、これは法の精神ではない。」（東京高判昭二三・一〇・一六刑集一巻追録一八）。

【62】（判旨）「そもそも期待可能性の理論なるものは、刑法において明文上の根拠はないが、解釈上責

任阻却の事由として認められないわけではない。超法規的概念なるが故に、これを肯定することは刑法の独断的解釈なりとする所論は、却つて刑法の真の機能の発揮を妨げるものといわなくてはならない。」（東京高判昭二六・一二・七）。

【63】（判旨）「当時めかじきの市場相場は、公定価格の倍以上で貫当り二百円乃至二百二、三十円しており、強制供出制度のない以上右の如き需要急増見越の際では、公定価格でこれを買入れるということは、何人にも期待することができない状態であつたが、さればというて買入中止即ち輸出断念ということも右国策上到底許されない状態であつたから、業者は市場相場でこれを入手するの外なき立場であつたと認めざるを得ない。されば業者もことにこのことに想到し物価庁では公に買入価格を改定することは他に影響することを慮りこれを避けたが輸出価格承認の基礎である原価計算の部において歩留り、操作によつて暗黙に市場価格で買入れるの止むなきことを承認している。このことは業者に公定価格を遵守することを期待することのできない一証左であると共に、猶更業者に、これを期待することのできない重要な事情と認むべきものである。故に売人はともかく、買人である被告人については期待可能性なしとしてこの点については無罪を言渡すべきである」（東京高判昭和二五・一〇・一七特報一三・二一）。

【64】（判旨）「その所為が真に止むを得ざるに出でたものに係り、当時同じくその衝に当る他の通常人においてもこれが違法な所為を避け、他に適法な所為に出づべきことが到底期待し得ざりし事情にあつたときは、社会一般の道義の上において非難のできない真に止むを得ざるに出でた犯罪責任なき所為であつて法律上罪とならない」（東京高判昭二八・四・六刑集六・四・四五八）。

五　第四は、期待可能性をもつて緊急避難と同じく、行為の違法性を阻却する一事由とみる考え方である。これは左記のような判旨の中にも見出されるところであるが、このような見解を採るとき、そこに問題とされてくるのは、それでは「緊急避難ということと、期待可能性の存在ということとの間には、どんな関係が存在するか」との一点である。そこに主として話題となつてくるのは、「已むことを得ずしてなした」ことは、これすなわち「期待可能性を欠くこと」になるのではないかとの一事である。この点、判例は、つぎのように大体において「期待可能性の有無」の問題と、「緊急避難の要件としての已むことを得ない」ということとは、おのずから別問であるとの態度を示している。けだし一方において、緊急避難の本質をもつてわが刑法上の解釈論としては違法阻却事由と解し、他方において期待可能性の理論をもつて、結局においてそれは責任阻却の事由に関するものと解するかぎり、事態はおのずから独自の立場から考察されなければならないからである。

【65】（判旨） 判例の上では「期待可能性の有無を判断するには、行為当時の諸般の事情を検討すべきは勿論であるが、法益の比較評量において、必ずしも刑法第三七条の規定のような制限に服する必要はない」（東京高判昭二三・一〇・一六刑集一巻追録一八）。

一〇 緊急避難と過剰行為

一 緊急避難が、「その程度を超えたときは、行為は原則として違法となるも、情状に因りその刑を減軽又は免除する」（刑三七条一項但書）。これを一般に「過剰行為」という。それには二つの場合がある。一は「必要の程度を超えた場合」であり、二は「法益権衡の保持を破つた場合」である（牧野・日本刑法上三八九頁）。右二つの場合共に行為は違法であるが、しかし刑責を認めることは酷に失する場合があるので、法律は事情により刑を減軽または免除すべきものとしている。

二　過剰行為については、ちかく注目すべき最高裁判所の判例として、つぎのようなものがある。これらの判例は過剰行為を認めたものであるが、それは右前者なる「必要の程度を越えた」意義に関するものである。

その要旨は「列車乗務員が隧道通過の際、隧道内における熱気の上昇有毒ガスの発生等による身体生命に対する現在の危難を避けるため、争議行為として牽引車輛の三割減車を行わなければならない場合において、昭和二三年政令第二〇一号の実施により、右三割減車行為が同令違反として検挙されることとなつたからといつて、さらに職場を全面的に放棄することは、緊急避難の程度を超えたものといわなければならない」というにある。

【66】（事実）「公訴事実の要旨は被告人田村辰雄は、(1)狩勝トンネルの早急完備、トンネル手当の増額等の要求を貫徹し、併せて国家公務員法の改正を阻止し現業に従事する公務員の団体交渉及び争議権を確保する目的を以て、昭和二三年七月三一日旭川市宮下通八丁目旭川支部事務局に於て他の闘争委員と相謀り、所属各分室に対し支部は重大な決意をする各分会は直ちにあらゆる実力行使に入るべき旨の指令第百号及び新得分会に対しては更に三割減車を続行すべき旨の指令第一号を発し、同月三一日より八月五日までの間、新得分会機関区班の乗務員伊藤竹松等二百数十名をして、新得落合両駅間に於ける三割減車の争議行為を続行せしめた。さらに(2)同被告人は前記目的貫徹のため、旭川支部より闘争委員土井尚義外数名をオルグとして新得町に派遣し、同人等をして八月四日及び五日の新得分会機関区班乗務員会において前記目的貫徹のためには職場放棄以外他に途なき旨強調して職場放棄をしようとせしめ、因て離脱を決意した伊藤竹松等乗務員六十数名をして土井尚義を総司令、大滝栄を副司令とせる楠原青年行動隊を編成させて同月六日より一斉に新得機関区の職場を離脱せしめた」というのである。

これに対し、被告人及び弁護人等は「右三割減車行為は狩勝隧道に関する労働基準法完備実施を目的とする行為で、争議行為ではなく、また本件分会の被告人等が列車の定数を牽引して右隧道を通過することにより被るおそれのある生命身体の危難を免れるためになした緊急避難行為であり、職場抛棄行為もこれと一連の関係にあつて同様緊急避難行為である」と主張した。

これに対し、第二審判決は大体被告人側の主張を是認して本件は緊急避難行為であると判示した。

第二審の判決理由中に曰く「本件三割減車の目的は隧道通過時間の短縮をはかつて、投炭回数蒸気の減少により有害ガスの発生、熱気の上昇を抑え、これ等による窒息火傷等の現在の危難を免れるためであつた。（中略）しかるに、昭和二三年政令第二〇一号の公布実施により三割減車の争議行為を続行すれば同政令違反として検挙処罰せられることは必然の運命であり、これを免れんとして定数を牽引せんか、前記のとおり生命身体に現在の危難をうくべく、この危難を避けんとしてその職を辞すとせば、忽ちにして生活の方途を失うことになり、ここにおいてとり残された唯一の手段は職場を抛棄する以外にない（中略）。かくの如き立場に置かれた労働者としては何人をその位置に立たしめるとしても逃げ得られない行動と謂い得るから、被告人等の本件職場抛棄の所為は全体として前記三割減車行為と一連不可分の関係にありて共に現在の危難を避けるため已むことを得ずして為したものといわざるを得ない」と。

因みに「昭和二三年七月二二日附内閣総理大臣宛連合国最高司令官書簡に基く臨時措置に関する政令」（所謂昭和二三年政令第二〇一号）第二条の規定を示すならば、曰く「公務員は、何人といえども、同盟罷業又は怠業的行為をなし、その他国又は地方公共団体の業務の運営能率を阻害する争議手段をとつてはならない。公務員でありながら前項の規定に違反する行為をした者は、国又は地方公共団体に対し、その保有する任命又は雇傭上の権利をもつて対抗することができない」と。そして同令第三条に曰く「第二条第一項の規定に違反した者は、これを一年以下の懲役又は五千円以下の罰金に処する」と。

（判旨）「原判決が『昭和二三年政令第二〇一号の公布実施により従来通り三割減車の争議行為を続行すれば同政令違反として検挙処罰せられることは必然の運命にあり、これを免れんとして定数率引せんか、生命身体に現在の危難を受くべく、この危難を避けんとして、この職を辞すとせば忽ちにして生活の方途を失うことになり、ここにおいてとるべき残された唯一の手段は職場を抛棄する以外にはない云々』と判示して被告人等の本件職場離脱行為が緊急避難に該当するものとしたことは到底是認することを得ないものといわねばならない。何となれば、被告人等が判示狩勝隧道通過の際、判示の如き現在の危難を避けるためには、昭和二三年政令第二〇一号施行後においても従来通り必要なる減車行為を続行すれば足るものであつて、更に進んで全面的な職場を抛棄するが如きことは少くとも判示危難を避くる為め已むことを得ざるに出でたる行為としての程度を超えたるものであることは極めて明白であるといわなければならないからである。されば原判決はこの点において刑法第三七条の規定の解釈を誤つた違法があるものというべく、原判決は破棄を免れない」（最判昭二八・一二・二五刑集七・一三・二六七四―五）。

二　緊急避難と民事責任

一　わが民法は、緊急避難に関して一般的に規定するところはないが、ただ謂わゆる「対物防衛」について規定を設けている。民法第七二〇条第二項の「前項の規定は、他人の物より生じたる急迫の危難を避くる為め其物を毀損したる場合に之を準用す」として、同条第一項の正当防衛の場合に準ずべきものとしているのがそれである。ゆえに「他人の物より生じた急迫の危難」を避けるための緊急避難行為に基づく損害に対しては、民法上損害賠償の責任はないこと明白であり、また、そのかぎりにおいて、刑法上も行為が違法と判断されることはないのである。が、ただ疑問となるのは、それでは「刑法第三七条に該当する行為として刑責を免れる場合において、その行為に因る加害に対しても民法上また損害賠償の責任を免れ得べきか」との一事に関してである。

二　この点わが判例は、「刑法上免責だということは、いまだ必ずしも民事上もまた無責任との結論を生じない」として、つぎのような説明をしている。

曰く「思うに刑法は第三七条所定の場合における行為は、これを罰するの要なしと認めたに止まる。その当然の結論として、当該行為の民事的責任までをも免責するとの結論を生じてこない。損害の分配を公平ならしめようとする民法上の問題は、またおのずから刑法上の問題とは別箇なのであつて、この点は民法の立場より独自に論定されなければならない」と。判旨は、勿論正当とされなければならない（同旨、牧野・重訂、日本刑法上三七八頁）。

【67】（判旨）「緊急防衛ハ特定ノ場合ニ於ケル不法ナル権利侵害ヲ排斥スルカ為ニハ法律カ認許保護スル権利行為ナレトモ、緊急避難ハ之ト異ナリテ、特殊ノ場合ニ於テ、法カ権利者双方ヲ安全ニ保護スルコトヲ得ムカ為メ、已ムヲ得ス、単ニ其一方カ他方ノ権利ヲ侵害スルコトヲ黙過シテ之ニ刑責ヲ課セサルニ止マルヲ以テ仮令一方ニ緊急避難ノ原因発生セリトスルモ、之レカ為メニ他方ノ権利ノ消滅ヲ来スヘキモノニアラス。然レハ緊急避難行為者ハ刑事上無罪ノ判決ヲ受クルニ拘ハラス、其行為ニヨツテ損害ヲ被リタル他人ノ権利ニ対シ民事上賠償ノ債務ヲ負フハ当然ノ結果ナリトス。民法第七二〇条二項ノ例外規定ヲ設ケタルモ亦此趣旨ニ外ナラス原判決カ此ノ理由ニ遵拠シ上告人ニ損害賠償ノ責任アリトシテ敗訴ヲ言渡シタルハ洵ニ正当ナリ」と（大判大三・一〇・二刑録二〇・一七六六）。

一二　特別業務者の除外

一　業務上特別の義務ある者に対しては、緊急避難の規定は適用されない（刑三七条二項）。例えば船員、警察職員、消防員等は、その業務上むしろ緊急状態に赴く義務があるので、その範囲においては緊急避難を理由として責任を免れることはできない（同旨、牧野・重訂日本刑法上三九〇）。一派の学徒は、右刑法三七条二項は当然の規定であり、あえて法文に明記を待たないところである。そればかりでなく、右「特別の義務」は理論上、業務上のものなることを要しないものと解すべきである。例えば債務者は、強制執行による差押を受けんとするに際しては財産に対する現在の危難を理由として隠匿することを得ないそれの如きであるとしている（宮本・大綱一〇〇）。一箇の考え方というべきであろう。

二　業務上特別の義務を負担する者は、その義務範囲に属する事柄に関しては緊急避難を理由として刑責を免れることはできないとの点に関連し、注目すべき判例につぎのような二つのものがある。その一は、或る産婆が、山間僻地のため産婆の登録をしていなかつたが、急迫な産婦側の依頼に応じて産婆行為をしたことが、一種の緊急避難行為と目され得るかどうかにあつたが、判例はつぎの如くこれを否定的に解したのであつた。他の一は、産婆が臨時救急の手当として褥婦に対し「カンフル」液を注射した行為をもつて、緊急避難行為と断じたのであつた。

【68】（事実）「被告人ハ産婆名簿ニ登録ヲ受ケスシテ昭和六年一月九日ヨリ同年八月中ニ至ル迄六回ニ亘リ埼玉県児玉郡秋平村小茂田逸蔵方其ノ他同村内五箇所ニ於テ右逸蔵妻ヤス外五名ノ産児ヲ取上ケ、謝礼

トシテ金品若クハ饗応ヲ受ケ以テ産婆ノ業務ヲ為シタルモノナリ」。

（上告理由）「本件被告人ノ行為ハ緊急避難行為ニシテ違法ヲ阻却スヘキモノナリ。本件出産ノ手伝ヲ依頼シタルモノノ始末書ニヨレハ何レモ難産ニシテ直ニ適当ノ処置ヲ為ササレハ産婦又ハ胎児ノ生命ニ現在ノ危難ヲ発生スヘキ状態ナリ。而シテ本件犯行ノ場所ハ埼玉県児玉郡秋平村ノ山間僻土ノ地ニシテ産婆ヲ依頼スルニハ数里ノ児玉町ニ至リ之ヲ求メサル可ラサルナリ。数里ノ田舎道ヲ走リテ産婆ヲ迎ヘンカ、時期ヲ失ヒ遂ニ重大ナル結果ヲ発生スルノ恐ナシトセス。斯ル場合、現在ノ危難アルモノト謂ハサル可ラス、而シテ産婆ニ来診ヲ求ムル暇ナキ場合、或ハ貧困ニシテ産婆ヲ迎ル事ヲ得サル場合等他ニ何等ノ方法ナキ場合、近隣ノ者ヨリ之カ処置ヲ頼マレテ為シタル行為ハ又已ムコトヲ得サルニ出テタル行為ト言ハサル可ラス。従テ本件被告人ノ行為ハ違法阻却ノ事由アルモノト言ハサルヘカラス、殊ニ斯ル場合之カ処置ヲ怠リ産婦ヲ死ニ至ラシメンカ、刑法第三〇章遺棄ノ罪ニヨリ処罰セラルル恐ナキヲ保セス」。

（判旨）「凡ソ業務トシテ産婆ノ行為ヲ為スニハ産婆ノ登録ヲ受クルコトヲ要スルモノナルコト、産婆規則ノ規定スル所ニシテ、即チ右登録ヲ受ケルコトハ産婆業務ヲ行フ者ノ特別ノ義務ニ属スルコト明白ナリトス。而シテ業務上特別ノ義務アル者ニ付テハ緊急避難ヲ認ムヘキモノニ非サルコト、刑法第三七条第二項ノ明記スルトコロナルカ故ニ原判示ノ如ク産婆ノ登録ヲ受ケスシテ産婆ノ業務ヲ為シタル本件ニ付緊急避難ヲ主張スル論旨ハ之ヲ採用セス」（大判昭七・三・七刑集一一・二八五）。

【69】（判旨）「関根キミハ全ク虚脱ノ容態ニ在リテ、救急ノ手当ヲ為スニ非サレハ生命ニ危険ヲ及ホスヘキ状況ニ在リタルコトヲ認ムルニ余リアリトス。而シテ患者カ虚脱ノ容態ニ在リタル場合ニ於ケル救急ノ手当トシテハ、「カンフル」液注射ヲ以テ最モ適切且有効ノ治療法ト為スコトハ実験法則上明白ナルヲ以テ、被告人カ助手吉川キミヲシテ患者関根キミニ「カンフル」液注射ヲ為サシメタルハ、産婆規則第七条但書ニ所謂救急ノ手当ニ該当スルモノトス。同規則第八条ニハ産婆ハ姙婦産婦褥婦又ハ胎児生児ニ対シ外科手術ヲ

行ヒ産科器械ヲ用ヒ薬品ヲ授与シ又ハ之カ指示ヲ為スコトヲ得スト規定セリト雖、同条ハ産婆ニ対シ本件ノ如キ救急ノ手当ヲ必要トスル場合ニ於テモ「カンフル」液注射ノ如キ薬品ノ授与ヲ禁シタルモノト解スヘキニ非ス。蓋若然ラストセハ前条但書ヲ設ケタル趣旨ヲ没却スルニ至レハナリ、（中略）叙上被告人ノ行為ハ刑法第三七条ノ緊急避難行為トモ観察シ得ヘク、要之法律上罪ト為ラサルモノナルニモ拘ス、原審カ之ヲ産婆規則第七条第八条ニ違背スルモノトシ同第一六条ヲ適用処罰シタルハ、結局産婆規則等ノ解釈ヲ誤リ擬律錯誤ノ不法アルモノニシテ、上告論旨ハ其ノ理由アリ」（大判昭九・三・三一刑集一三・三六〇）。

一三 誤想避難

一 正当防衛の場合と同じく緊急避難の前提となる事実要件が存在していないのに拘らず、存在しているものと考えて避難行為に出たような場合、例えば現在的な危難が存在していないのに拘らず、この事実があると考えて緊急避難行為に出たような場合は、これ一種の事実の錯誤として行為は違法であるとしても、故意の成立を否定すべきであろう（例えば木村・新刑法読本昭和二九年二〇九頁、小野・刑法概論昭和三一年一一五頁）。

これに反し、緊急避難の事実的基礎に関する錯誤ではなく、その法律的限界に関する錯誤、すなわち一定の事由に対する法律的判断を誤り、緊急避難の前提条件を具備していないのに拘らず、これを具備しているものと考えて行動した場合、例えば現在的危難がなくても将来的のそれであらば足りるとして、ただ将来的の災厄が予想されるにすぎないような場合に避難行為に出たときは、これ一種の法律の錯誤であり、当該行為は違法を免れず、且つ刑法三八条三項により本則として故意としての刑責を免れないであろう。ただその法律的限界に関する錯誤にして、四囲の事情から総合して錯誤に出ないことを期待することが不可能であり（錯誤避止への不可能）、またはその間何んら過失の認むべきものがないかぎり、刑法三八条一項但書の規定趣旨並びに「責任主義の原則」からして、その刑責を問い得ないまでである。

二　が、右の誤想避難そのものに関する判例として、特に挙げるべきものは見当らないようである。

一四　対物防衛と緊急避難

一　ここに「対物防衛」(Sachwehr) というのは、狂人、子供、錯覚状態にある責任性のない者等の不法な侵害または人以外の原因（例えば家畜、樹木、自然現象）による法益侵害に対し、防衛行動に出る場合をいう。そこに主として問題となるのは、いったい「違法な侵害」とは何か、「責任性のない人間の侵害も違法であるか」、特に「動物、無生物など、人間以外の原因による侵害に対しても、違法な侵害とみられ得るか」、という点に関してである。

この点見解は分れている。(a)放任行為説（イエルネック）によれば、心意的に悪意をもつてする加害のみが違法の侵害であり、このようなものに対してのみ正当防衛は成立し、それ以外の侵害に対する緊急行為は、すべて放任行為である。従つて対物防衛行為の如きは、一種の放任行為であり、法の支配の外におかれているものであるとする。(b)緊急避難行為説（シュタンムラー・ハフター・ギャルソン・ベーリング）によれば、正当防衛は「現在的な違法の侵害」に対するものであり、「違法な侵害」とは、人間の行為としての加害のみを指称する。動物、自然的事実による侵害は一種の災厄であり、これに対しては緊急避難をもつて論ずべきであるとする。(c)対物防衛説(コーラー・ヘンケル、フィッシャー)によれば、謂わゆる対物防衛は正当防衛にも緊急避難にも属しない特別な領域であり、両者の中間に位するとする。(d)正当防衛説(フランク・ハイムベルゲル・エトカー・ウェーバー)によれば、正当防衛における「違法な侵害」は、人的行為による場合のみならず、動物や無生物による違法状態に基づく場合もあり得る。対物防衛は、この意味において違法な侵害に対する正当防衛の一種とみるべきものとする(森下忠「対物防衛と違法状態」(法経学会雑誌五号二七頁以下参照))。

かように対物防衛の法的性質については大体四つの見解を存するも、見解の分れてくる所以のものは、「違法の侵害」ということをどう理解するかにある。すなわち右(a)説は、これを有責者の不法侵害と解するに反し、(b)説は、これを人間(責任能力者)の加害行為にかぎるとし、(c)説は、人及び動物の加害とし、(d)説は、人、動物、無生物自然現象等の一切を含むものとする。

二 思うに正当防衛の成立に必要な前提条件としての「違法の侵害」とは、本則的に客観的な違法であり、違法行為者が責任能力または責任条件を具備することを必要としない。が、いずれとするも、「人間の処為」を前提とし、動物その他自然的事実による侵害を意味しない。従つて動物、自然的事実を原因とする対物防衛の場合は、この意味の違法侵害はないのであるから、ここに純然たる正当防衛の成立する余地はない。ゆえに緊急避難の問題を残すのみとなるが、緊急避難においては「法益権衡の原則」があるので、不当の結果を導いてくる。そこでかような侵害があり、正当防衛に準じて考えらるべき「法益侵害」の事実があり、被侵害者にしてこれを甘受する理由がない場合であるかぎり、対物防衛は結局において正当防衛に準じて考えらるべき一事由というべきこととなろう。これに反し、右の（b）説を採るにおいては、緊急避難の一場合として理解せらるべきこととなる。そうだとすれば、法益比較の原則に支配されなければならないことになるのである。

この意味において、かの慣行に反する灌漑が問題とされた案件につき大審院のした「所論北岸士居、両部落ニ於テ一定ノ用水路ヨリ従来ノ慣行ニ反シ濫リニ多量揚送水シテ其ノ水田ヲ灌漑セハ下流ニ位スル水田ノ灌漑用水ハ減少シ従テ其ノ水利権者ハ自己ノ権利ヲ侵害セラレ特ニ旱魃ニ際シテハ其ノ稲ノ成育ヲ阻害セラルヘキハ言ヲ俟タサルトコロニシテ、斯ノ如キ場合、水利権者カ、右ノ如キ損害ヲ免レンカ為、北岸士居両部落ノ揚送水ヲ阻止スルハ、正ニ急迫不正ノ侵害ニ対シ其ノ権利ヲ防衛スルタメ已ムヲ得サルモノト謂フヘク、刑法第三六条第一項ニ依リ処罰スヘカラサル行為ナリト為スヘキナリ」との判旨は（大判昭一〇・九・一一刑集一四・九一六）、むしろ緊急避難の見地より正当に理解せらるべきところとなる。

一五　緊急避難の主張と刑訴法三三五条二項との関係

一　わが刑訴法第三三五条二項は「法律上犯罪の成立を妨げる理由又は刑の加重減免の理由となる事実が主張されたときは、これに対する判断を示さなければならない」旨を規定している。緊急避難は法律上犯罪の成立を妨げる一事由であるから、若しも審判の過程を通じて被告人または弁護人から緊急避難の主張がなされたかぎり、裁判所はその判決において、この点の判断を示さなければならない。が、実際問題として、この点多少疑問を生じてくるのは、被告人側が、弁解その他防禦権の行使として諸種の事項を申立てているが、それがはたして緊急避難の主張をしているものと見らるべきかどうかにある。判例を見るに、これを肯定的にしているものもあれば、また否定的に解しているものもある。

二　すなわちこれを肯定的に解している判例に三つのものがある。その一は、被告人が「生活苦のために緊急窃盗をした」との主張は、緊急避難の主張に該るとするものであり、二は、被告人が「公判廷において被害者は街の与太者であり、友人と口論となり、自分が仲裁に入り止めさせようとしたが、制止しきれず仕方なく出刃包丁を持ち出して斬り付けた」との供述をもつて、これに該るとするものであり、三は、共犯者として共同審理を受けた場合に、正犯者について緊急避難の主張がなされた以上、その従犯人についてもこの主張があつたものとみなければならないとし、従つて従犯人について、この点の判断を遺脱することは違法であるとするそれである。この最後の判例は、かの「共犯従属性の理論」、すなわち主として教唆犯及び従犯人は正犯に従属してのみ成立するとの理論を採るかぎり、当然の論結とされなければならないところであろう。

【70】（判旨）「妻や父の病気により出費が多かつたにもかかわらず、手職がないため一家の生計に窮した結果、遂に緊急窃盗をしたとの主張は、刑訴法第三三五条二項の主張にあたる」と（高松高判昭二四・一二・二特三・一一三）。

【71】（判旨）「案ずるに、本件第二回公判期日において、弁護人は、本件犯行当時被告人は妻や父の病気に依り医療費その他に出費が多かつたのに拘らず、多年軍隊に属していた為適職とてもなく、たまたま手

を出した石鹸の商売では穴をあけた為、一家の生計費その他の切り廻しに如何とも手の施しようがないので、遂に本件の如き犯行を重ねるに至つたのであるから、緊急窃盗の名を以て無罪の判決あつて然るべきであると主張していることは記録上明である。してみれば右の主張は刑法第三七条に所謂自己又は他人の生命に対する現在の危難を避くる為已むことを得ざるに出でた行為であるというに在ると認められるから、刑訴法三三五条二項に所謂法律上犯罪の成立を妨げる理由たる事実上の主張があつたものと謂わなければならない」と（仙台高判昭二四・一二・二一特二一四号一六七頁）。

【72】（判旨）「記録を精査するに所論の如く、被告人は原審第一回の公判廷において裁判官の質問に対し『友人の安田と被害者村上三郎と自分で口論となり、村上は街の与太者でもあり、仲裁に入りやめさせたが制止しきれずなお同人は乱暴を働くので仕方なく出刃包丁を持ち出して同人の顔のあたりに斬り付けたのだ』と供述していることは同期日の公判調書により洵に明かである。よつて右は緊急行為による主張と認めなければならないから原審は刑訴法第三三五条二項に基き、これに対する判断を示さなければならないのに、之を遺脱しているので原判決は破棄を免れない」（仙台高判昭二五・六・九特一〇・一二二）。

【73】（判旨）「弁護人の控訴趣意書は第一点について調査するに、原審第八回調書に引用せられている同第六回公判調書を見ると、被告人は谷原渡清喜以外の全被告人の原審の弁護人である大塚守穂は、被告人砂広安市の行為と、被告人庄司秀雄の行為は、いずれも緊急避難である旨を主張していることは明らかである。しかるに原判決はこれに対し何等の判断を示していないのは刑訴第三三五条第二項に違反すること明らかである。而して被告人岡田栄作に対する公訴事実及び原判決の認定事実は被告人砂広の米穀買入行為の幇助行為であるから、本犯たる被告人砂広の行為についての弁護人の緊急避難の主張は、引いて岡田被告人の右幇助行為についてもその犯罪の成立を妨げる理由となる事実の主張があつたものと見なければならないからこれに対しても何等かの判断を示さなければならないのに拘らず、原判決がこれについてもこの判断を示

していないのは、前同様違法である」（札幌高判昭二六・一・一二特一八・四）。

三　さらにこれを否定的に解している判例に四つのものがある。その一は「甲が乙の襟首を摑んでいたので、自分は仲裁するつもりで乙の襟首を摑み、乙と共にわざわざ倒れたのである」との供述の如きは、緊急避難行為又は過剰緊急避難行為の主張とみることはできない」とするもの、二は「被告人が強盗の共犯者から犯行を共にしなければ殺すぞと脅かされたので犯行に出たとの主張は、これに該らない」とするもの、三は、「被告人が自分の行動は喧嘩をやめさせる目的であつたという自己弁解にすぎないものはこれに該らない」とし、四は、第一審において別段に緊急避難である旨の主張なく、控訴審に至つて、はじめてこの旨の主張をしても、かくの如きは事後審なる控訴審の性格よりして許されない」とするものである。

【74】（判旨）「甲が乙の襟首を摑んでいたので自分は仲裁するつもりで乙の襟首を摑み乙とともにわざわざ倒れたのである」との供述は、右行為は緊急避難行為又は過剰緊急避難行為であると主張したものといえない」（最判昭二五・六・二七刑集四・六・一〇七八）。

【75】（判旨）「被告人が強盗の共犯者から犯行を共にしなければ殺すぞと脅かされたので共に強盗行為をしたと供述していても、これをもつて緊急避難行為であると主張したものということはできない」と（最判昭二四・一〇・一三刑集三・一〇・一六五六）。

【76】（上告理由）「第二審判決は、法律上犯罪の成立を阻却すべき原由たる事実上の主張及刑の減免の原由たる事実上の主張ありたるに対して判断を示さなかつた点において法令の違反がある。本件に於て被告人は検挙後最初の警察取調に対し、(2)『私は仲裁に入り（安田、徳光等と谷道とを）別れさせて（やるつも

りで）徳光や安田等が等が若いので（高年の谷道を）逃がし（てやつ）ても又直ぐ（徳光、安田等が）追いかけ（て暴行を継続す）ると思つて私は（徳光、安田等の気勢を鎮めるために）谷道さんの襟首（前襟）を摑んで私が業と倒れて（徳光、安田等に）見せてやつた事で、今になつて見れば悪結果になるような事をした…』旨供述し、爾来警察、検察庁及第一審第二審の捜査、公判の各段階を通じて終始一貫して同趣旨の供述を繰り返したこと一件記録上明瞭である。従つて被告人の動作は緊急避難として行われたものであるから刑法第三七条に依つて違法阻却と認めらるべきものである。(3)従つてまた若し刑責ありとしても、刑法第二〇九条の適用又は刑法第三七条一項但書、第二〇九条の適用に於て過失傷害又は過剰避難として目さるべきものである、との主張をも併せて為したものとすること、最も被告人の真意に合するところと思料する」。

（判旨）「所論(2)の被告人の行為は緊急避難行為であるとの主張がなされたという点は、もしその主張がなされていたものとすれば『犯罪ノ成立ヲ阻却スヘキ原由タル事実上ノ主張』にあたる次第だが、原審における被告人の供述を調書で見ると、被告人の行動は喧嘩をやめさせる目的だつたという自己弁解に過ぎず、何人の生命身体自由財産のいずれに対する危難を避けようとしたのかを主張しなかつたのであるし、弁護人の弁論も何らその点に言及されなかつた。要するに原審において旧刑訴法第三六〇条第二項の主張はなかつたのであるから、原判決がそれについての判断を示さなかつたのは当然で、何らの違法もない。

さらにまた所論(3)の刑法第三七条一項但書の過剰緊急避難行為云々の主張も、原審では為されなかつたと解されるし、又かりにその主張があつたとしても、右の事由で刑の減軽または免除をするか否かは裁判所の自由裁量にまかされているのであるから『刑ノ加重減免ノ原由タル事実』にならないのであつて、論旨はすべて理由がない」と（最判昭二五・六・二七 刑集四・六・一〇七八）。

【77】（判旨）「弁護人は本件は緊急避難行為であると主張するけれども、記録を調査するに被告人等は孰れも原審で自供し別に争うことなき旨述べ弁護人よりモビール油の配給状況並びにその不足状況を立証す

るために証拠調を請求し検察官提出の証拠について反証を提出せず寛大なる裁判を求めて審理を終結したことが明らかで右の如き主張は原審でなされた形跡がない。然るに当審は事後審であつて、第一審判決の時に立つてその当否を審査するものであつて原審で主張せられなかつた事実上の主張を当審に於て新たに主張することは法の認めざるところである」と（大阪高裁昭二五・三・二三特報八・八八）。

一六　緊急避難と類推解釈

一　現行刑法における緊急避難の規定は、いわば自然法的見地に立つて立法せられたものであり、充分な科学的理論乃至討議を経たものではない。したがつて条文の構成は、何んといつても素朴的であり、今日の複雑な社会的事象を律するものとしては不完全である。ここに幾多の解釈問題を生じてくる契機を含むこととなるのであり、また類推解釈等の問題を生じてくる所以のものを存することとなる。例えば「名誉」、特に「貞操」の如きに対して緊急避難をなし得るかというが如き、これである。

二　この点判例として注目すべきものにつぎのようなものがある。すなわち「薬剤師が急病人のため医師の求めに応じ電話によつて調剤し交付した」という事件につき、この「電話に依る医師の依頼に基いての調剤」も、緊急という一定の条件を存する場合には、なお「医師の処方箋に基いての調剤に準じて考えらるべきである」として、そこに緊急に際しての一種の類推を認めているところに注目すべきものがある。

【78】（事実）　「被告人ハ肩書居宅ニ於テ薬剤師トシテ薬品ノ調剤ニ従事スル者ナル処、昭和五年九月一

五日及ヒ同月一九日ノ二回医師小川原亮ヨリ処方箋ニ依ラス、電話ニテ被告人ノ隣家ナル南千住町三丁目一二番地深瀬マサノ為ニ調剤交付セラレ度旨ノ依嘱ヲ受ケ其ノ都度之ニ応シ以テ犯意継続ノ上二回処方箋ニ依ラスシテ薬品ヲ調剤シ深瀬マサニ交付シタルモノナリ」。

（判旨）「抑々薬剤師法第九条ニ於テ医師ノ署名又ハ捺印シタル処方箋ヲ必要トセルハ薬剤師ノ責任ヲ明ニシテ医薬分業ノ実ヲ挙ケ且調剤上ノ過誤ヨリ生スヘキ危険ヲ避クルヲ目的トスルモノナルカ故ニ之カ解釈ヲ厳格ニシ其ノ励行ヲ期スルノ必要アルコト勿論ナリトス。従テ薬剤師カ医師ノ調剤所ノ機関トシテ調剤ニ従事スルニ非スシテ自ラ薬局ヲ経営シ自己ノ責任ヲ以テ調剤販売スルニハ必ス処方箋ニ依ルコトヲ要スルハ薬剤師法第一一条ノ規定ヲ遵守スヘキ点ヨリ観察スルモ明白ナルカ故ニ電話ニ依ル医師ノ処方ノミニ依リ調剤販売ヲ為ストキハ第九条ノ違背タルヤ疑ヲ容レサル所ナリ。又電話ニ依ル処方調剤ハ往往ニシテ過誤ヲ生シ易キモノナルカ故ニ之ヲ避ケ得ヘキ特別ノ事情存スルニ非サレハ須ラク責任ヲ確実ニスヘキ処方箋ニ依ルコトヲ要スヘク又縦令電話ニ依ル処方調剤カ精密ナル条件ノ下ニ過誤ヲ避クルニ十分ナル注意ヲ用フルコトヲ得ル場合ナルニセヨ治療上急速ヲ貴フ場合ニ非サレハ容易ニ解釈ヲ拡張スヘキモノニ非サルコト亦明白ナルト雖、本件ノ如キ事情ノ存スル場合ニ在リテハ医師ノ処方箋ニ依リテ調剤シタルモノト之ヲ同一視スルヲ以テ社会通念上及人情道義上妥当ナリトスヘキノミナラス、叙上ノ如キ条件ノ下ニ於テ此ノ類推解釈ヲ為スモ毫モ叙上立法ノ精神ニ抵触スル虞アルコトナキカ故ニ、徒ニ文句ノ末ニ拘泥シテ此ノ解釈ヲ排斥スルハ正当ニ非ラス」（大判昭六・一二・二一刑集一〇・八〇八）。

一七　超法規的緊急状態の理論

ドイツにおいては、緊急避難に関して従来民法二二八条、九〇四条に或る程度の一般的規定があり、刑法第五四条にも一般的な規定を設け、さらに単行法に断片的な規定を設けていたが、しかしこのような程度では決して完全なものでなく、実際問題として生じてくる諸種な問題を解決するには不充分であつた。そこで何んらかの具体的問題に当面した場合、たとえ法規に直接的な明文はないにしても、実務はそこに緊急避難の理論の適用を要請しなければならない場合を生じてきた。これすなわち「超法規的緊急状態の理論」(übergesetzliche Notstandslehre) なるものの生じてきた所以である(vgl. E. Schmidt; Lehrb., 1 Bd., S. 206) 例えば貧困に追い込まれた売笑婦の経済生活上の苦痛を救済しようとする見地よりしてなされた本人の同意のない医師の堕胎行為をば一種の緊急避難行為と解して不罰とするが如き、これである。ザウエルの説くところによれば、要するにドイツにおける「超法規的緊急状態の理論」なるものは、彼国の民法刑法その他特別法中に分散して存在する緊急避難に関する諸規定に出発して、そこに見出される共通的な法精神とみられ得べき法原理を指すのである。そしてさらに、かような法律原理に立脚して、個々具体的な生きた事件につき緊急避難の原理を適用して問題を解決しようとするところに、右の超法規的緊急状態の理論が刑法解釈の実践面にもたらす意義があるのであるとしている(vgl., W. Sauer; Allg. Strafrechtslehre, S. 128)。

二　わが国においては超法規的緊急状態の理論は、大体ドイツに類似して、或る未婚の婦女が強盗により強姦されて妊娠するに至つた場合、社会の体面を考えての、すなわち一種の名誉感情を保護するための妊娠中絶は許されるか、というような問題に関連して、事実上論ぜられることになつた。

この問題をはじめてわが学界に投ぜられたのは牧野英一博士であつた。同博士曰く『超法規的緊急状態につき実際問題に関聯して争われたるは、妊娠中絶に関し、如何なる程度まで緊急避難が認めらるべきかの点なり。妊娠中絶には、医学的原因に因るものあり、社会的原因に因るものあり、優生学的原因に因るものあり、経済的原由に因るものあり。其の医学的原因に因るものに付ては固より異論なきも、他の三種のものに付ては立法論としても、また解釈論としても論争を免れざる所とす」と（牧野博士著「日本刑法」上、三八一頁）。

が、わが判例の上では、右超法規的緊急状態の問題は、なおいまだ取り上げられるに至つていない。

労働争議行為と違法性

藤木英雄

はしがき

労働争議行為の違法性に関する判例はおびただしい数にのぼり、またこれを集成したケースブックの類もすくなくないが、ほとんどが労働法学者の手になるもので、純粋に刑法的な立場に立って判例の体系づけを試みたものはないように思う。

本稿は、労働争議行為が刑法の対象となる場合について、それが労組法一条二項にいう「労働組合の正当な行為」とされ、刑法三五条の「正当業務行為」として違法性を阻却されるための諸要件について、個々のケースについて表明された判例の見解を素材として、裁判所のこの点についての基本的な物の考え方・一般理論をさぐろうと試みたものである。全体を三章にわかち、第一章に序論、第二章に総論、第三章に各論的な意味をそれぞれもたせたのも、雑然とした判例に、何らかの方法で一応の体系づけを与えてみようという意図から出たものである。しかし書き終ってみると、かような編別はあまり熟したものとはいえず、徒らに叙述をまとまりなくさせることに終ったのではないかとも反省される。この点については大方の叱責を仰ぎたい。なお判例についてはやや繁雑のきらいもあるが、できるだけ事実関係を引用するようにつとめたつもりである。

序説

労働者が団結し、団体行動――すなわち争議行為――という社会的な実力を背景に、労働条件について企業経営者との交渉に当ることは、労働者が企業経営者の資本という経済的な実力に圧倒されることなくこれと対等の立場で労働条件の適正な維持改善を図り、自らの生存を保障するための必要やむを得ない手段であるが、労働条件の適正な維持は今日の社会福祉国家においてその基本理念としているところであり、したがつてかかる目的達成のための適切な手段としての争議行為は正当な行為として法の保護を与えられることになるのである。これは刑法的には、正当な争議行為はそれが経営者の企業活動を妨害しあるいはそれにより経営者の意思を圧迫するものであつて刑法にふれる場合であつても、正当行為として違法性が阻却され犯罪を構成しないということを意味する。このことはすでに大正末期以来事実上承認されてきていたが、新憲法および労働組合法の制定施行にともない確乎たる保障を与えられることになつた。そこで何が正当な争議行為であるかということが当面の重要問題となるのであるが、この点についてはその内容を具体的に法規であきらかにした場合は極く例外的で、結局は社会通念によつて判定される他なく、最終的には判例の判断に委ねられることになるのであり、本稿の任務も、数多くの判例を通じて、争議行為が社会通念上正当とされる限界について認識を得ようとすることにおかれる。

もちろん労働争議行為の合法性を論ずるについては、労働者の争議行為だけでなく、経営者がこれに対抗して行う争議行為についても問題となるわけであるが、経営者の行為については争議手段としての解雇等が行政刑法的に禁止されているほか、争議行為そのもの（例えばロックアウト）が刑法にふれるという場合はとくに問題とするに足りない。かような意味から本稿の研究対象は主として労働者の争議行為（およびそれにともなつて生ずる刑事事犯）の合法性におかれることになろう。

考察をすすめるについては、まず第一に争議行為の概念を一応あきらかにしたのち、それがいかなる意味において刑法に抵触することになるかを検討し、次いでそれらの争議行為の正当性についての一般的標準および個々の争議類型についての正当性の問題を順次とりあげてゆくことにしよう。

一　争議行為と刑法の各犯罪

一　争議行為の概念

争議行為の概念を明確に定義することは極めて困難な問題であるが、ここでは必ずしも厳密な概念規定が要求されるわけではなく、問題の一般的前提として労働争議に際してなされた行為で刑事免責をうけうるかどうかを問題とする余地のあるものとそうでないものとを区別することで足りる。この場合労働関係調整法第七条に掲げられた争議行為の定義は一応の標準となりうるが、必ずしもそれに限定されることにはならない。刑法の問題としては労働争議に際して、労働組合——ないし争議団——の統制下になされる行為で犯罪構成要件該当性が問題となるものはすべてこれを争議行為であると考えてよい。同盟罷業、生産管理のような主たる争議手段はもちろん、これにともなつて附随的・補助的に行われる行為も争議行為ということを妨げない。そこで以下その主なる標識を分析しよう。

（一）労働争議にともない、あるいはそれを前提としてなされる行為であること

争議行為が労働争議と無関係に考えられないことは当然のことである。労働争議といいうるためには、すくなくとも労働者の団体と経営者との間に労働条件その他について意見の不一致が生じ紛争が生じまたは生ずるおそれのある状態が存しなければならない。例えば労使間に何らの意見の対立も存しないのに労働者が無断で一斉に職場を離れるというような現象は、単なる就業規則違反の問題に止まり労働争議を云々する余地がない。

これに反して何らかの要求が労働者から提出され、それを貫徹する一つの手段として労働者が一斉に職場を離脱するということになれば、それはまさに争議行為に他ならないわけである。この点はしばしば争議権を否認された労働者の闘争手段に関連して問題となつている。

【1】「論旨は被告人等が何等かの要求を提出しその要求を実現するために行動したものであると云う証拠はないのであるから、原判決がその所為を争議手段と認めたのは違法であるというのである。しかし原判決挙示の証拠、就中被告人伊藤裕に対する本件第一審第一回公判調書中の同人の供述記載によれば、被告人等の所属する国鉄労働組合青森支部弘前機関区分会が国家公務員法改正反対、五千二百円ベース即時実施、芦田内閣打倒等の項目を挙げて闘争方針を定めたこと、並に機関区の者達が庫内手や機関車乗務員の劣悪な待遇の改善に関する政府の冷淡な態度に対し被告人等の当然の権利を奪還するために、また憲法、ポツダム宣言等に違反し、団体交渉権争議権を奪う本件政令は無効なものであるとの主張を貫徹するために祖国独立推進青年行動隊を結成して闘争したものであることがわかる。被告人等は政府に対するこのような主張を貫

徹する手段として職場を離脱したものであるから、原判決がこれを本件政令第二〇一号二条一項にいわゆる争議手段にあたるものと認めたのは正当であつて、論旨は理由がない。』(最判昭二八・四・八刑集七・四・七七五)。

この判旨は一般にいわゆる遵法闘争が争議行為にあたるかどうかという問題にも示唆するところが大きい。

またその紛争は、組織現象として労働者の団体と経営者との間に生ずるものでなければならない。個々の労働者と経営者の間における労働条件に関する意見の不一致というだけでは、単に雇傭契約上の紛争が個別的に生じているだけで、労働争議とはいいえないわけである。

【2】「被告人の行為は、労働争議行為でないことは当時被告人は退社後で判示会社の労働者でないこと及び被告人の判示会社に対する主張は、単に個人的な契約上の主張(退職金増額の主張)であつて、労働組合又は労働者の団体としての争議でない等の点に鑑みて明白である……。』(最判昭二四・四・五刑集三・四三七)。

(二)　団体行動

労働者の争議行為は、労働組合ないし労働者の団体(争議団)の団体行動として、すなわち団体の正当な手続による意思決定に基いて団体の統制の下になされる行為およびそれに当然附随する行為でなければならない。組合員各自が組合の統制外で組合意思とかかわりなくなした所為は、たとい労働争議中に行われ、且つ争議を有利に解決するための手段としてなされたとしても争議行為としての正当性を云々するわけにはいかない。労働組合法一条二項が「労働組合の……行為」といつているのはこの趣旨であろう。

【3】「被告人等は前記のごとく同会社労働組合が所論解雇通知の当否につき調査し事後の対策について協議中であつたにも拘らず、組合とかかわりなく右行動に出たのであつて、被告人等の右行動は、団体行動権の行使ではないから、所論㈡の憲法違反の主張はその前提を欠き適法な上告理由とならない。」(最判昭三一・一〇・二四刑集一〇・一〇・一五〇〇)。

【4】「しかし事実審の確定した事実によれば、京成電鉄株式会社がその労働組合の承諾を得て人員の整理を発表した際、被整理者及びその人員整理に反対する労働組合の一部のもの、その他外部の友誼団体員等約一五〇名が京成津田沼駅構内にある同会社労働組合本部に赴き労組委員長以下の幹部に対してさきになした人員整理承諾の決議の取消その他の要求をなし、同委員長等においてその協議をなす間、同駅中央ホームで気勢をあげていたとき、右交渉応援のため同所に来集していた被告人等は集団の威力を背景にその業務に従事中の新聞記者又は警察職員に対し判示のように殴る蹴る等の暴行を加え傷害したというのである。かくの如き労働組合員相互間の交渉のため、しかもその組合員以外の多数の者が参加してなされた集団行動は憲法二八条の保障する団体行動には該当しないのみならず、判示の如き暴行罪、傷害罪等を構成するような行為はたとえそれが憲法二八条にいわゆる勤労者の団体行動の際行われたとしてもこれを正当化するいわれはない。」(最判昭三三・二・二〇刑集一二・二・八〇二)。

【5】「工場の従業員に対しストライキを呼びかけその旨のビラを撒くことが平穏な行動であることは社会通念に照らしても是認できないのみならず、ストライキを煽動することは争議行為そのものではない。しかも憲法二八条が保障するのは勤労者の団結する権利及び団体交渉その他の団体行動をする権利であつて、すでに結成せられた労働組合に所属する勤労者が組合の規約を無視し、成規の手続を経ずして、各個の労動者に対し直接ストライキを煽動するが如きは、権利の濫用であつて厳禁せらるべきは論なきところである。原判決がこれを憲法によつて保障せられた勤労者の団体行動権の一発現としての権利行為に当るとなすは明

白な謬論であるといわなければならない。」（大阪高判昭二九・三・一〇資料一〇二・三六五）。

労働争議に際して派生する暴力事件の多くは、上述のような意味から、はじめから争議行為といいえず刑事免責の問題を生じないことになる。

なお組合員の一部が組合の規約に反して会社と事実上争議状態に入つた場合――いわゆる山猫スト――も、以上の趣旨から争議行為とは認められずこれについて刑事免責の問題は当初より生じないものと考えられる。これに対して、労働組合としての意思決定に基き団体行動が行われた以上は、意思決定の手続に多少の瑕疵があつても、それは組合内部の統制権の問題を生ずるに止まり（例えば決議に服しない者に対する統制権）、経営者に対する関係では一応争議行為とみて差支えないであろう。

また会社と労働組合の間に合意が成立し、組織現象としての労働争議が終了したのちに、一部の者がこれを不満として組合とかかわりなく会社と抗争を継続しても争議行為ということはできない。

【6】「原判決の確定するところによれば、被告人等が前記の如き行為（註＝会社建造物の占拠、他の従業員の就業阻止、会社所有品の管理処分等生管行為）を敢行する以前に、組合と会社との間に、争議について妥協成立し、双方の合意によつて、被告人等従業員を含む組合員全員が適法に解雇され、組合は解散したというのであるから、これによつて争議は終了し、被告人等従業員はその身分を喪失したものというべく、従つて爾後争議行為なるものは、もはや存在せざるに至つたものといわざるを得ない。」（最判昭二六・七・一八刑集五・八・一四九一）。

もちろん組合が分裂して、一方の組合が組織的に会社との間に抗争を続けている場合は争議は終了せず、その際なされた行為は争議行為ということができる。

（三）　業務の正常な運営の阻害

労働争議は企業内部における経営と労働との分裂抗争であるから、具体的に争議手段がとられることによつて、業務の正常な運営の阻害される事態が現出することは必然的な現象である。そしてそこにまさに争議行為が、刑法によつて保護された市民法的秩序と衝突する所以が存する。

この点では問題はむしろ争議権のない労働者の遵法闘争が果して争議行為であるかどうかということについて生ずる。

【7】「しかして三割減車行為は被告人等に於て時偶々労働基準法の施行に際会したので同法の完全実施の行為と呼号するけれども、前記認定の如く、労働関係の当事者たる被告人等が狩勝隧道の改築隧道通過手当の増額の要求を貫徹するための行為で、通常の状態においては業務の正常な運営を阻害することは明かであるから右減車行為は争議に属すること明かで……。」（札幌高判昭二五・一・一二四資料五五・四三）。

以上を要するに争議行為の概念標識の中心をなすものは、第一にそれが一定の要求をかかげその貫徹を目的としてなされる労働者の団体行動（および経営者のこれに対抗してなす手段）であるということ、第二に、当該団体行動（およびそれに対抗する行動）によつて、企業の正常な運営が阻害されるということである。純刑法的観点からみたとき、第一の標識は（労働者の団体行動について）、相手方（すなわち経営者）の自由意思を団体行動という威力によつて制圧し要求をかちとろうという点において個人の自由意思、社会生活上の平穏の侵害という要素を内包し、第二の標識は人の経済的生活活動の侵害という要素を内包するものであるから、争議行為は本来不法視され刑法と抵触する性格を帯びたものといわねばならない。

しかし争議行為が法益侵害性を有するからといつて直ちに刑事責任の問題、したがつて同時に刑事免責の問題が生ずるわけではない。刑法上犯罪は単なる不法ではなく、まず第一に定型化された不法、すなわち構成要件に該当する行為としてとらえられる。したがつて刑事免責の問題も構成要件に該当し、違法の推定をうける行為について、例外的に当該行為を正当化する、すなわち違法阻却事由の問題としてとり扱われることになるわけである。

そこでわれわれの課題はまず第一に、争議行為が具体的にどのような犯罪構成要件にふれるかということを明確にすることにおかれなければならないのである。

二　争議行為に刑法を適用するについての一般的問題点

前述のごとく争議行為の刑事責任を問題とするについては、まずその構成要件該当性を確定したのち正当な争議行為としての違法性阻却事由の存否を検討するのが本来の順序である。しかしながら構成要件を定型化された不法と把握し、構成要件概念の規範的・価値的性格を認める立場をとるときには、争議行為の構成要件該当性を論ずるについて、その特性から、違法性に関する評価がある程度考慮されることになるのではないかということが問題となる。

例えば労働組合が争議行為をなすこと自体つまり使用者に対してかれらの経済的要求を承認せしめるために団結を背景に各種の団体行動をなして圧迫を加え屈服せしめるということは、従来は直ちに脅迫罪ないし恐喝罪を構成すると考えられたけれども、争議権が保障された今日かかる行為はある限度内ではもはや社会通念に照しても全く違法性がないと考えられているのであり、かような場合には一応当該行為の構成要件該当性を云々しかるのち違法性阻却事由の存在を理由に犯罪を構成しないという結論を導き出すまでもなく、はじめから犯罪を構成しない、すなわち構成要件に該当しないといいうるであろう。刑法理論上はこれは一種の社会的相当行為、すなわち一見犯罪構成要件に該当するかの如くであるが社会通念上実質的違法性を全く欠き、健全な常識に照し何人もその正当性を疑わない行為と考えることができよう。恰度治療すなわち健康の恢復という正当な目的のために社会通念上相当と認められる方法によつてなされた医療行為は、患者の身体に損傷を加えることがあつてもはじめから傷害罪にあたらぬと考えられているように、労使の対等交渉による労働者の地位の向上という正当な目的のために、社会通念上疑いなく当然相当と認められる方法によつてなされた争議行為は、脅迫、業務妨害等の構成要件にあたらぬものと解しうる場合があるのであろう。この場合には目的の不法性によつて具体的に違法性を帯びる場合にのみ構成要件該当性を論ずれば足りるであろう。

これは要するに労働争議にともなう刑事々件について刑法を適用してゆくについては、争議権が保障され正当な争議行為が刑事免責をうけることを実際上無意味にするような刑法の規定の平板的・形式的な解釈に堕することなく、常に行為の実質的違法性を念頭においていなければならないということである。かような考え方はすでに若干の判例によつて表明されている（例えば後出【12】）。もちろんこれは行為の正当性について一般的・類型的に明白で疑いない場合に限られ、通常の場合はやはり個々の事例について違法性の阻却を論じてゆくことになるであろう。

そこで以上のことを念頭に置きながら、争議行為に関連して発生する刑法上の犯罪類型のうち、主要なものについて一応一般的な問題点となるところを検討することにしよう。その他の犯罪類型については、のちに問題となる箇所で逐次とりあげることにする。

三　争議行為と業務妨害罪

業務妨害罪は人の経済的な生活活動を保護する刑罰規定である。しかして争議行為は本質的に企業の正常な運行の阻害すなわち企業経営者および争議行為不参加者の経済的生活活動を妨げるものであるから、争議行為と業務妨害罪とは極めて密接な関係を有する。

判例は業務を妨害したというためには、必ずしも業務の遂行が阻害される必要はなく、その危険性があれば足り、また業務とは具体的個々の現実に執行している業務のみに止まらず、広く被害者の当該業務における地位に鑑みその任として遂行すべき業務をも指称するものと解すべきであるとする。

【8】「刑法二三四条業務妨害罪にいう業務の「妨害」とは現に業務妨害の結果の発生を必要とせず、業務を妨害するに足る行為あるをもつて足るものであり、又「業務」とは具体的個々の現実に執行している業務のみに止まらず、広く被害者の当該業務における地位に鑑みその任として遂行すべき業務をも指称するものと解するを相当とするのである。

しかるに原審は当時工場長中村文夫が工場事務所の二階事務室内において現実に執務をしていたか否かの点並びにその点に関する被告人等の具体的認識の有無について判断説示をするに止まり、広く工場長たる地位に鑑みその任として遂行すべき業務を阻害することについての認識の有無について判断を加えることなく、たやすく業務妨害罪の成立を否定したものであつて、従つて原判決には刑法二三四条の業務妨害に関する業務の意義に関し法令の解釈を誤ったか、又はこの点に関する審理不尽乃至理由不備の違法があるものといわねばならない。」(最判昭二八・二・三〇。刑集七・一・二二八)。

業務妨害罪は、業務妨害の手段として偽計もしくは威力を用いることを要件としている。労働争議においては威力業務妨害罪が重要である。偽計業務妨害罪にあたる行為は争議手段としては主として宣伝活動が問題となるであろう。

威力とは人の意思を制圧するに足る勢力を指称するもので、相手方に対し暴行脅迫を加える場合のみならず、その社会的経済的な位置権勢によつて相手方を畏怖せしめる場合をも含む(大判明四三・二・三。刑録一六・一四七)。現実に被害者が自由意思を制圧されたことは必要としない。

【9】「同条の「威力」とは犯人の威勢、人数及び四囲の状勢よりみて、被害者の自由意思を制圧するに足る犯人側の勢力と解するを相当とするものであり、且つ右勢力は客観的にみて被害者の自由意思を制圧するに足るものであればよいのであつて、現実に被害者が、自由意思を制圧されたことを要するものではないと解すべきである。この点につき原判決は『……以上の供述(工場長中村文夫、経理課長和田他圭作、新聞記者浜本美喜雄の各供述の意)並びに物証(会談中の写真の意)を総合判断すれば工場長中村文夫は経理課長和田他圭作、事務秘書油谷幸助らと最初の侵入を受けた際極力之を阻止したのであるが、効なきを観念し遂に其の意思に反するけれども事態の成行を察知し会見の腹を定め丸テーブルの前の一脚に腰を落し入室者の一団と対席し彼らの去るまで其の質問に身をさらして辛抱をする決意をしたことが肯認される。即ち彼のこの意思決定の動因となつた事実は第一次入室者の不法侵入行為であるが、彼が着席しいよいよ入室者の全部を迎え取つて之と相対した時以後の彼の立場は最早単なる威力をもつて身心を圧迫され意思の自由を拘束されて已むを得ず業務を抛棄している状態ではなく、先に述べた彼の決意に因る彼の自由な意思に基礎を置い

ているのであり対談中団体側が継続的に威迫的な態度や言動でも示す為め動きの取れないようなものでないこと及び団体側の態度は時偶弥次を飛ばすもののいた外は普通の交渉におけるものと殆んど異ならない様子のものであつたことは彼自身及び和田他圭作の前記供述を総合して之を認めうるのみでなく、前記浜本美喜男の供述並びに証第三号写真の状況を参考すれば更に強く肯定せられるところである。会見当初の其の場の緊張や危惧の念は不法な侵入行為の余勢の漂う為めであり次第にこれが薄らいだということは団体側が会見中格別の不法な威力を示すことのなかつたことを雄弁に物語るものと云わなければならない。』と判示しているのであるが、右判示自体これが上示の威力に該当しないものとはいいえないのであつて、即ち業務妨害罪の威力の有無は被害者の主観的条件の如何によつて左右されるべきものではないといわなければならないのである。されば右前示判示事実をもつて業務妨害罪の要件たる威力に該当しないとした原判決は、この点に関し法令の解釈を誤つたものという外はなく、論旨は理由があり原判決はこの点においても破棄を免かれないものといわねばならない。』（最判昭二八・一・三〇刑集七・一・一二八）。

また威力は、直接現に業務に従事している他人に対して向けられることを要しない。

【10】「原判決が、刑法二三四条にいう『威力ヲ用ヒ』とは、一定の行為の必然的結果として、人の意思を制圧するような勢力を用いれば足り、必ずしも、それが直接現に業務に従事している他人に対してなされることを要しない旨の法律見解の下に、「送炭を阻止するため、実力を以て貨車の開閉弁を解放して、同貨車に積載せる石炭をその場に落下せしめて会社の送炭業務を不能ならしめた行為は、同条所定の構成要件を充足するものとした」第一審判決の判断を相当としたことは、当裁判所においてもこれを正当として是認することができる。」（最判昭三二・二・二一刑集一一・二・八七七）。

以上のような見地から、争議行為を威力業務妨害罪の構成要件にあてはめてみると、労働者の団体行動たる争議行為は、それ自体強力な社会的経済的な力と認められるから、一般に威力と認むべき場合が多い。例えば同盟罷業は労働組合の指揮下に労働者が労働力の提供を一時停止し集団的に職場を離脱する行為であるから、相当数の組合員がこれに参加する場合には経営者の自由意思を制圧するに足る勢力によりその業務を妨害したものといいうる。ピケティングも、組合の認めない通行者をして通行しようとする意思を放棄するのやむなきに至らしめるに足る勢力で行われるときには暴行・脅迫を用いなくとも通行者および経営者に対する関係で威力業務妨害罪の構成要件にあたること当然である。怠業・生産管理等についてもほぼ同様のことがいいうるであろう。団体交渉もまた団体交渉に応ずることによつて会社の業務の運営が阻害されることがあるから、団結自体の威力、ないし団体行動という威力により業務を妨害するものとみられる場合が生ずるであろう。

そのほか特殊な例として判例は動力源を遮断することも、従業者が仕事を継続する意思を放棄するのやむなきに至らしめるものであつて、威力に属するものとする。

【11】（事実）「被告人はO紡績会社K工場を解雇された者であるが守衛らの制止もきかず工場内に侵入し、工場内モーター室において勝手に同室配電盤およびモーターに設置の各スヰッチを切り、モーターを停止させ織機三百余台の運転を止め一時操業を不能とした」

（判旨）「……被告人の行為により発生した織機の運転停止なる状態は操業中の工場従業員の自由意思を制圧する勢力に当ることは極めて明白である。蓋し、操業中の工場従業員は操業に従事していること自体によつて、操業を継続する自由意思を表明しているものに外ならないのであつて、被告人の行為は明らかに右自由意思の遂行を制圧し、業務妨害罪を構成するものと云わねばならないのである。」（大阪高判昭二六・一〇・二二刑集四・九・一一六五）。

しかしある勢力が威力にあたるかどうかを判断するについては、前節で述べたように労働争議の特殊性を念頭において慎重に判断されなければならない。けだし労働争議行為は本来団結の力を背景として経営者の意思を圧迫する「威力」的なものだからである。

【12】「本件につき原判決の認定した事実によれば、三友炭坑労働組合は、原判示のような劣悪な労働条件のもとに待遇改善を要求して組合大会を開いた結果罷業に入つたところ、元組合長山崎政春外二十数名の経営者側に縁故のある者が就業を開始したので、罷業派組合員である被告人は、罷業が組合員の共同目的達成のため已むなくなされたものであるのに、生産同志会は経営者側との不純な動機から同志を裏切り罷業を妨害するもので、もし同志会が就業を開始すると罷業がその目的を達成し得ないこととなると考え、右同志会員の就業に対し極度に憤慨をしていたこと、被告人は被告人以外の多数の婦人組合員および二、三名の男子組合員らがガソリン車の前方線路上に立ち塞がり、あるいは横臥しもしくは坐り込んでその進行を阻止していたところへ参加して線路上に赴き、軌道から退去を求める川上久光らに対し、他の婦人らとともに前示のごとく怒号したにすぎないことが窺われる。このような経過から考えてみると被告人の判示所為はいわば同組合内部の出来事であり、しかもすでに多数組合員が判示川上久光らの炭車運転行為を阻止している際、あとからこれに参加して炭車の前方線路上に赴き判示のように怒号し炭車の運転を妨害したというのに止まるのであるから、かかる情況のもとに行われた被告人の判示所為は、いまだ違法に刑法二三四条にいう威力を用いて人の業務を妨害したものというに足りず、それゆえ被告人の所為について罪責なしとして無罪の言渡をした原判決は、結局において正当であるから、論旨については特に判断を加えない。」（最判昭三一・一二・一一刑集一〇・一二・一六〇五）。

この判旨のいわんとするのは、結局すでに他の組合員多数の威力によつて出荷阻止の事態が確定的につくり出されているところに被告人の行動が加わつたとしても、全般的にみてそれが新に「威力」を加えることにはならないからとくに被告人の所為を威力業務妨害罪で処罰するにはあたらないということである。結局違法性が軽微だから威力行使にならぬとする垂水裁判官の少数意見がより理論的である。もちろん本件所為が、他の組合員による炭車阻止がなされていない以前に行われたものであれば威力業務妨害罪を構成する公算が大であるといえよう。

そして威力業務妨害罪の構成要件にあたる行為がなされた場合には、次にそれが正当な争議行為として違法性が阻却されるかどうかという問題に移行することになるわけである。

なおこれに関連して業務妨害罪については、そこにいう業務に公務が含まれるかどうかという問題がある。従来の判例は公務員の公務は業務に含まれないとしてきた。

【13】「業務妨害罪にいわゆる業務のなかには公務員の職務は含まれないものと解するを相当とするから、公務員の公務の執行に対し、かりに暴行又は脅迫に達しない程度の威力を用いたからといつて、業務妨害罪が成立すると解することはできない。」(最判昭二六・七・一八刑集五・七・一四九一)。

なおこれは大審院以来の見解である(大判大一〇・一〇・二四刑録二七・六四三)。

しかし国営ないし公営企業例えば三公社、五現業における労働争議を考えると、法律上三公社の職員は法令により公務に従事する職員とされ、また五現業の職員は本来国家公務員としての身分を有し刑法上も公務員と認められるものであり、これらの企業の争議において同盟罷業が行われあるいはそれにともなつて職員の出勤阻止あるいは列車の運行阻止等のためにスクラムによるピケットが行われることになると、企業主体たる国の業務あるいは個々の公務員の業務がそれぞれ妨害されることになるが、一般の民間企業例えば私鉄において同様のことが行われたならば当然威力業務妨害罪を構成するのに、被害者が公務員であるために暴行脅迫がなされないかぎり犯罪を構成しないと解すべきかどうか疑問が生ずる。しかし判例が公務員の公務の執行に対しては業務妨害罪の成立を認めていない事例は警察官のような権力的な作用を担う者に対するものであつて、国が一私人と同様に企業主体として機能している場合にまで同様に解すべきものとは思われない。次に掲げる福岡高裁の判決がこの点を明らかに肯定するほか若干の最高裁の判例も、暗に国営企業に対しては、威力業務妨害罪の適用を認めている。例えば最判昭和二九年一二月二三日（刑集八・一三・二一七五）――いわゆる人民電車事件の判決がある。

【14】　「刑法第二三三条並びに第二三四条の「業務」には公務を包含しないとの見地から、原判決が本件公訴事実に対し無罪の判決を言渡していることは、検察官所論のとおりである。そこで当裁判所は、次のような理由によつて刑法第二三三条並びに第二三四条の業務には公務も包含されるものと解する。

原判決は、右法条にいう「業務」とは公務を除くほか、精神的なると経済的なるとを問わず、汎く職業その他継続して従事することを要する事務又は事業を総称するとの大審院判例（大正一〇年一〇月二四日判決）を引用し、所謂業務妨害罪の対象となるべき業務中には公務を包含しないとしている。しかし、一方現業傭人たる集配人は郵便電信及び電話官署現業傭人規程により公務に従事する者であるが、職員でないからこれに対し暴行を為し以てその公務の執行を妨害したるときは、刑法第二三四条により業務妨害罪を構成するが、同法第九五条の公務執行妨害罪は構成しないとする大審院判例（大正八年四月二日判決二五輯三七五頁）もあり、非公務員による公務の執行に際しては、威力業務妨害罪の成立を是認している。従つて一概に業務妨害罪にいう「業務」中に公務は包含されないということはできない。更に公務員の公務の執行に対し、かりに暴行又は脅迫に達しない程度の威力を用いたからといつて、業務妨害罪が成立するものではないとする最高裁判所判例（昭和二六年七月一八日大法廷判決集五巻八号一四九一頁以下）のあることも原判示のとおりであるけれども、該事案は検挙に向つた警察官に対し、スクラムを組み労働歌を高唱して気勢を挙げた労働者等の行為が威力業務妨害罪を構成しないことを示したもので、その他の公務員の公務執行全般に妥当するか否か甚だ疑問であり、該判例のあることによつて直ちに業務妨害罪の「業務」中には非権力関係の公務までも包含しないと結論することは躊躇せざるを得ない。蓋し、業務妨害罪に関する規定は、個人又は団体の経済的精神的生活活動の保護を目的として制定されたものであるが、警察は国民の生命身体及び財産の保護に任じ、犯罪の捜査、被疑者の逮捕及び公安の維持に当ることを以てその責務とし（警察法第一条）、警察官等は犯人の逮捕もしくは逃走の防止、自己もしくは他人に対する防護又は公務執行に対する抵抗の抑止のため必要であると認める相当な理由のある場合においては、その事態に応じ合理的に必要と判断される限度において、武器使用の権限すら認められている（警察官等職務執行法第七条）のであるから、経済的生活活動を営むものということはできないのみならず、公務執行妨害罪の規定により保護せられるのは格別、威力業務妨害罪の規定によりこれを保護すること自体まことに奇異の感を免れないところで、前記最高裁判所判例は右趣旨に解せられるからである。

加之、その後の最高裁判所判例によれば、日本国有鉄道（以下国鉄と略称する）の新交番制による電車運行業務の妨害を認めた原判決を支持認容していること（昭和二八年一一月一六日最高裁判所第二小法廷判決、昭和二十九年一二月二三日同裁判所第一小法廷判決集八巻二一七五頁、昭和三〇年三月三日同裁判所第一小法廷決定、参照）、検察官の指摘のとおりで、国鉄職員による電車（又は列車）の運行は、右職員による公務の執行であると共に公法人たる国鉄の業務であり、前記職員に対する公務執行妨害罪が成立する場合は法条競合によつて業務妨害罪の規定はその適用を排除されるけれども、暴行脅迫の程度に達しない威力を用い電車（列車）の運行を妨害するにおいては、右国鉄の電車運行業務妨害罪の成立を是認しているものといわねばならず、その他原判決のように公務なるが故に業務妨害罪の対象からこれを排除せねばならないとする合理的根拠は発見できない。」（福岡高判昭三一・六・二九刑集九・七・六七一）。

四　争議行為と暴力的犯罪

（一）総　説

争議行為と暴力とは概念的には全く無縁であるが、しかしさきにも述べたように労働争議は労使の激しい利害の対立を背景にした集団現象であることから、ともすると険悪な雰囲気に押されて行き過ぎが行われ暴行・脅迫・逮捕監禁等の暴力沙汰が惹起されやすい。この意味で暴力犯罪を処罰する刑法の規定は労働争議と極めて密接な関係を有するが、労働争議の集団性から、この際の暴力行為が集団的に行われることが多いため、「暴力行為等処罰ニ関スル法律」の適用されることがすくなくない。同法が争議弾圧法として非難されるのもこのためである。

沿革的にみると暴力行為処罰法は、大正一五年労働争議弾圧法としての治安警察法一七条の廃止と労働争議調停法の施行により労働争議に対する法の態度が弾圧からすくなくとも放任に転換した時期に、治安警察法一七条の規定にかわつて登場したものである。そこでその後、同法が労働争議、小作争議にともなう暴力行為に適用されるについてその当否がしばしば争われた。すなわち同法は暴力団のような本来不法な団結の威力を背景とした暴力行為にのみ適用さるべきもので、労働組合、小作組合のように本来正当な目的を有する団体の行為に対して適用さるべきものではないというのである。

さらに戦後には同法が労働者の正当な団結権を侵害するとの見地から同法を労働組合の行為に適用することの違憲性が問題とされた。しかしこれに対して判例は一貫してその有効性を強調している。

【15】「暴力行為等処罰ニ関スル法律ハ団体ヲ標榜シ之レヲ背景トシテ其ノ威力ヲ利用シ暴行又ハ脅迫ノ罪ヲ敢行スル者ヲ取締ル為ニ制定セラレタル法規ニシテ団体運動其ノモノノ取締ヲ目的トスルモノニ非サルカ故ニ縦令団体其ノモノハ正当ノ目的ヲ有シ常ニ暴力行為ヲ為サス又ハ団体員ニ不良ノ徒ナシトスルモ之レヲ背景トシテ其ノ威力ヲ利用シ暴行又ハ脅迫ノ罪ヲ敢行スルトキハ其ノ行為ハ該法律第一条ニ該当スルモノト解セサルヘカラス。」（大判大一五・二・二二刑集五・五三）。

【16】「暴力行為等処罰ニ関スル法律ハ団体又ハ多衆ヲ標榜シ之ヲ背景トシテ其ノ威力ヲ利用シ刑法第二百八条第二百二十二条及第二百六十一条等ノ罪ヲ犯シタル者ヲ汎ク取締ル為ニ制定セラレタルモノニシテ同法中労働争議及小作争議ノ場合ヲ除外スヘキ趣旨ノ見ルヘキモノナキノミナラス方今動モスレハ団体若ハ多衆ノ威力ヲ利用シテ暴行脅迫等ノ行為ヲ敢テスル者続出シ其ノ数枚挙ニ遑アラス同法カ此等時弊ヲ救済セントスルノ精神ニ出テタルニ顧ルトキハ仮令団体其ノモノハ正当ノ目的ヲ有シ団体員ニ不良ノ徒ナシトスルモ之ヲ背景トシテ叙上ノ行為ヲ敢テスル者アルトキハ之ヲ不問ニ付スヘキ事由トナラス更ニ同法制定ノ由来ヲ案スルニ大正十五年第五十一回帝国議会ニ於テ治安警察法第十七条及第三十条ヲ廃止スルト同時ニ労働争議調停法ノ制定アリ今又労働組合法及小作組合法ノ制定ヲ促進スヘキ趨勢ニアリト雖此等ハ総テ団体ノ正当ナル行為ヲ対象ト為シタルモノニシテ違法ナル行為ヲモ正当視シタルモノニ非ス刑法中暴行脅迫器物毀棄ノ罪ヲ犯スニ当リ団体ノ威力ヲ利用シタル者ニ付テハ其ノ刑ヲ加重シ又ハ之カ訴追ヲ為スニ当リ被害者ノ告訴ヲ待ツノ要ナキモノトスルニ非サレハ以テ治安ヲ維持スルノ難キヲ慮リ同議会ニ於テ暴力行為処罰ニ関スル法律ヲ制定シタルコト疑ナキヲ以テ同法ハ所論ノ如ク単ニ暴力団、不良青年団等ヲ目標トシテ出顕シタルモノニ非スシテ労働争議又ハ小作争議ノ場合ニ於テモ其ノ適用アルモノナルコト洵ニ明カナリ。」（大判昭八・六・一四新聞三六〇六・五）。

以上の二判例はいずれも小作争議に関するものであるが、次の判例はまさに労働争議に関する。

【17】「苟モ団体又ハ多衆ノ威力ヲ示シ刑法第二百八条第一項第二百二十二条又ハ第二百六十一条所定ノ罪ヲ犯シタルトキハ大正十五年法律第六十号暴力行為等処罰ニ関スル法律第一条第一項ノ犯罪ヲ構成スヘキヤ弁ヲ俟タス然リ而シテ其ノ行為ノ背景トシタル団体ノ目的カ正当ナルト否トハ同犯罪ノ成否ニ消長ヲ及ホスヘキモノニ非サルナリ蓋シ同罰則ハ刑法所定ノ罪ニ対シテハ特別法タルノ関係ニ在リ団体又ハ多衆ノ威力ヲ背景トシテ暴力行為ヲ敢テシタル場合之ヲ重罰スヘキハ法ノ精神トスルトコロニシテ所論ノ如ク単ニ団体ノ成立カ合法的ナラス其ノ目的カ不正ナル場合ニ於テノミ之ヲ重罰スヘキモノトシ制限シタル解釈ヲ為スヘキ理由毫モ存在セサレハナリ本件ニ於テ原判決ノ確定シタル事実ハ其ノ詳細判示セルカ如クニシテ即チ被告人等ハ所論三河鉄道株式会社ノ労働争議ニ於テ争議団タル労働組合ノ威力ヲ背景トシ示威運動ヲ為シ器物ヲ損壊シ又ハ人ヲ脅迫シタルモノナルカ故ニ前叙暴力行為等処罰ニ関スル法律第一条第一項ニ問擬セラルヘキハ当然ニシテ縦シヤ其ノ争議団ノ成立カ合法的ノモノナリシトスルモ同罰則ノ適用ヲ除外サルヘキモノニ非サルナリ。」（大判昭八・一・三〇新聞三五三四・一四）。

新憲法施行後は、かかる立法は違憲であるかどうかが争われたが、これに対して最高裁判所大法廷は以下の如く判示し、ほゞ確定した判例となるに至つた。

【18】「次に、憲法二八条の保障する団結権、団体行動権といえども一定の限界を有し、これを超えるものまでをも認容する趣旨でないことは前述したとおりである。そして、本件におけるが如く他人に暴行を加え又は他人を脅迫するがごとき行為は右限界を超えたものであつて団結権、団体行動権の正当な行使ということはできない違法な行為であることは論のないところである。そして右のような違法な暴行、脅迫等が行われる場合に、それが一人によつて行われるのと、団体若くは多衆の威力を示して行われるのとでは、個人並

に社会に与える影響には差があることは当然であるから、暴力行為等処罰に関する法律一条一項が、団体若くは多衆の威力を示して暴行、脅迫等をした場合を、そうでない場合に比して重く処罰する旨を規定したことは合理的な根拠があることであり、また同法条は、勤労者の団結権、団体行動権の正当な行使自体を処罰しているものではなく、団結権、団体行動権の行使でもその正当なものについては同法一条一項の適用される余地はないのであるから、同法条が憲法二八条に違反するとはいえない。」(最判昭二九・四・七刑集八・四・四一五)。

新憲法は一方において労働者の権利を広汎に保障したが、また他方基本的人権の保障、民主々義、平和主義の理念に基づき、これと矛盾する暴力を強く否定する立場にたち、刑法改正に際しても暴力犯罪の法定刑引上げが行われたことに鑑みると、判旨の立場はまことに正当であるといえよう。

(二)　争議行為と暴行罪

暴行とは人の身体に対する不法な物理力の行使をいうものと解せられる。その典型的な例は撲る、蹴るというような場合である。争議の過程で単純な撲る蹴るというような行為が行われた場合にそれが暴行罪に該当することは疑いない。しかし争議中に行われる種々の威力的行為については、単なる示威と暴行との限界づけが問題となる。判例にあらわれたところでは、威力的行為が人の身体に対する積極的な攻撃と認められるかぎり暴行罪の成立を肯定している。すなわち押す、体当りをする、人の身体に手をかけ引きずる等はもちろん、音響による衝撃を与えることも暴行とされている。次の判例は喧騒な団体交渉に際して音響による暴行罪を構成する場合を認めた珍らしい事例である。

【19】　「刑法二〇八条にいう暴行とは人の身体に対し不法な攻撃を加えることをいうのである。従つて第一審判決判示の如く被告人等が共同して判示部課長等に対しその身辺近くにおいてブラスバンド用の大太

鼓、鉦等を連打し同人等をして頭脳の感覚鈍り意識朦朧たる気分を与え又は脳貧血を起さしめ息詰る如き程度に達せしめたときは人の身体に対し不法な攻撃を加えたものであつて暴行と解すべきであるから同旨に出でた原判示は正当である。」(最判昭二九・八・二〇刑集八・八・一二七七)。

もつともこの事件ではむしろ傷害罪に擬すべきであつたと思われるが、ここで論ずべき問題ではない。

次の二つの判例は、スクラムによる示威が暴行行為を構成するかどうかに関するものである。

【20】「原審の是認した第一審判決の認定した事実によれば、被告人らは判示会社と争議中組合員数十名とともにスクラムを組んで大島とし外四名をとりかこみ、労働歌を高唱し、ワッショ、ワッショと掛声をかけて気勢をあげながら、約二〇分間に亘り、押す、体当りをするなどの行動を続け、以て多数と共同して右五名に対し暴行を加えたというのであつて、かかる被告人の所為が刑法二〇八条の暴行にあたることは明らかである。」(最判昭三三・四・二五刑集一二・四・一四三一)。

【21】(第二審判決)「被告人等が暴行又は脅迫を以て右公務の執行を妨害するの挙に出たか否かに関し……証人の供述によれば警察官警察吏員等が工場正門に到達して殆ど同時に被告人等の検挙が開始されそれに先立つて被告人等に於て警察官等に対し何等積極的な抵抗を試みたことはなかつたことを肯認しうる。もとより関係被告人等が工場正門前にスクラムを組み労働歌を高唱する行為が右公務執行に対する一つの障害となつたかも知れないが右行為自体は警官に対する積極的暴行とは云えないし又それが当時の情勢に照し数十名の武装警官に対する脅迫となるとは解し難い。」

(上告審判決)「……スクラムを組み労働歌を高唱して気勢を挙げた被告人等の行為自体が所論の如く有形力の行使すなわち暴行となるか否かの点について原判決は前記の如き認定事実を基礎として結局積極的抵

抗を欠くものとして証明不十分と結論しているのである。即ち原判決は、被告人等がスクラムを組み労働歌を高唱して気勢を挙げた事実を認定してはいるが、それだけで警察官等に対して暴行脅迫が行われたものとは認定していないのである。故にこの点に関する論旨も結局原判決の事実誤認を前提とする議論であつて採用するを得ない。」(最判昭二六・七・一八刑集五・八・一四九一)。

なお人の身体に手をかけて引きずる行為が暴行か否かについて次の判例はこれを肯定する。

【22】「刑法二〇八条にいわゆる暴行とは人の身体に対する不法な一切の攻撃方法を包含するものであるが、証拠によれば被告人……は外数名と共同して、……常務取締役岩本勇が連絡のため会社に赴かんとして同人宅から外出しようとしたところ之を逃げると倣して妨げ、同人の後から両脇下に手を入れて抱え且つ足を持ち上げて、同人の腰かけていた板椽からそれにつづく板の間の端まで一米余り引摺り上げたと云うのであるから、被告人等の行為は人の身体に対する不法な攻撃に外ならないのである。」(大阪高判昭二六・一〇・一資料一〇二・四〇一)。

しかし反対趣旨の判例もある(後出【70】参照)。

(三)　争議行為と脅迫罪

脅迫とは恐怖心を生ぜしめる目的を以つて害悪を告知することをいい、その害悪が相手方又はその親族の生命、身体、自由もしくは財産に加えらるべきとき刑法の脅迫罪が成立する。

厳格にいえば争議行為——を背景とした団体交渉——はすべてそれ自体脅迫罪の定型を具有する。けだし争議行為の本体は経営者の業務の阻害にあり、それにより生ずべき財産上の不利益をもつて経営者を屈服させようとする意図でなされるものだからである。すなわち当該団体交渉は財産に害を加うべきことをもつて脅迫したということになるのである。しかし争議行為自体を頭から違法視するならばともかく、労働者が経済的要求をかちとるために団体行動をなすことが権利として保障された以上、労使の交渉を有利に展開するための圧力としての争議行為そのものは本来合法的行為といわねばならないから、したがつて同盟罷業、怠業等々を背景に団体交渉をなすこと自体は別段脅迫罪を構成するものではないと解せられる。

しかし附随的な行為については、脅迫罪にあたる行為がなされたその個々の事情に応じて違法性の阻却の有無を考えなければならない。実際には争議中、ことに団体交渉時の粗暴な言動が最も多く問題となるようである。

単なる粗暴な言動は脅迫罪を構成しないが、それが人の生命身体に危険を感じさせるような勢力と認められるに至つたときには脅迫となるとするのが判例の態度であり、ほぼ当を得ている。

団体交渉中の言動について脅迫罪の成立を否定した事例

【23】　「尚被告人三好義人に対する本件公訴事実中暴力行為等処罰に関する法律違反の点に付ては被告人が昭和二十三年十二月二十日午後五時頃から翌二十一日午前七時頃迄東洋鋼鈑株式会社下松工場本事務所二階庶務室に於て同室につめかけて居た全日本金属労働組合山口支部東洋鋼鈑分会員約二百名の人垣の中で経営者側代表横山甚三、影山峆其の他と右分会代表者谷口静男及被告人等とが会員の罵詈雑言の喧騒裡に徹宵して団体交渉をして居た際右影山峆に対し「第二組合には資金を一銭一厘も出して居ないと書け」と怒号したことは之を認めることが出来るけれども、未だ生命、身体、自由、名誉又は財産に対し害を加うべきことを以て脅迫したことは認められない。」(広島高判昭二六・五・二二資料一〇二・四三九)。

示威行為が脅迫罪を構成する事例

【24】「かかる行為――スクラムを組み労働歌を高唱して気勢を揚げ多衆の威力を示しもし会社側職員等が強いて入場を試みようとするならばこの力により同人らの身体自由に害を加うべきを暗示して同人らを畏怖せしめ工場への入場を阻止した――が争議目的を貫徹せんがため行われたにもせよそれが客観的に見て多衆の威力を示す等の方法により相手方を畏怖せしめ因て本来自由たるべき工場への入場を断念せしむるに足るが如き状況の下に行われ、而も相手方がこれにより現実に脅怖の念にかられて入場を断念するに至つたとすれば、それは明かに暴力行為等処罰に関する法律第一条の構成要件を充すものと謂わねばならない。」（東京高判昭二四・一〇・三一　資料四八・一二七）。

【25】「被告人は近江絹糸株式会社津工場の工員で、原判示争議に関し第二組合の執行委員として会社側に第二組合の要求事項を容るるよう運動していたが、原判示の日右工場前において呼びかけ運動をしている際、同日午後四時三十分頃右会社社長が判示自動車に乗り津工場よりの帰途、第二組合員等約五百名が沿道を埋めつくし右自動車を取り囲み示威をした為自動車が徐行していたのに乗じ、右工場正門より東方約百米の路上において右自動車の屋根に上り、続いて同自動車の屋根に上つたFと共に屋根上において、囲繞していた多数組合員に対し「車を止めろ」と絶叫しつつ、両足を上下交互に踏んだり跳躍したりして、同自動車屋根の鉄板を数回にわたりぽこんぽこんと音を立てると共に今にも屋根が打ち抜かれるかのように激動させたこと並びにNは被告人等の右行為により身の危険を感じたことを認め得るから、被告人等は多衆の威力を示し第二組合の要求を容れるようNを脅迫したものであつて、暴力行為等処罰に関する法律第一条第一項に違反することは説明を要しないところである。」（名古屋高判昭三一・七・一七　高裁特報三・一五・七四〇）。

また脅迫と単なるいやがらせとも厳密に区別されなければならない。いわゆる電報戦術のように過激な字句を用いて相手方を困惑させる行為について問題となる。なお次の判例は電報戦術についてこれを脅迫罪と認めているが、判旨は同時に争議中の過激な言動一般にも及ぼすことができよう。

【26】「両弁護人の控訴趣意……について……その要旨は……(に)本件電報の文言は巷間の電柱、板塀其の他に見られるアジビラと同旨のもので自体川柳的七五調の戯文で脅迫文とは全く縁がない……というにあるので按ずるに所論(に)に指摘の何々労働組合名義のアジビラが通行人の見易い到る処に貼られていることは所論の通りであるがアジビラの「何某を屠れ」とか「何某を葬れ」との文言を見た通行人が現実何らの衝動を受けないだろうか。それほど日本人が無感覚残忍になつたとは到底認め得ないばかりでなく、新憲法下平和国家建設途上吾が国民に要請すべき正義観念と相容れないといわねばならないから之を容認し難い。されば右ビラと同趣旨の「きるならきつてみろ、かくごはよいか」。「くびきりやめろ、みがだいじ」「むりしてきるより、いのちがだいじ」「きられるうらみただではすまない」との文言電報を人の住居に送達するのは本人の生命身体に害を加えるだろうことを告知するものでその告知は一般通常人の平和の感覚を侵害して畏怖の念を催うさせる性質をもつものと認めざるを得ないからその所為は人を脅迫するものであり、告知を受けた者が告知された害悪が真に発生するものと信じようと信じまいと、又現実に畏怖の念をおこそうがおこすまいが、脅迫罪の成否に何等の影響を及ぼすものではない。」(仙台高秋田支判昭二五・四・一九資料四八・三五一)。

なお以上の暴行・脅迫が、職務執行中の公務員に対して加えられた場合には公務執行妨害罪を構成することはいうまでもない。ただその際の暴行・脅迫はその程度の点において通常の場合よりも強度のものでなければならないわけである。

(四)　争議行為と逮捕監禁罪

逮捕・監禁罪は人の身体・自由を拘束することにより成立する。逮捕とは直接的(且つ一時的)に身体を拘束するものであり、監禁とは一定の場所から脱出することができないようにするものである。逮捕と監禁とは、しばしば継続して行われることが多い。この罪は団体交渉に関連してしばしば適用される。人を一定の場所に強制的に連行すれば逮捕罪が成立し、またいわゆるカン詰めにすれば監禁罪が成立することになろう。しかし両者が引き続き行われたときには包括して監禁の一罪が成立するものと解せられる。実際には団体交渉に際して使用者側の委員を交渉場所から場外へ出られないようにする場合がしばしば問題となつている。

【27】「不法監禁罪は、暴行によると脅迫によるとを問わず、他人を一定の場所の外に出ることができなくした場合に成立するので、その行為に出た動機目的が他に存すると否とを問わない。」（最判昭二八・六・一七刑集七・六・一二八九）

なお同判例は、さらに不法監禁罪の成立に要する脅迫の程度について、次のように判示する。

【28】「脅迫による不法監禁罪が成立するためには、その脅迫は被害者をして一定の場所から立去ることを得せしめない程度のものでなければならない。そして原判決の認定した事実によれば、被告人等は、大衆の面前で、後藤所長、野田副長に対し、要求事項の承認を求め、その目的貫徹までは帰さないで頑張るから、大衆諸君も頑張れといい、又罵声怒号する大衆の前で交渉を続け、後藤、野田が脱出しようとすると組合員大衆も後藤、野田を取り囲み、被告人等も、その脱出を阻止して、後藤、野田をしてその場に留るのやむなきに至らしめたというのであるから、原判決は被告人等は多衆の威力を利用して右言動に出ることにより、後藤、野田に対し、その場を立ち去ることのできない程度の違法な脅迫を加えたる事実を認定したものであつて、右の事実は原判決挙示の証拠で十分肯認できる。してみれば被告人等の所為が脅迫による不法監禁罪を構成すること明らかである。」（最判昭二八・六・一七刑集七・六・一二八九）。

（五）　争議行為と毀棄罪

毀損罪は物の効用を害する罪である。争議手段としての破壊行為――例えば積極的サボタージュ――が毀棄罪にあたることはいうまでもない。また積極的破壊行為でなくとも、機械その他工場事業場の設備の毀損を必然的にともなうような職場における労務提供の拒否も毀棄罪（場合によつて放火・浸害等の罪を構成することがある）にあたるであろう。そのほか使用者側の掲示をはがすこと、あるいは隠匿物資の摘発なども毀棄罪を構成するものとされている。なお特殊な例として、組合の看板を持ち去る行為。会社役員宅の玄関表札白壁等にビラを貼りめぐらす行為について毀棄罪の成立が認められている。

【29】「本件旭硝子牧山工場従業員組合の看板をとりはずした行為および本件荷物から荷札をとりはずした行為は、原審の認定した事実関係の下においては（同社二階庇にかけてあつた同組合――争議脱退者で組織された第二組合――の木製看板を取り外しこれを組合事務所から一四〇米はなれた他家の板塀内に投げ棄て一四日間使用を不能ならしめたこと、および第二組合員家族から同組合員に宛てた輸送小荷物に取りつけてあつた荷札を剥ぎ取りこれを持ち去つた）、いずれも右看 板および荷札の本来の 効用を喪失するに至らしめたことが認められるのであつて、これを刑法二六一条の犯罪に該当するものであるとした原判示は正当である。」（最判昭三二・四・四刑集一一・四・一三三七）。

【30】「刑法第二六一条に所謂物の損壊とは物質的に物の全部又は一部を害し、若しくは物の本来の効用を失わしめる行為をいうものと解すべきである。本件についてこれを見るに、原審で取調べた証拠を綜合すると、被告人を含む多数の者が、O方の玄関、表札、玄関脇格子窓、玄関東側枝折戸、その両側の板塀、奥座敷縁側、柱、裏側硝子窓、障子窓、邸の周囲の土塀の白壁及び母家の周囲の白壁等に百数十枚に達するビラを貼りめぐらしたこと、右ビラは新聞紙を四つ切にしたものを糊によつて貼りつけたものであること、之等

のビラはピンにて取りつけ、又は釘などで引つかけたりしたものとは違つて、すべて糊で貼りつけたものであるから前記の各部分が汚損せられその外観を著しく損ねたものと認めるに十分である。そしてこの汚損の結果が果して刑法二六一条に規定する損壊といい得ないであろうか。もとよりこれ等の物件は原判示の如く何等文化的価値を有するものではないにしても、所論の如く社会通念上土塀や母家等の白壁、障子、格子窓の如きは単に住居を外部と区画することのみを目的としているのではなくして、人の住居としての威容ないし、美観を備え、われわれの生活感情若しくは美的感情を満たすものであつて、これ等も亦それ等の物の重要なる効用であると認めざるを得ない。従つてこれ等を汚損し人をして嫌悪、不快の感情を起さす結果に陥ちいれしめ又は表札にビラを貼り、これを判読し得ないものとすることはそれ等の物の本来の効用を失わしめるものといい得るのではあるまいか。

更に又原判決はビラは直にはぎとることが出来たから、それ等の物の本来の目的に従つて使用することを不可能にしたものとは認められないと判示している。なる程原審で取調べた証拠によると、原判示の如く被告人等がビラを貼つた直後、O方の家族において大方のビラを剝ぎ取つたことは認めることが出来るが、しかし犯人が犯罪構成要件に該当する行為を実行して所期の結果を発生せしめた後において、犯人の意思ないし行為に全く関係のない他人の偶然な行為によつてその結果が回復せられたからといつて犯罪の成否に影響を及ぼすものとは考えられない。即ちビラ貼りによつて器物損壊罪は既遂に達していると認められるから、原状回復の難易はこの罪の成否に何等の影響をも及ぼさないものと解すべきである。

最後に原判決は右の所為は軽犯罪法第一条第三三号の罪に該当するに過ぎないと認定するのであるが、軽犯罪法は社会観念上個々人の小規模且軽微と考えられる程度のビラを貼つた場合を処罰の対象とするものであることは疑を容れる余地がない。これに反して本件の如く数十人に余る多数人によつて百数十枚に及ぶビラを住家の土塀や住家の周囲その他に貼りめぐらすが如き、比較的大規模の多衆人による集団犯罪は軽犯罪法の右規定はもとより、刑法第二六一条の規定を以つて律すべきものではなくして、これは正に暴力行為等処罰に関する法律第一条第一項（刑法第二六一条）に該当する犯罪であると解すべきではあるまいか、従つて原判決はこの点について法令の解釈を誤つた疑があり、その結果は判決に影響を及ぼすことが明かであるから、原判決はこの点において破棄を免れない。」（広島高岡山支判昭二九・一一・一五特報一・一二・五五四）。

五　争議行為と住居侵入罪

住居侵入罪は住居の平穏、ないし建造物の平穏な利用関係すなわち住居権ないし建造物管理権を保護法益とするものであるが、争議行為に際しては主たる争議行為そのものにおいて、あるいは主たる争議行為に附随する行為によつて経営者の企業施設の平穏な利用関係が侵害される場合があり、また争議に際しての示威運動、団体交渉等にともなつて私生活の平穏が害されるということもあり得る。

住居ないし建造物の意義については、これらの全体はもちろんその一部分、一室についても住居ないし建造物と解するのが通説、判例である。また建造物には囲繞地を含むとすることが多数説であるから障壁によつて囲まれた工場・事業場の構内はすべて建造物と認められることになる。なお判例は一定の障壁により囲繞された集団社宅を一つの邸宅としている。

【31】（第二審判決）　「戸畑市金原町所在旭硝子株式会社中野社宅は当時同会社牧山工場嘱託Hが責任者として看守していたもので同所内社宅二十数戸は石垣又は煉瓦塀を以て囲まれ一般民家と区劃され同社宅に入るには北東側北西側及び南側に三個の門があり、右三個の門はいずれも木製観音開の戸があり内側より閂によつて閉める様な仕組となつていて毎晩午後十時過頃右Hが之等の門を締めることになつており本件当夜も亦右の門は閉められたのを被告人等のデモ隊がこれを破壊侵入した事実が明白である。されば右社宅は単

に多数人の住居せる一廓内に過ぎないものではなく、社宅二十数個を含む一の邸宅であると解するを相当とし被告人の本件所為が刑法第百三十条の罪を構成すること勿論である。」(福岡高判昭三一・六・二〇)

(上告審判決)「原審の認定した事実関係の下においては、本件旭硝子株式会社中野社宅を社宅二〇数個を含む一の邸宅と認めて、これに刑法一三〇条を適用したことは正当であって、この点に関する原判示は、当審においても是認することができる。」(最判昭三二・四・四刑集一一・四・一三二七)。

侵入とは、住居者または看守者の意思に反して入ることをいい、この場合居住者看守者の意思は明示の意思に限らず、四囲の事情上理解されうるものであれば足りる。また不退去とは要求を受けて其の場所より退去しないことであって、この場合住居権者建造物の管理者看守者本人が正当な要求権者であることはもちろん、本人にかわって住居権を行使しうることを認容されたものと推測される家族その他の者もまた正当に退去要求をなしうる。なお本条には「故ナク」という要件が附加されているが、これは「正当な理由がなく」との意であって(最判昭二三・五・二〇刑集二・五・四八九)。格別の意味はない。ただ住居侵入行為が正当な理由があって違法性を阻却されることが多いことから注意的に附加したにすぎない。

労働者は日常作業場に出入して作業に従事するものであり、かれらが日常出入を許されている工場事業所の構内に立ち入ることは原則として経営者の意思に反するものではないから、単に同盟罷業中の組合員が工場構内に立ち入り、示威運動その他の行為をしたからといって別段住居侵入罪を構成するわけではない。しかし日常立入を禁ぜられている場所に立入ることは当然住居侵入罪を構成し、あるいはそれが争議行為として正当なものと認められるかどうかという問題を残すことになるわけである。

例えば汽罐室と接続する煙突に登攀すること（いわゆる煙突男）は建造物侵入罪を構成する（大阪地判昭二四・一一・一二資料四八・一二八）。あるいは職場交渉等の目的で、経営者側の許諾を得ずに多数の者が重役室工場長室その他に立入ることも建造物侵入罪にあたる行為である。その際、平常其処への出入を許されている場合でも、管理者の許諾を得られないような目的で立入ることはやはり住居侵入罪を構成するものといわねばならない。

【32】「たとえ被告人等が所論の如く日ごろ右第一の㈠に記載の事務所へ出入して交渉することを許容せられていたとしても判示当日被告人等が同事務室内に立入つたのはこれに続く被告人等の判示所為からも充分推認し得られる如く同所で勤務職員を威圧威怖せしめて被告人等の仕事先を紹介せしめようとの目的に出たものであり、従つて到底同事務所管理者の許容を期待し得られないものであることは明白だから原審が夫々住居侵入罪を構成するものと認定判示したのは固より正当であり……」（名古屋高判昭二八・一二・一七資料一〇二・四一九）。

さらに会社側が作業場閉鎖をなし、あるいは被解雇者の構内への立入を禁止した場合、仮処分のような明確な法的手段をとる場合はもちろん単に立入禁止を通告するだけでも、その意思に反して構内へ入れば住居侵入行為となる。立入禁止の措置が経営者の権利の濫用であるか否かは侵入行為の違法性の問題であつて、構成要件該当性そのものには関係がない。

【33】「被告人等の判示行為が組合の正当な行為でない以上は個々の行為が一般刑法上の責任を負うべきものであるから、たとい犯行当時被告人等が従業員たる地位を失つていなかつたとしても、違法な行為をする目的で判示建造物に立ちいる権利はないのであるから判示行為が建造物侵入罪に問擬されるのは当然であ

って論旨は理由がない。」（最判昭二七・二・二二刑集六・二・二八八）。

不退去罪は建造物の管理権者から退去を要求されて立ち退かないことによつて成立する。したがつて同盟罷業・怠業・工場占拠等のなされている際に経営者が労働者の企業施設外への退去を要求したときは、以後これに応じないことは一応不退去罪の構成要件にあたるといわねばならない。ただし経営者が既に企業施設たる建造物の占有を失つてしまつているときには、占有を侵奪する行為を住居侵入罪に問うことは格別、不退去罪は成立しないとする判例がある。

【34】「而して刑法第百三十条にいわゆる看守とは看守をする者が当該建造物内に絶えず所在していることを必要としないのであるが、当該建造物に施錠をしたり、番人を置いたりして、現実に当該建造物を事実上支配しているものと認められる関係がなければならないと解すべきである。右刑法の条文は建造物又は住居の現実の利用関係に対する侵害を処罰する趣旨であるから検事の主張するが如き現実の利用関係の存しない看守というが如きは右刑法の条文の保護の対象とはならない。賃貸借契約の場合を引例して説明してみると、建物の賃借人が賃料不払のために契約が解除せられるとその後の賃借人の占有は民法上不法占有となるのであるが、此の場合に建物の所有者である賃貸人が建物からの退去を求め爾後該家屋に侵入してはならないという通知を賃貸人に対して為したならば住居侵入罪（不退去罪）が成立するであろうか。此の場合も賃貸人は建物の占有を回復してない。いいかえれば賃貸人はいまだ現実に当該建物を利用していないのであるから、賃借人の現実の占有はたとえ民法上不法占有であつても、刑法上住居侵入罪とはならないのと本件の場合も同様である。」（大阪高判昭二五・九・一九資料一〇二・四〇七）。

二　争議行為の正当性の一般的標準

一　総説

前章で考察したように、争議行為は多くの面で刑法に抵触した法益侵害性を帯びるが、憲法により労働者の団体行動権（争議権）が保障されたことから、その保障の限界内においては争議行為は労働組合法一条二項に所謂労働組合の正当な行為として、刑法三五条により違法性を阻却され犯罪を構成しないこととなるのである。もちろん労働組合法の規定は刑事免責の主体を労働組合に限定する趣旨ではなく、未組織労働者の団結による団体行動についても憲法の保障に基き刑事免責が与えられることはいうまでもない。しかし争議権の憲法による保障も無制限のものではなく、正当な労働組合活動に対してのみ与えられるものである。

【35】「憲法二八条の勤労者の団結権、団体交渉権その他の団体行動権の保障も決して無制限な行使を許容されているものではなく（昭和二三年(れ)一〇四九号同二五年一一月一五日大法廷判決。集四巻一一号二二五七頁以下参照）、又旧労働組合法一条二項の規定は同条一項の目的達成のための正当な行為についてのみ適用があるのであつて、勤労者の団体交渉等において刑法所定の犯罪が行われた場合、常に必らず旧労働組合法一条二項により刑法三五条の適用があり、従つてかかる行為が漏れなく正当化せられるというわけのものではない。（昭和二二年(れ)三一九号、同二四年五月一八日大法廷判決。集三巻六号七七二頁以下参照）。

さて原審の認定した被告人等の建造物侵入行為に対し、その動機、手段、方法、情況等仔細に考察するに、右は前記各判例の趣旨に徴しこれは正当な団体交渉及び団体行動の範囲を逸脱したものと認むべきであって、従って仮に上示同盟が所論旧労働組合法上の組合又は憲法二八条の団結に当るものと仮定するも、到底刑事上の免責が与えられるものとは解せられないのである。」（最判昭二八・二・三〇刑集七・一・一二二八）。

したがってある行為が争議中の労働組合の団体行動として争議行為と認められるからといって、当該行為が直ちに正当な争議行為であるということにはならない。争議行為の正当性は個々の具体的事例に照して別個の見地から判断されなければならないところである。

【36】「論旨は、原判決を以て、生産管理の本質を誤り、生産管理が争議権行使の一方法であることを否認し、争議権行使の方法を制限した違法あるものとして、非難すると共に、生産管理が労働関係調整法第七条にいわゆる「その他」の行為の中に含まれるということを論拠として、労働者が争議方法として生産管理を行うことには何等の制限を受くべきでないと主張する。しかし右の法条は争議行為の定義を掲げただけであつて、争議行為又はそれに伴う諸々の行為がすべて適法又は正当であると言つているのではない。従つて生産管理が右の「その他」の行為の中に含まれるとしても、そのことだけから生産管理を行う自由があると即断することはできない。具体的の争議行為の適法性の限界については、別個の観点から判断されなければならない。生産管理の概念に関する原判決の説明が妥当であるか否かは別として、本件被告人等の所為を違法のものであるとした結局の判断は正当であること後に述べるとおりである。論旨は理由がない。」（最判昭二五・一一・一五刑集四・一一・二二五七）。

【37】「所論が本件組合がしたいわゆる生産管理は会社の業務の正常な運営を阻害しないから労働関係調整法七条にいう「阻害」にあたらないと主張する。しかし右法条は争議行為の定義を掲げただけであつて、争議行為又はそれに伴う諸々の行為がすべて適法又は正当であるといつているのではないこと、そして具体的の争議行為の適法性の限界については、別個の観点から判断されなければならないことは当裁判所の判例

とするところである。（昭和二三年(れ)一〇四九号同二五年一一月一五日大法廷判決。最高裁判所判例集四巻一一号参照）。従て同条にいう「阻害」にあたると否とは正当な争議行為であるか否かの問題を生じない。されば独自の見解の下に原判決が労働関係調整法七条に違反するという論旨は理由なきものである。」（最判昭二七・二・二二刑集六・二・二八八）。

以上の二判例によつて述べられていることは、当然の事理に属する。

ところで争議行為の正当性の標準については明文の規定を欠き、専ら具体的事例に即して社会通念によつて判断されるというの他はないが、刑法三五条の正当行為という観点から事を論ずるについては、刑法上法益侵害行為が違法性を阻却されるための要件としてはそれが国家的に承認された道義軌範に反しないこと、あるいは端的に行為が公序良俗に反せざること（牧野・日本刑法、総論三四二頁）等とされているが、結局それは、当該行為が、社会的に承認された正当な目的を実現するために必要且つ相当な手段と認められること（Liszt-Schmidt, Lehrbuch des deutschen Strafrechts, 26. Aufl., 1932, S. 213）を意味するものと解せられる。そこで争議行為の正当性は、当該行為の目的（究極目的、動機の意味ではなく、超過主観的要素の意味である）、および手段の両面から検討されなければならない。

二　争議行為の目的

争議行為の目的の正当性は、当該目的とする事項が国家的に正当なものとして承認されたものであるか否かということに帰着し、結局憲法二八条における労働基本権の保障の趣旨に遡らなければならない。

憲法二八条の解釈については種々の見解が対立しているところであるが、それが憲法二五条の生存権の保障を具体化するものとして、有産者が憲法二九条の財産権の保障によつて生存権を保障されているのと相並んで、無産者たる労働者が互いに団結することによつて労働条件を改善し生活の向上を図ることを承認することによつてその生存権を保障するものであるということについては問題のないところである（法学協会編註解日本国憲法上巻五二七頁以下）。そしてそのために憲法がいかなる範囲において労働者の団結権、団体交渉権、団体行動権（争議権）を保障したものと解すべきかについては種々見解の対立があり、一部にはそれが労働者の階級闘争ないし政治運動の手段としての団結ないし団体行動を保障したものだとする見解もあるが、憲法はその全体の構造からみて私有財産制度を基幹とする資本主義経済組織を前提としているものと認められる以上前述のような見解はこれを採り得ず、憲法の団結権等の保障もこの資本主義経済組織の枠内で労働者の経済的地位の向上を図ろうとするものに他ならず、結局それは労働条件に関して私的所有権の強大化の結果有名無実となつた契約の自由を労働者に対して現実に享有させること、すなわち労働条件に関する交渉における労使の対等の実現を目ざすものと解すべきであり、判例もこれを肯定している。

【38】「勤労者の労働条件を適正に維持しこれを改善することは、勤労者自身に対して一層健康で文化的な生活への途を開くばかりでなく、その勤労意欲を高め一国産業の興隆に寄与する所以である。然るに勤労者がその労働条件を適正に維持改善しようとしても、個別的にその使用者である企業者に対立していたのでは、一般に企業者の有する経済的実力に圧倒せられ対等の立場においてその利益を主張しこれを貫徹することは困難なのである。されば勤労者は公共の福祉に反しない限度において、多数団結して労働組合等を結成

し、その団結の威力を利用し必要な団体行動をなすことによつて適正な労働条件の維持改善を計らなければならない必要があるのである。憲法第二八条はこの趣旨において、企業者対勤労者すなわち使用者対被使用者というような関係に立つものの間において、経済上の弱者である勤労者のために団結権乃至団体行動権を保障したものに外ならない。」（最判昭二四・五・一八、刑集三・六・七七二）。

すなわち憲法二八条の労働三権の中心をなすものは団体交渉権であり、団結権・争議権の保障も結局労働組合対企業経営者間の団体交渉における労使の対等を実現せんとするものなのである。

そこで争議行為が目的において正当であるといいうるためには、まず第一に、それが労働条件に関する事項を団体交渉の対象とすることを要する。労働条件に関しない要求事項の実現を目的とする争議行為は正当とはいえない。例えば経営者の退陣あるいは幹部社員の更迭を要求することは、労働条件とは直接関係のない事項に属する。もつともこのような場合でも幹部の退陣の要求が実質的には経営方針の変更等労働条件に関する要求と認められる場合にはこれを正当な争議行為ということができよう（石井・労働法一二九頁）。次の判例もほぼ同趣旨のものと思われる。

【39】「所長の追放を主張して労働争議をなす場合においても、それが専ら同所長の追放自体を直接の目的とするものではなく、労働者の労働条件の維持改善その他経済的地位の向上を図るための必要的手段としてこれを主張する場合には……必ずしも労働組合運動として正当な範囲を逸脱するものということを得ないものと解すべきである。……」（最判昭二四・四・二三、刑集三・五・五九二）。

また単に官憲の不法弾圧に抗議するための争議行為も労働条件に関するところなく正当とはいえな

い。

【40】「被告人等は本件行為は正当な争議行為であると主張するからこの点を判断するに、電産労組が従に説示するように当時争議行為に訴える権利（以下具体的争議権とも称す）を有していたとしても、右争議行為がその本来の目的を逸脱した場合は最早や正当な争議行為として法の保護を受け得ないことは論を俟たないところである。しかして、本件行為の目的の一つが労使対等交渉による労働者の経済的地位の向上を図るにあつたことは一応これを了得するに難くないところではあるが、前掲各証拠及び被告人等の行動の前後を仔細に検討して見るとその目的の主なるものは検察庁、警察署に対する単なる「いやがらせ」にあつたものと解するより外なく、かくのごときは争議権本来の目的を逸脱すること明らかであるから、被告人等の行為はこの一点において既に正当な争議行為ということができないから、右主張はこれを採用しない。」（札幌高判昭二六・一・二六資料一〇二・五五〇）。

第二に労働条件の適正な維持改善という目的は、経営者との団体交渉を通ずることによつてその実現を図ることを要する。すなわち争議の対象が当該経営者と労働組合との交渉により解決しうべき事項であることを要する。

この見地から政治的要求の実現、あるいは他の労働組合の争議の支援のために争議行為をなすこと（政治スト・同情スト）は目的において正当ではない。これらはいずれも当該企業経営者としてはいかんともなし難い事項に関し団体交渉の対象となり得ないからである。もちろん政治的要求の実現と労働者の経済的地位の向上とは極めて密接な関係にあり、したがつて労働者が自己の欲する政権の出現あるいは自己に有利な法律の制定を実現するために政治運動をなすことは国民としての当然の権利であり、また他の労働組合の争議を支援するために種々の社会的活動をなすこともそれ自体不法性はない。しかしそれを争議行為に訴えることによつて、すなわち企業経営者に多大の損害を及ぼすことによつて実現せんとすることは憲法の保障の及ばぬところであり、これらの運動は一般国民と同一の水準においてその正当性を有するに止まるのである（石井・労働法一二八頁、吾妻・労働法一七二頁など）。

なお労働組合が経済的要求と政治的要求との双方をかかげて争議行為をなす場合、それが経済的目的の争議行為と解すべきか政治的目的の争議行為と解すべきかが問題となるであろう。この場合政治的要求がかかげられているからといつて直ちに当該争議行為が目的において不法だということにはならないが、経済的要求の貫徹に名をかりて専ら政治的要求の貫徹を図るものと認められる場合には違法な争議行為とみるべきであろう。（なお後出【109】参照）

三　争議行為の手段としての正当性

争議行為が目的において正当なものであつても、それはすべての手段を正当化するものではない。手段が正当かどうかは結局社会通念によつて判断されるほかはないが、これを理論的に分析するならば一般の正当行為と同様に、第一にその争議手段が正当な目的達成のために必要性ありと認められることを要し、第二に、当該行為により得られる利益と、犠牲に供せられる法益との間に権衡を失しないことを要するものと解せられる。

(一)　行為の必要性

労働争議が産業界の平和を乱し、経営者に対してのみならず一般公衆の利益にも直接・間接に損害を与えることは否定しがたいところであるから、それが正当と認められるためには行為が社会通念上これらの犠牲が労働者の生存権を維持するために真に必要やむを得ぬものとして納得されるだけの状況の下に行われることを必要とする。労使間の紛争は争議行為に訴えることなく団体交渉によつて平和的に解決されることが最も望ましいところである。平和的交渉で容易に解決しうるような問題について誠意を以て団体交渉に当らず徒らに争議手段に訴えること、あるいは企業の実態を無視して、交渉のかけひきとして是認される限度をこえて経営者が到底うけ入れがたいような要求をかかげること、あるいは具体的要求を明示せずに争議行為に訴えること等は争議権の濫用であり正当化されるいわれのないものである。むしろかような場合は単なる加害行為として処理すれば足りるであろう。もつともこの種の事例が実際に刑事上の問題となつた事例は見当らぬようである。

(二)　法益の権衡

法益の権衡については問題は二つの観点からとりあげられなければならない。すなわち一つは労働権と対立する財産権との関係において、一つは労働権と国民の他の一般の諸権利との関係においてである。

(1)　労働権と財産権（経営権）　憲法はすべての国民に生存権を保障し、その具体的現象形態として一方において労働権を保障するとともに他方において財産権を保障している。もちろん労働権は、財産権中心の従来の市民法秩序の修正原理としてあらわれたものであるから、争議行為によつて経営者の企業指揮権（それは企業における財産権の具体的な現象形態と考えられる）が侵害されることがあつてもそれを以て直ちに違法ということはできない。しかし争議権も財産権に絶対的に優越したものとは考えられず、財産権に対する保護が否定されるものではない。問題は結局この二つの権利の衝突に於いて、その調和点を何処に求めるかということにある。その解答は何故に労働権が所有権中心の市民法秩序に対する修正原理として登場するに至つたかを考えることによつて与えられるであろう。すなわちくり返し述べるように争議権の保障はそれによつて労働者が経営者との労働条件の交渉において、経営者の経済的実力に圧倒されることなく対等の立場に立つことを可能ならしめるためのものである。したがつて争議行為による企業経営権の侵害が許容される限度も、極く抽象的な標準ではあるが、団体交渉における労使の対等あるいはフェア・プレイの原則ということに求められるであろう。判例も労働権と財産権（経営権）との調和を説きこの標準を承認している。

【41】　「論旨は、憲法が労働者の争議権を認めたことを論拠として、従来の市民法的個人法的観点を揚棄すべきことを説き、かような立場から労働者が争議によつて使用者たる資本家の意思を抑圧してその要求を貫徹することは不当でもなく違法でもないと主張する。しかし憲法は勤労者に対して団結権、団体交渉権その他の団体行動権を保障すると共に、すべての国民に対して平等権、自由権、財産権等の基本的人権を保障しているのであつて、是等諸々の基本的人権が労働者の争議権の無制限な行使の前に悉く排除されることを認めているのでもなく、後者が前者に対して絶対的優位を有することを認めているのでもない。寧ろこれ等諸々の一般的基本的人権と労働者の権利との調和をこそ期待しているのであつて、この調和を破らないことが、即ち争議権の正当性の限界である。その調和点を何処に求めるべきかは、法律制度の精神を全般的に考察して決すべきである。固より使用者側の自由権や財産権と雖も絶対無制限ではなく、労働者の団体行動権

等のためある程度の制限を受けるのは当然であるが、原判決の判示する程度に、使用者側の自由意思を抑圧し、財産に対する支配を阻止することは、許さるべきでないと認められる。それは労働者側の争議権を偏重して使用者側の権利を不当に侵害し、法が求める調和を破るものだからである。論旨は理由がない。」(最判昭二五・一一・一五刑集四・一一・二二五七)。

ここで労使の対等あるいはフェア・プレイの原則ということはもちろん具体的場合の労使間の力関係による差異を度外視した一般的な標準において考えられなければならない。それは結局労使双方がそれぞれの有する経済的・社会的実力を存分に発揮して公正に自己の主張を貫くべく争うということに帰する。

この意味からまず第一に、労働者が組合の統制下に集団的に労務の供給を停止するという形態の争議行為は原則として正当な争議手段であるということができる。その典型はいうまでもなく同盟罷業である。すなわちその手段を実質的にみた場合経営者は労働力の供給を停止されることによって企業の運営を阻害され経済的に大きな打撃をこうむるが、同時に労働者も労働しないことによってその対価としての賃金を失うという重大な損失を敢えて忍ばねばならないのであるから、一方にとって不当に有利な争議手段であるとはいえない。また法的にみた場合にもこの場合に経営者の企業経営権が侵害され正常な経済活動が阻害されるが、その手段としての労務供給の停止は経営権そのものに対する物的・直接的侵害行為ではなく、労働力という本来労働者の所属物を自ら処分するということであって、せいぜい債務不履行、債権的侵害の域に止まるものである。したがってこの程度の経営権の侵害は労働権を保障し労働組合による労働力のコントロールを承認したことからくる財産権に課せられる当然の制約であり、またそれは労働権の保障の趣旨をこえて不当に労働者の地位を優越せしめることにはならない。かような意味から労働力の供給の集団的停止により経営者の経済的活動が止され刑法上威力業務妨害罪にあたる行為がなされてもそれは正当な争議行為として刑法三五条により違法性を阻却されるものということができる（論者の中には、同盟罷業自体に対して刑事罰を科することは労働を強制するもので、憲法一八条違反だとし、働かないことが刑法上違法とされることは本来ないと説くものもあるが不当である。なお、本稿【74】参照）。

これに対し第二に右と正反対の、経営権に対する直接的・物的侵害を内容とする争議行為の正当性について検討しよう。

まず極端な場合として労働組合が企業経営権を実力で奪取し自ら経営者として企業を支配管理すること、すなわち典型的な例として生産管理はこれは到底正当な争議行為とは認められないであろう。けだし実質的にみて労働者は争議により何ら失うところがないのに対して、経営者は経営権を奪い取られたことによつて直接・間接に莫大な不利益を一方的にこうむることになつて、労使の対等、フエア・プレイの原理をこえて一方的に労働組合が経営者の自由意思を圧迫することになり、また法的にも、労働権の保障も結局は私有財産制度を基礎とする資本主義社会機構のわく外に出るものではないから、直接に私有財産制度を否認するような行為は許されない。すなわち労働権の行使といえども経営権を直接に侵奪するような行為は許されない。同様な理由から、企業の物的施設に対する破壊行為も正当なものとは認められない。なおこのような行為についてはある場合には、経営者が企業施設を失うかわりに労働者の職場もそれだけ縮小され自ら失業を招くような事態も生じうるのであるから、争議手段としてみた場合に労働者の経済的地位の向上と矛盾し一種の自殺的行為であるということを理由にその違法性を説明することも可能である（東大労働法研究会、註釈労働関係調整法一二七頁その他）。

ところで実際に行われている各種の争議手段を検討すると、単純な労務提供の停止あるいは企業経営権の一時的奪取というような理想型においてではなく、各要素を併せもつた行為が行われることが多くその正当性を一概に割り切れないものがある。一部の判例は積極的実力行使、消極的実力行使というような概念を用いてその正当性を限界づけようとしており、そのいわんとする真意は一応理解できなくはない。

【42】「……被告人等の行為が義務不履行という消極的性質を脱して、多数の威力を以て会社の事業の管理即ち支配を排除したのであるから刑法二三四条の業務妨害罪に問われるのは明かである。……」（最判昭二七・二・二二刑集六・二・二八八）。

【43】「……しかしその（出荷阻止の）手段は無制限に許容さるべきものではなく、たとえその出炭が協約に反する場合といえどもいわゆる平和的説得ないし静止的・受動的実力行使の範囲にとどまるべきであつて、かかる手段では応じないからといつて本件のようにすでに積載し終つて送炭準備を完了している石炭用貨車の開閉弁を開放することによつて、その石炭を線路上に落下放散させ、終局的に出荷を阻止することは、右範囲をこえた積極的実力行使にほかならないからもはや正当な争議権の行使とはいえない。」（札幌高判昭三一・四・二六刑集一一・二・八九三）。

しかしいかなる場合が〃積極的実力行使〃であるかはかなり問題である。労務提供の停止に止まらず積極的に経営者の企業活動を妨害する行為は、不作為的方法による場合でも――例えばスクラムにより出荷を阻止する――消極的実力行使ではなく積極的実力行使と認むべきである。したがつて、積極的・消極的実力行使の区別は必ずしも争議行為の正当性の明確な限界を与えることにはならない（労務提供停止以上に出でる行為をすべて違法とするならば格別であるが）。次のような事例（人民電車事件）は企業経営権の一時的支配という意味で明白に違法な〝積極的〟実力行使であるということができよう。

【44】「争議権の行使は社会通念上許容された限度を超えることを許されないこと当裁判所の判例であつて（昭和二八年六月一七日、刑集七巻六号一二八九頁等）、本件のように国鉄当局の業務命令に違反して禁止された電車を運転し、而もその出発に当つて多数の威力を用いて信号掛を威嚇したか否かの問題は、右限界を超えることと明らかな犯罪成否の問題であるといわなければならない。」（最判昭二九・一二・二三 刑集八・一三・二一七五）。

(2)　争議権と他の一般国民の基本的人権ないし公共の福祉

（イ）争議権の行使の結果国民の基本的諸権利がある程度制約をうけあるいは社会公共の利益が害されることがあつてもそれを以て直ちにこれを違法視できないことは争議権の保権の結果として当然のことであるが、前項の場合と同様争議権といえども個人の権利自由あるいは社会公共の利益に優越しこれらを無視しうるものではないから、そこにおのずから制約の存することはあきらかである。かかる制約をこえては争議権の保障は存せず、当該限界を逸脱した行為を正当なものということはできない。

【45】「憲法及び労働組合法において、勤労者に団結権及び団体交渉権その他の団体行動権が認められている以上、これらの団体交渉権等の正当な行使のために他の個人の自由権その他の基本的人権が、或る程

度の制限を受けるに至ることがあることは当然である。その制限は、団体交渉権等が正当に行使される場合において、そして正当に行使されている限りにおいては、法律上許さるべきものであつて何人もこれを甘受すべきものと言わなければならぬ。しかし、ひとたびこの正当な行使の範囲を逸脱する場合においては、その限りにおいて、それは団体交渉権等の濫用となるのであつて、もはや法律上の権利としてまたは憲法上の権利として保護されるべき価値を有しないのである。だから勤労者がこの団体交渉権等を行使するに当つては、憲法上の権利だからといつて野放しの行使が許されないのは当然であつて、常に正当行使の限界を厳守することを忘れてはならないし、いやしくも権利の濫用に陥ることのないように十分戒心することを要する。そしてこの種の事案を裁判するに当つては、団体交渉権等が憲法上勤労者に基本的人権として保障されている意義及び価値を深く認識すると共に、当該事案において認定された行動内容が、団体交渉権等の正当な行使の範囲に属するや否やを、社会通念に従つて妥当に判断することを要する。これが憲法の要請するところである。」（最判昭二九・四・七刑集八・四・四一五）。

いかなる場合が争議権の正当な限界を逸脱したかについては問題となる個々の権利について労働者の生存権としての争議権の保障と他の基本的人権の保障とのあいだの権衡性を考えて行かなければならない。しかし一般的に云つて人の生命身体の安全ないし人身の自由の保障は他の一切の権利にまして尊重さるべき事項であり、また社会秩序、法秩序が厳正に維持されることも法の最高の目標とするところであるから、争議権の行使といえども人の生命に危害を及ぼしあるいは身体的自由を不当に侵害すること、または社会秩序を紊乱しあるいは法治主義の基本原則に反するような行動は許されないものというべきは疑問のないところであろう。

（ロ）争議行為といえども人の生命身体の安全自由を侵害してならないことは前述のとおりである

が、具体的にはそれは第一に暴力の行使の問題として、第二に私生活の平穏の問題として、第三に人命の安全を維持する施設（保安施設）の正常な運行を阻害する争議行為の問題として登場する。暴力の行使については別に章をあらためて論ずるとしてここでは私生活の平穏に関する問題および保安施設に関する争議行為について検討しよう。

まず私生活の平穏、住居の不可侵は人の生命身体自由の安全と並んで最もあつく保護されなければならないから、争議権の行使といえども私生活の平穏を直接害するような行動は許されないものといわねばならない。例えば会社の部・課長の私宅に無断で入り込み、賃金支払の督促あるいは辞職勧告をなし、あるいは面会を強要し家人に立退を求められても応じないときは住居侵入罪ないし不退去罪が成立しこれを正当な行為と認めることはできない。

【46】「争議行為は業務の正常な運営を阻害するものではあるが、争議中と雖も国民の基本的人権が保障せらるべきは勿論であつて居住の自由や生命や身体の自由は奪われることがなく侵入、捜索を受けることのない権利は争されないのである。而して争議行為の行われる場所はもとより会社の事務所や工場内に限らるべきではなく、就業時間中にのみ許さるべきでもないけれども、これを本件について見るに本件被告人の所為は深夜、個人の住居（社宅は常に事業場の延長と認むべきものではなく、通常休養の場所に充てられているのである）において行われている場合が少くないのである……から到底これを労働組合法一条二項に所謂正当な争議行為と言うことはできない。」（大阪高判昭二六・九・八、最判昭二八・八・二七・刑集七・二・三四八の第二審）。

次に労働関係調整法三六条は、「工場事業場における安全保持の施設の正常な維持又は運行を停廃し、又はこれを妨げる行為は争議行為としてでもこれをなすことはできない」と規定しているが、これは前述の人命の尊重の法理を確認したものである。

例えば鉱山の保安施設、鉄道の信号所・転轍器、あるいは踏切等の交通の安全に関する施設における同盟罷業その他の行為は、それによつて鉱山が爆発したり水びたしになるとか、あるいは列車が衝突、転覆する等の事故を惹起し、そこで人命の安全が損われるおそれがあるから違法であるといわねばならない。ただそれが刑法上の犯罪を構成するかどうかはまた別個の問題である。すなわち当該争議行為によつて生ずる鉱山の爆発・浸害などの危険、あるいは列車の衝突・転覆などの危険が、刑法の当該法条の犯罪を構成するに足るものかどうかがまず問題となるであろうし、またかりにこれらの行為が当該法条の客観的要件を充足したとしても、労組員が果してこれらの結果発生について故意を有したかどうかが問題となるであろう。

汽車往来危険罪につき故意を欠くとした事例

【47】「被告人らが原判示の第四及び第一の各ポイントをそれぞれ反位に切りかえたこと及びかようなことが一般的抽象的に言つて汽車往来の危険を生ずる行為であることは疑のない事実であるがそのことが果して本件の場合妥当するかどうかその際被告人らは如何なる意図或は認識のもとにかような作業に出でたかを検討する。当審における実地検証の結果によれば列車が朝山駅ホームにある場合その運転台に立てば前方須佐よりの第四ポイントが反位にきりかえてあることは明瞭に認識できるし又後方車掌台に立つて今市駅よりの第一ポイントを望めばそれが反位にきりかえてあることも認識し得る状況である。かような状況にあることとは被告人らにおいて事前によくわかつていたし尚且列車の進行を阻止するためその前後には組合員多数が立塞さがり或は横臥し又は危険信号のための赤旗を出しておるのであるからこれらを無視して列車は絶対運

行しないとの確信のもとに被告人らはポイント反位切かえの作業を行つたものであることが認められる。換言すれば会社側がこれをも無視して列車を運行することは絶対なかるべく被告人らとしてはかようなことは夢想だにもしなかつたのである。即ち、被告人らの意図するところはあくまで会社側の運転した列車の前進又は後進を阻止することにあつて列車往来の危険を生ぜしめようとの意図のなかつたのは勿論列車往来の危険を生ずるかもしれないとの未必の故意もなかつたものと認めるを相当とする。そうだとすれば原判決の認定した犯罪事実のうち汽車往来危険罪の点については被告人らにその犯意なく犯罪の証明なしとして無罪を言渡すべきものである。」(広島高松江支判昭二九・一二・一三刑集七・一二・一七四七)。

溢水罪につき故意を欠くとした事例

【48】「刑法第百二十三条にいう『溢水セシム可キ行為』とは同法第百十九条または第百二十条の規定との対照上、右法条に規定する溢水には至らないが溢水の危険を惹き起す行為を指し、右犯罪の成立するがためには、具体的に溢水又は溢水の危険あることの認識を必要とするものと解するのを相当とする。……よつて被告人等に果して右の如き認識があつたことが認められるかどうかにつき検討するに……(供述記載)をかれこれ考え、かつこれ等を被告人等の当公判廷における供述態度並にその態度からうかがえる被告人等の思想傾向が比較的穏健である事実、いずれも相当数の家族を抱え、思慮分別のあるべき年齢に達し居る事実及びこれ等の事実より推して当然永く礦山に生きそれ故にこそ礦山を愛する礦山労働者であると考えらるる被告人等が団体交渉により飢餓突破資金等の名義は兎もあれ、よりよき生活を希求するため会社に対し待遇改善を主張しながら、かえつて自らの手により坑内に溢水せしめて礦山を破壊し自ら自己の糧道を絶つような自殺的行動に出づるとは到底考え得られない事実とを勘案するときは被告人等は当時保安従業者を引上げても職組の方で保安の確保をすることについて十分の確信を懐いていたかのごとくうかがわれ、被告人等の前記弁解には首肯し得べき理由があり無下に斥け得ないものがある。……他に右犯意を認むるに十分な確証

も無いから結局本件公訴事実は犯罪の証明がないことになり、旧刑事訴訟法第三百六十二条に則り無罪の言渡をなすの外はない。」（札幌高判昭二四・九・二九資料四八・三六七）。

（八）争議行為といえども社会秩序を紊乱し法治主義の基本理念に反するような行為は合法化されない。まず第一に国家権力の正当な行使を実力で妨害することは、いかなる名目にせよ許されない。裁判の内容の実現（例えば仮処分の執行）の妨害はもちろん、正当な検察権、警察権の行使に対する実力による妨害は許されない。ただこの場合国家権力の行使が適法に行われなければならないことはいうまでもないことである。しかし国家権力の行使の不当性を主張する者は、その違法性が明白である場合を除いて須く法的手続を履んで救済を求めなければならない。

裁判の内容の実現の妨害

【49】「本件被告人等の所為についてこれを観るに、判示第一及び二は植松執行吏において仮処分物件の現況調査（所謂点検）の目的を以て、又谷沢喜信、谷沢貴幸、林孝喜等において仮処分債権者たる会社の重役として仮処分によつて許された物件使用の目的を以て、本工場内に立入ろうとしたのを被告人等において多衆の威力及び暴力によつてこれを阻止したという事案であつて、かくの如きは結局裁判の内容の実現に対する実力による妨害であり到底正当な争議行為とは認められない。けだし、暴力の行使の如きはその争議手段となされた故を以てこれを正当視することは社会通念の許容し得ないところであるのみならず、裁判の執行その他の内容の実現に対しては、国民は一応これに忍従する義務があり、これに対する不服又は救済は必ず法の定める正規の手続によるべく、実力による自己救済の許されず、この法と裁判の尊重こそは法的秩序の第一義的な要請であるからである。」（東京高判昭二五・八・一二資料五五・五一）。

【50】「右仮処分決定の不当を主張するものはよろしく法律の規定に従つてこれを争うべきであり、判示のような執行妨害を敢えてすることは到底許すべきものではない。」（東京高判昭二八・五・六資料一〇二・二七二）。

警察官の公務の執行に対する妨害

【51】「そもそも勤労者の団結権団体交渉権その他の団体行動権は憲法第二十八条の保障するところであるが他面憲法はすべての国民に対し平等権、自由権、財産権等の基本的人権をも保障しているのであつて、前者の権利の無制限な行使を許容しそれが後者の基本的人権に絶対的に優位することを是認するものではなく、従つて憲法の保障する争議における場合と雖も刑法所定の監禁、傷害、公務執行妨害等の暴力的行為が行われたときには前記勤労者の権利行使の正当性の限界を逸脱したものとして違法であることは勿論である。そして記録に徴するも所論の如く本件争議におけるAの役割が意識的スパイ活動即ち官憲による団結権侵害であり、官憲（警察官）が同人をスパイとして送り込んだものとは到底認め難く、右Aに対し原判示第一の如く監禁・侵（傷?）害を加えるが如きは正しく刑法所定の刑罰に触れるのであつて、前記勤労者の権利実行の範囲に属するものとして許容されるべき所為ではない。又右のような監禁傷害被疑事件があつたため、大阪市警視庁捜査第三課警部大庭悦次等警察職員百十数名は大阪地方裁判所裁判官上岡治義発布の適式な捜索差押許可状を携え日本出版販売株式会社大阪営業所に至り該許可状を示した上同営業所内部の捜査を実施しようとしたことは原判示第二事実の全般につき原判決の掲げる関係証拠を綜合すれば十分これを認め得られるのであつて、この警察職員の措置は法律上容認せられた職務執行々為であり、警察職員が故なく、或は不当に同営業所内へ乱入したものと解することもできないから勤労者に団結権のある故を以て犯罪被疑事件につき適法な捜索押収をなさんとする警察職員の職務執行を拒否し得るものでなく、これに対し原判示第二の所為に及ぶが如きは正に公務執行妨害、傷害罪に該当することは多言を要しないところである。」（大阪高判昭三一・一・二四高裁特報六・三・二二四）。

【52】「所謂レッドパージが仮りに不法なりとすれば、他に採るべき合法な手段が残されているに拘らず、これを選ばないで、敢て外部の者も加担して互いに通謀し、暴力を用いて不法行為を敢行し、経営者を威圧し我意を貫徹せんとするが如きは、法律の維持を強く要請せらるる法治国社会に於ては許されない悪質犯であり、且自己の非行は棚にあげ、逮捕に来た警察官に対し、足蹴にしたり、木片で殴りつけたり、殊に点火した花火を投げつけるに至つては時にその被害の大なることあるべく最も危険なる行為であつて……。」（大阪高判昭二七・一〇・三一、最判昭三一・一〇・二刑集一〇・一〇・一五〇〇の第二審）。

また労使間に発生した法律上の紛争を、平穏な団体交渉ないし司法的手続によることなく実力に訴えて解決しようとすることも法治主義の原理に反することになるから許されない。

例えば労働組合が会社に対して債権を有するとしても、その実現のために社会通念上一般の債権の実現につき相当とされる以上の実力行使に訴えることは労働争議であるからといつて許容されない。

【53】「所論は、本件美唄炭鉱労働組合の要求は、いずれも正当なもので出勤手当坑内五円、坑外三円の支給は組合側から見れば一種の債権であり、これが実施要求のためなした被告人等の所為は、労働争議行為として正当な行為であるからその違法性を阻却するというのである。しかし、仮りに、出勤手当坑内五円、坑外三円の支給を受けることが組合側から見れば一種の債権であり、且つこれが要求のため団体交渉をすること自体が正当であるとしても、その手段としてなされた被告人等の所為は、原判決の確定したところを要約すれば喧騒する大衆の面前で後藤所長、野田副長に対し、要求事項の承諾を求め、同人等が機会を改め委員会を設けて折衝したいと申し出ても、被告人等は、これを許さず、その目的貫徹までは、帰えさないで頑張るから大衆諸君も頑張れといい、叉罵声、怒号する大衆の前で、長時間に亘り交渉を続け、後藤、野田が脱出しようとすると、組合員、大衆も同人等を取り囲み、被告人等もその脱出を阻止し、その間後藤、野田に睡

眠も与えず交渉も続けて、昭和二一年二月一七日午後六時過頃から後藤に対しては翌一八日午後三時頃迄、野田に対しては翌々日一九日午前三時頃までその場に留るのやむなきに至らしめたというのである。かかる被告人等の行為は、当時の社会情勢を考慮にいれても社会通念上許容される限度を超え、刑法三五条の正当の行為とはいい得ないのであつて被告人等の行為は違法性を阻却されるものではない。論旨は理由がない。」（最判昭二八・六・一七刑集七・六・一二八九）。

さらに会社側が企業指揮権の正当な行使として組合ないし組合員に対し一定の不利益な法的効果を発生せしめようとする場合——工場閉鎖、被解雇者の工場構内への立入禁止等——これに対してその内容の実現を平和的な方法で妨害することは正当な争議行為の本質たる労務供給の停止と矛盾しないかぎり違法ではないが、一旦経営者の欲した法的効果が発生した以上、その状況を平穏な団体交渉あるいは法的救済の手続によらずに覆えすこと、すなわち自力救済に訴えることは許されないであろう。これは個々の全体的な争議手段として問題になるほか、争議行為一般について、とくに建造物侵入罪との関係でしばしば問題となつているところである。

【54】「そして労働組合法及び憲法の所論各規定は特定工場の労働組合員ではあるが、その工場の工員でなくなつた労働者にもその工場内に当然に立入る権利を保障する趣旨のものとは解することを得ない。しかも右被告人両名が所論の解雇の通知を受けた後である同年七月八日中島工場長が右被告人等に対して工場内の労働組合事務所以外の場所に立入りを禁止した趣旨は原判決の証拠説明に摘示せる中島工場長の「然るに同人等は右の解雇が一方的であると主張して依然工場に入り寄宿事務所等に宿泊するので同月八日午後三時三五分……』の供述記載で明らかなとおり、右被告人等が解雇された後もなお工場内寄宿事務所等に宿泊するのでこれを禁止するにあつたものであるから、右中島工場長の立入禁止の措置をとらえて右被告人等の正

当業務を妨害する犯罪行為だとか労働組合法一条、憲法二八条の各規定に違反する不法の行為だとかの所論はいずれもあたらない。」

「されば仮りに所論のように労働組合の書記はその組合員の勤務している工場又は組合員の居住する寄宿舎に常に自由に出入し得る権利を有するとしても被告人向田重雄が判示の場所に立入ることは同被告人が組合書記として有する所論権利の行使とはいえないから、同被告人に対する判示立入禁止は所論のように同被告人の正当業務を妨害する刑法二三三条違反の行為といえないし、また、同被告人の判示行為を住居侵入の罪に問擬したからといつて原判決には所論のような違法はない。」（最判昭二五・七・一九刑集四・八・一四一一）。

【55】「第一審判決の確定した事実によれば、被告人豊田、同島、同畑中の三名は判示の如く判示会社に勤務していた者、他の被告人九名は、右会社の職員でもなく、同会社労働組合員でもないものであるが、同会社は、被告人豊田、同島を含む同会社従業員一三名に対し、所論解雇通知並びに同会社への立入禁止の通告をしたので同会社労働組合側では、右解雇通知の当否を調査し、不当なものについては、法定の手続によつて、救済を求むべく事後の対策を協議中のところ、右解雇並びに立入禁止の通告を受けた被告人豊田、同島及びこれを聞知した爾余の被告人一〇名は、会社の右措置を不当として、同会社の承諾は勿論、組合の諒解も得ず、同会社本社四階屋上を実力を以つて占拠し、同会社従業員及び通行人に対し、右通告の不当なことを訴え、組合の右解雇通知に対する闘争態勢を強化して会社をして、右措置を撤回せしめようと企図し、被告人等全員共謀の上、判示懸垂幕一本及び判示目的の花火、燐寸多数を携行し、同会社庶務課長の管理にかかる同会社本社構内にほしいままに立入つたというのである。それ故、被告人等が同会社本社構内に立入つたのは正当な理由があつて立入つたものではなく、同会社の意に反し、不法に右構内に侵入したものであることと明らかであつて、所論解雇通知が正当有効であるか否かに拘らず被告人等の所為が建造物侵入罪を構成すること論をまたない。されば、原判決が、右解雇通知が不当のものであつたとしても、被告人等の所為

が建造物侵入罪を構成すること明らかで、正当行為として是認する理由はない旨判示したのは正当であって、所論(一)は採用できない。」(最判昭三一・一〇・二刑集一〇・一五〇〇)。

(二)また争議行為によって社会・公共の利益にいちじるしい損害が及び、その結果として著しい社会不安や秩序の紊乱が生ずるという状態に立ち到ることがあればもはや争議行為は均衡を失し違法といわねばならない。これは主として公益事業、基幹産業の争議について考えられる。もっともこの場合には違法性の根拠は経営者に損害を加えることにではなく社会・公共の利益を害することにあるのであるから、公益を保護する刑罰法規にふれる場合は格別、経営者に対する業務妨害罪は成立しないとみるべきであろう。なおこの場合公益的見地から法益の権衡という一般的基準で違法性を律してゆくことは法的安定性の見地から疑問が多く、その適用は慎重でなければならずまたできるだけ犯罪の成立を明確化するために立法的措置がなされることが望ましい。ただ争議行為を制限・禁止する諸法規は、多くの場合単に本来違法な行為の違法性を確認するに止まらず本来合法に行いうるものまでも禁止している場合が多い。この点についてはまた章を改めて検討しよう。

四　争議行為と暴力の行使

労使間の意見の不一致は、両当事者がそれぞれの主張について条理をつくして相手方を納得せしめることにより平和的に解決されることが本来のあり方であるといわねばならない。労使間のみならず組合員相互あるいは組合と非組合員との間の意見の対立の場合においてもこれは同様である。もちろんこの場合自己の主張に対する強固な意見を表明し相手方に反省を求める手段として相当の示威的行動に出ることはすでに考察したように労働者の正当な権利に属する。しかしながら単なる示威の範囲をこえて、自己の主張の貫徹のために暴力をふるうことは、単に個人の権利を侵害するに止まらず、民主社会の基本的な秩序を破壊する行為として到底許されないところである。

労働組合法一条二項但書は「いかなる場合においても暴力の行使は労働組合の正当な行為と解釈されてはならない」とするが、これは明文をまつまでもなく当然のことであり、旧労働組合法時代から判例がくり返し強調してきているところである。

暴力行使の不当性の根拠づけとしては、判例はある場合にはこれを民主的文化社会の理念にもとるとし、またある場合には個人の生命・身体の自由・安全の保障は労働権の保障に優先するものとしている。

労働争議行為も結局広義における団体交渉に他ならないものであり、したがつて暴力によつて不当に相手方の意思を抑圧して要求の貫徹をはかることは、民主々義の原理と矛盾し団体交渉における労使の対等ないしフェア・プレイの原則に反するものということができ、また他方暴力が主として人の生命・身体の自由安全を侵すという点に着眼すれば、これらの法益の保障は結局あらゆる他の基本的人権の保障の基礎をなすものとして、労働権の行使といえどもこれらの法益を侵すことは許されないという理論づけも可能であろう。ただ実際問題として考えるときは、前者はとかく抽象的になりやすいのに比して後者はより具体的である点で勝るものといえる。ともかくこれらの点は判例によつて種々に表現されている。

最高裁判所の判例ではこの点は比較的簡単にむしろ当然のこととして片づけられている。

【56】（事実）「被告人等は某社労組執行委員長、書記長、常任執行委員等であつたが、会社側に対して賃上を要求し団体交渉に入つたところ、会社側が容易にその要求に応じないので、被告人等は互に意思を通じて、Aは、会社側交渉委員Mに対して『M一人を殺すことによつて二千数百人の人が喜ぶなら自分一人は犠牲になつてもよい、そういう覚悟で来ているのだ』と怒鳴り、更に被告人Bと共に交渉の場を空知会館に移していわゆる大衆討議に附することを強調し、傍聴人である組合員が『行かないなら担架で連れて行け』『椅子のまま持つて行け』などと連呼する中で、被告人Aは『自分は闘争委員長として罪に落ちても責任を負うから遮二無二会館へ連れて行け』などと叫び……更に被告人C・Dは交々要求受諾を迫つて会議用として被告人等と会社側交渉委員との間に置いてあつた会社所有の数個の机を叩いて、若し会社側において要求を受諾しないときは前記会社側交渉委員五名の身体に対して、害を加えるような言動をなし、同人等を脅迫し、且つ右のうち幅二尺長さ六尺位の机（一箇）の表に張つてあつたベニヤ板に亀裂を加えてこれを損壊し、さらに長時間に亘る交渉に疲労を覚えたG等会社交渉委員三名が交渉を打切つて退場しようとしたところ被告人Dは他の組合員数名と共に同人等を包囲するようにしてその退路を遮断し右G等三名の身体自由に対し害を加えるようにして同人等を脅迫し、元の席につくの止むなきに至らしめた上、Gに対し賃金加給に関する確約書一通を作成交付させた。」

（判旨）「しかし原判決が適法に認定した判示……の被告人等の所為が多数共同して脅迫、器物損壊、恐喝を為した罪に当ることは多言を要しないところであり、そして仮りに被告人等の右所為が労働組合法又は憲法によつて保障された団体交渉の際為されたものであるとしても、かかる行為は正当な団体行動をする権利の範囲を逸脱するものと認むべきであるから、論旨は理由がない。」（最判昭二六・八・九刑集五・九・一七五〇）。

【57】「本件の事実審である第二審判決の確定したところによれば、被告人等の属する東洋時計株式会社

上尾工場従業員組合においては、従業員の賃料値上の即時断行を会社側に要求すべきであるとの議が起きたが、従業員の一部はこれに反対し、右組合から分裂して、同会社内に再建同志会なる第二組合を結成し、同志獲得に努め出したので、被告人等は、これを説得して解散させようとし、昭和二一年一一月五日数百名で示威行進を行い、再建同志会の事務所たる遍照院に押かけ、これを包囲し、再建同志会員梅地光太郎外十数名を殴打し又は蹴飛し或は貨物自動車に乗せて同人等を同会社工場内女子寮食堂に連行し、争議団大衆の面前で同人等に対し、夜を徹して順次詰問し、その間被告人等は夫々多衆の威力を示して右梅村光太郎外数名に対し暴行を加え、右梅村光太郎に対しては傷害を与えたというのであるから、被告人等の右行為は、社会通念上団体交渉権等の正当な行使の範囲を逸脱した権利の濫用と認むべきものであることは明白である。従つて被告人等の右所為が傷害罪又は暴力行為等処罰に関する法律一条一項の罪を構成することは論をまたない。」(最判昭二九・四・七刑集八・四・四一五)。

しかし下級審の判例の中には、暴力行使の不法性についてその法理的根拠づけにかなりの苦心の跡がうかがわれるものがすくなくない。

【58】「労働組合法第一条には

本法ハ団結権ノ保障及団体交渉権ノ保護助成ニ依リ労働者ノ地位ノ向上ヲ図リ経済ノ興隆ニ寄与スルコトヲ目的トス

刑法第三十五条ノ規定ハ労働組合ノ団体交渉其ノ他ノ行為ニシテ前項ニ掲グル目的ヲ達成スル為為シタル正当ナルモノニ付適用アルモノトス

と定められて居るが、その第二項の意味は労働組合の団体交渉その他の争議行為は第一項の目的達成の為に為されたもので且つ正当なもの即ち目的も正当であると同時にその手段も又正当である限りこれを処罰しないという趣旨である。而して何が正当な目的であるかについては右第一条第一項や同法第二条により容易に推知し得るのであるが、何が正当なる手段であるかについては抽象的に「正当ナルモノ」と規定するのみで具体的に例示することを避けて居るから畢竟社会通念に照して個個の事案について検討する外はないのである。而して社会通念として大体の標準を示すならば労働組合の団結権団体交渉権及争議権が認められた結果当然の帰結として予定せられるような行為は罪とならない。例えば同盟罷業を背景にして団体交渉を為し有利な労働条件を勝ち得てもそれのみで直に脅迫罪に問われたり恐喝罪に擬せられたりすることはない。又同盟罷業の為に業務が妨害せられてもそれのみで直ちに業務妨害罪として罰せられるようなことはない。しかしながら争議行為は如何に正当な目的のためになされる場合でも民主的文化国家の理念に反するような行為は争議行為としても許さるべきでない。従つて如何なる場合においても暴力を使用して人を傷け建物機械器具を破壊するが如き行為は勿論自己の主張を貫徹する為に暴力に訴え又は不当の威力を行使することは許されないことである。」(東京高判昭二三・九・二五賓料五五・五七)。

【59】（事実）「昭和二一年九月一五日、T機器製作所の争議中、会社側T勤労部長の組合側を侮辱するような失言により会議が暗礁に乗りあげたが、元来労組に強い反感をもたれていた同部長に対する組合員側の不満が爆発し、被告人同労組青年特別行動隊員数名の間に期せずして、T勤労部長は所長の承認する点まで越権にも異議を挿はさむのみならず、組合側を侮辱する言動があるから之に暴行を加えて以つて反省を促す外なしとの意見が一致し、同人の帰宅途上を擁して、之に暴行を加えるべく直にI線C駅に向つた同人に追尾したがその機会を得ず電車でI駅まで行き、同日午後九時四十分頃大森区Y町四三七番地路上に於いて、同人に対して体当り、殴打等の暴行を加え、因つて其の頭部、額面、腰部等に全治約五週間を要する裂創傷及打撲傷等を負わせたものである。」

（判旨）「……法律に依ると被告人等の行動は刑法第二百四条第六十条にあたることは勿論であつて、被告人等の本件行為を目して(旧)労働組合法第一条に所謂正当なる争議行為と言う事は出来ないこと当然であり、殊に現在の如く言論の自由が認められ正々堂々と所信を展開して相手方を説伏し得る時代に、本件の発生を見た事は誠に遺憾であつて、斯る事件は正しい労働組合運動の発達に却つて暗影を投づるものであるから、被告人等としては厳に反省を必要とし、又法の立場よりは厳重に取締らなければならないのである。」(東京区判昭二二・一一・二二資料一〇・一六)。

【60】（事実）「……組合が人員整理の会社案を承認した際、これに不満な一部組合員が裏切行為者と目される者をして労働者としての覚醒を促さしめ、組合の結束をかためひいてはその後行われる人事委員会を組合側の有利に展開するための最後の闘争手段として前記数名の者に対して集団的に暴行を加えた。」

（判旨）「本件各行為は……本質的には組合員の一部が他の一部組合員を対象として為されたところの組合員相互間の紛争行為に過ぎないものであつて対会社関係における団結権、団体交渉権を確保せんがために為された行為とは認め難いから、本件各行為は（旧）労働組合法第一条第二項により違法性を阻却せらるべきものとは謂い難い。……被告人等は終始会社案反対の被告人等の主張は正しいものであると主張するのであるが、その正しいとする主張は飽まで言論によつて条理を尽して反対意見を説得せしめなければならない。民主主義は一応多数決で決めても永久に少数者を抑制するものではなく、言論の自由によつて何時でも少数が多数になり得る途は開かれているのである。それにも拘らず自己の主張のみを正しいとしてその主張を貫徹するに急なる余り、叙上の径路を履むことを迂遠なこととして暴力によつて反対意見を制圧しようとすることは民主化された組合運動の秩序を紊るものといわなければならない……。」(新潟地長岡支判昭二三・一〇・二八資料二六・七七)。

【61】「……(旧)労働組合法第一条第二項に依つて労働組合が、同条第一項所定の目的を達する為め為した団体交渉その他の行為が正当である場合は刑法第三十五条の適用を受け、違法を阻却し罰し得ないことは勿論であるが何が正当なる行為であるかは特に明記して無いから裁判所が健全な社会通念に基いて判断するのを相当とする。惟うに労働組合法は労働者の団結権を保障し団体交渉権を保護助成しその地位の向上を図

る一面労働者をして自己の責任と義務を認識自覚させ、以て民主的にして且平和なる国家の再建を意図するものであつて、決して単に労働者の階級的利益のみに奉仕する為め設けられたものではない。換言すれば労働者の団結権や団体交渉権は一般社会の利益との有機的関連に於てのみ認められるものであつて、之と遊離して観念的に主張することは到底許されないと解すべきである。従つて労働組合の団体交渉その他の行為も専ら以上の見地に立つてその正当性を決定すべきところ罷業や争議の裏切者防止の為めにするピケティングが刑法の業務妨害や軽犯罪法に触れぬことは既に一般の認める所であるが、本件の如き行為が、不法監禁や住居侵入をして同様処罰すべきものでないかは、到底同一の見解を採り得ない。人の身体行動の自由の保持や住居の不可侵は、憲法上最大の尊重を払わねばならぬ権利であつて之が適法に侵害され得る場合は、法律に於て極めて厳格に且狭く規定しているのであつて、斯くてこそ人は、法治国の民として平和にして安全の生活を営み得るのであり、労働者の団体交渉その他の行為に依つて斯る貴重なる法益が侵害され得るという法の趣旨は何処にも認め得ないし、同様に斯様な侵害も差支えないと謂うが如きは健全なる社会通念の絶対に容認しない所である。尚右の法益が個人的法益であり、前記団体交渉権等に比し軽視すべしとの主張は当らない、個人の法益が適法に保護されることは重大なる社会性があり公共の福祉に至大の関連がある。特に判示第一の場合は労働者等が圧倒的多数の下に会社側の小数者を不法に威圧して交渉を結ぼうとしたものであり、労資対等を理想とする団体交渉を会社側をして劣等の地位に置いて行わんとしたのであり団体交渉と称し得ざるものであり、判示第二の場合は夜間に相手方の拒否を容れず、多数で他人の住居に侵入したものであり、愈正当性から遠ざかるものであること多言を要しない……。」（長野地上田支判昭二三・六・一九資料二六・四六）。

ところで暴力の行使が正当な争議行為と認められないという意味は、争議行為が刑法の各構成要件に触れるときにそれが暴力の行使を内容とするときには刑法三五条の正当行為として違法性を阻却されないという趣旨に解すべきものである。したがつて主として問題となるのは、争議行為が、暴力的行為を構成要件とする刑法の犯罪に該当する場合に、いかなる範囲で違法性を阻却されうるかということである。すなわち争議行為が暴行罪、傷害罪、脅迫罪、逮捕監禁罪、威力業務妨害罪、毀棄罪、公務執行妨害罪および暴力行為等処罰ニ関スル法律第一条ノ罪等に該当する場合にも正当な争議行為として違法性を阻却されることがあるかどうか、またあるとしたならばいかなる範囲においてであるかということである。このうち威力業務妨害罪にいわゆる「威力」は必ずしも「暴力」と一致せずよりひろい概念であるからそれが「暴力」と認められる程度に達したときにはじめて問題となるわけであるが、本来有形的暴力を構成要件とする暴行罪および無形的暴力ともいうべき行為を構成要件とする脅迫罪について（したがつて暴行・脅迫を構成要件要素とする他の罪についても同様であるが）判例は極めて厳格な態度をとり、争議行為として暴行罪および脅迫罪にあたる行為が行われた場合には刑法三五条により違法性を阻却される余地がないとしている。

この点に関してリーディングケースとなつているのは、前にもふれた東京板橋における隠退蔵物資摘発をめぐる最高裁大法廷の判決である。

【62】「……所論の（旧）労働組合法第一条第二項においても労働組合の団体交渉その他の行為について無条件に刑法第三十五条の適用があることを規定しているのではないのであつて、唯労働組合法制定の目的達成のために、すなわち、団結権の保障及び団体交渉権の保護助成によつて労働者の地位の向上を図り経済の興隆に寄与せんがために、為した正当な行為についてのみこれが適当を認めているに過ぎないのである。

従って勤労者の団体交渉においても、刑法所定の暴行罪又は脅迫罪に該当する行為が行われた場合、常に必ず同法第三五条の適用があり、かかる行為のすべてが正当化せられるものと解することはできないのである。」（最判昭二四・五・一八、刑集三・六・七七五）。

この判決はしばしば後の判決に引用され重要な役割を果しているが、一見すると、暴力の行使にして、労働争議に際して刑法暴行罪ないし脅迫罪にあたる行為がなされた場合にも、必ずしも刑法三五条の適用の余地が全くないわけではないようにも読みとれなくもない。

また昭和二四年一二月二二日の最高裁第一小法廷判決も、

【63】「……しかし、原判決は、所論のように相手方が単に監禁の状態にあつたが故に改正前の労働組合法一条二項の適用の余地がないと判断したものではなく、所論諸般の事情等を審理検討した上、本件の不法監禁行為は、労働争議中に発生したことではあるが争議行為自体に随伴して生じたものではなく、従つてその違法性を阻却するか否かについては、争議行為自体の正当性の有無を判断する必要はないし、また、本件行為は、判示認定のように憲法、労働組合法等において保障確認されている団体交渉その他の団体行動権を行使すべき憲法所定の趣旨に反し、専ら団体交渉の目的を達する手段として判示のごとく使用者側の交渉委員及びその補助者を約三十五時間に亘り工場内に閉じ込めて憲法の保障する身体の自由を拘束したものであるから、正当な団体交渉とは認めることができず、従つて前記条項の適用を認める余地がない旨を判断したものである。そして、その説示は要するに、本件行為をもつて団体交渉権行使の正当な範囲を逸脱したものと認めた趣旨と解することができ、そして、その認定は原判決の列挙する証拠によつて首肯し得るところであるから、原判決には審理不尽理由不備の違法があるとは認められない……。」（資料四八・一九二）。

とし、不法監禁という暴力犯罪を構成する所為があつたから直ちに（旧）労組法一条二項刑法三五条の適用の余地がないとする立場をとつてはいないようである。

しかしその後の判決は、前示板橋事件の大法廷判例を援用して、くりかえし暴行罪または脅迫罪にあたる行為には刑法三五条の適用は認められないという立場をとるに至つた。

すなわち、次の判例は、

【64】「旧労働組合法一条二項の規定は勤労者の団体交渉においても刑法所定の暴行罪又は脅迫罪にあたる行為が行われた場合にまでその適用があることを定めたものでないことは既に当裁判所大法廷の判例とするところであるから（昭和二二年(れ)三一九号同二四年五月一八日大法廷判例集三巻七七二頁以下参照）、原判決が被告人等の判示所為を暴力行為処罰に関する法律一条一項、刑法二二二条一項に当るものとして有罪とし、ただその犯情において冒頭摘録のごとく同情すべきものとして量刑した上刑の執行猶予をしたのは正当といわなければならない。」（最判昭二五・七・六刑集四・七・一一八）。

として、前掲大法廷判決の趣旨を厳格に解し、暴行罪または脅迫罪にあたる所為は刑法三五条による刑事免責をうける余地がないという見解をとつたが、爾後判例は、この見解を踏襲している。

【65】「判示の山岡助役に対する賃金の要求について判断するとそれは形式上労使間の団体交渉範囲に属するが、その交渉をするに当つて特に多衆の威力を示して暴行又は脅迫の行為が行われた場合にまで労働組合法一条一項にいわゆる正当な団体交渉行為といえないこと既に当裁判所屢次の判例（昭和二五年(れ)一五〇五号同二六年二月二日当小法廷判決参照）の示すとおりであるから被告人等の判示所為が正当な団体交渉行為であることを前提とする議論はすべて独自の議論であつて採用に値しない。」（最判昭二七・一一・二一刑集六・一〇・一二四〇）。

【66】「昭和二〇年法律第五一号労働組合法一条二項の規定は同条一項の目的達成のためにした正当な行

為についてのみ刑法三五条の適用を認めたに過ぎず勤労者の団体交渉においても刑法所定の暴行罪又は脅迫罪にあたる行為が行われた場合にまでその適用があることを定めたものでないことは当裁判所大法廷の判例（昭和二二年(れ)第三一九号同二四年五月一八日大法廷判決参照）の示すところである。被告人鳥居馨が本件の争議にあたり原判示第三の住居侵入の事実、原判示第四の多衆脅迫の事実及び原判示第五及び第七の住居侵入、多衆脅迫の事実はいずれも原判決挙示の証拠によつて優に認定できるのであり、それは争議手段の正当性を超えるものであり、又被告人の右所為に対し正当防衛乃至緊急避難の観念を容るる余地のないことは原判決の説示するとおりである。」（最判昭二八・二・二七。刑集七・二・三四八）。

【67】「憲法二八条は勤労者の団結権、団体交渉その他の団体行動を保障しているが、この保障もかかる勤労者の権利の無制限な行使を許容し、それが国民の平等権、自由権、財産権等の基本的人権に優位することを是認するものではなく、従つて勤労者が労働争議において使用者側の自由意思を剝奪し又は極度に抑圧するような行為をすることを許容するものではない（昭和二三年(れ)一〇四九号同二五年一一月五日大法廷判決集四巻一一号二二五七頁以下参照）。そして、被告人等の本件犯行は昭和二五年五月一九日及び二二日の両日になされたものであるが、昭和二四年法律第一七四号により改正された労働組合法第一条二項の規定も同条一項の目的達成のためにした正当行為についてのみ刑法三五条の適用を認めたに過ぎないのであつて、勤労者の団体交渉においても刑法所定の暴行罪又は脅迫罪にあたる行為が行われた場合にまでその適用があることを定めたものでないと解すべきことは、当裁判所大法廷の判例（昭和二二年(れ)三一九号同二四年五月一八日宣告、集三巻六号七七二頁以下参照）とするところである。原判決の是認した第一審判決の認定した事実によれば、被告人等が所謂職場交渉をなした際それぞれ他の組合員と共に多衆の威力を示し、且つ共同し判示のような歌を高唱したり或は大太鼓または鉦等を連打したりして喧噪に及びよつて会社側職員である石塚長一外七名又は森田正明外一名を悩まして暴行を加えたというのであつて、かかる被告人等の所為が、労

働組合法一条一項の目的達成のためにする正当行為であるとは認めることができないことは前記判例の趣旨に徴し明らかである。」（最判昭二九・八・二〇刑集八・八・一二七七）。

【68】　「所論労働組合法一条二項は、勤労者の団体交渉における所為について無条件に刑法三五条の適用があることを規定したものではなく右所為が刑法所定の暴行罪又は脅迫罪等の犯罪にあたる場合においてもこれを正当化するものと解することを得ずかかる所為は憲法二八条の保障する勤労者の団体行動権の行使にあたるものといえないことは当裁判所の判例とするところである（昭和二二年(れ)三一九号、同二四年五月一八日大法廷判決集三巻六号七七二頁）。」（最判昭三二・四・二五刑集一一・四・一四三一）。

また下級審の判例も最高裁判所の見解に概ねしたがつているようである。

【69】　「労働組合法第一条第二項の規定は労働組合の団体交渉その他の行為について無条件に刑法第三十五条の適用があることを定めたものではない。同条第一項所定の目的達成のためにした行為でもそれが暴力の行使であるときは労働組合の正当な行為と解釈されてはならないことは右第二条但書の明定するところである。よつてその暴力とは如何なるものであるかにつき検討するに、暴力とは暴行傷害殺人等の有形力の不法行使だけでなく文化国家における社会通念上暴力と認められるものはすべてこれに包含するものと解するのが相当である。而して逮捕と云うことには必ず一定の実力的力の行使が伴い、その暴力たることは疑なく又監禁という場合はそれが物理的障碍を手段とする場合（有形的）は勿論脅迫的言語を手段とする場合（無形的）でも、人の身体の自由を束縛するもので、逮捕と同性質のものであるからこれも亦暴力の一種であると解すべきものである。（最高裁判所昭和二二年(れ)第三一九号昭和二十四年五月十八日大法廷判決参照）しかして原審が証拠により認めた事実はこの逮捕、監禁の事実であるから、本件被告人等の行為を暴力であると認めて、原審に於ける弁護人の本件は労働組合法第一条第二項により正当であるとの主張を排斥して採用しなかつた原判決は正当であつて何等右労働組合法の規定を誤解したものとはいうことができない。」（東京高判昭二六・

一・二七資料一〇二・三一二)。

【70】「論旨は示威運動は法律上許されたものであって、被告人の本件行為は示威の一種と認むべきものである旨主張するが、前認定の如く被告人の所為は原判示認定の手段方法を以てNを脅迫したものであるから、労働争議の正当性の限界を超えたもので処罰の対象となるものといわねばならない……。」(名古屋高判昭三一・七・一七高裁特報三・一五・七四〇)。

【71】「按ずるに、労働組合法第一条第二項の規定は同条第一項の目的達成のためにした正当行為についてのみ刑法第三十五条の適用を認めたに過ぎず、刑法所定の暴行罪または脅迫罪にあたる行為が行われた場合にまでその適用を認めたものではないと解すべきである。原審の適法に認定した本件事実によれば、美唄市茶志内所在の三菱茶志内鉱業所において、昭和二十八年七月在東京都本店三菱鉱業株式会社の指示に基づき、所属鉱員約八百二十名のうち約二百七十名の人員整理を目標とする企業整備を企図し、同鉱業所鉱員を以て組織する三菱茶志内鉱業所労働組合にその整備案を提示して団体交渉を重ねたが、同組合において強くこれに反対し、団体交渉の難行するにつれ反対闘争を強化するに至り、組合員のうち青年層をもって闘争の前衛となるべき青年行動隊が組織され、被告人Iは隊長に、被告人Y、同Oは各副隊長に、被告人Wは調査班長にそれぞれ選任され、かくて、被告人等は同年八月二十六日午後三時過頃同鉱業所の事務所玄関前において、青年行動隊及び群衆せるその他の組合員等大衆約百数十名を指揮して、企業整備反対の示威運動を展開していた折柄、偶々同鉱業所勤労課長S並びに同課長代理Tの両名が外出先より帰来したのを認めるや、同課長等を捉え下記問題の満足すべき解答を求め、併せて企業整備反対闘争の気勢を挙げようとして両名の行手に立塞り、その頃企業整備反対闘争に派生して惹起した「野村問題」の解答を求めたが拒否されたので、憤激した被告人等は意思を相通じた上、前記大衆と共に同課長等を包囲監禁した上、あくまで、同問題の解答を迫ろうと決意し、先ず被告人I同Y等は〝逃がすな、囲め〟と大衆を指図し、右玄関横において、

大衆と共に四、五重程度の円陣にスクラムを組んで同課長等を包囲し、更にその外周に人垣を作つて脱出を至難ならしめた上、しきりに同問題の解答を迫つたが、同課長等がこれに応じなかつたので、同日午後六時頃まで囲みを解かず、その間組合員大衆は逐次増加して約二、三百名に達したが、被告人等は交互に右大衆を指揮して、スクラムを組んでいるものを交替させたり、労働歌を高唱させたり〝ワッショ、ワッショ〟と掛声をかけて同課長の周囲を駈け廻らせたり、或は自らスクラムに参加したりして気勢をあふり、約二時間五十分の長時間にわたり、引続き多衆の包囲と威圧とにより同課長等両名の脱出を不能ならしめてその自由を拘束し、以つて不法に監禁したものであつて、かかる被告人等の脅迫による不法監禁の所為が、労働組合法第一条第一項の目的達成のためにする正当行為であると認めることができないこと、前段説示に照し明らかである。されば、使用者側に責むべき点があつたと否とを問わず、原判決が本件争議行為の正当性を否定し、労働組合法第一条第二項の規定を適用しなかつたのは相当であつて……。」(札幌高判昭三一・一・三一高裁特報三・三・七一)。

もつともこれに対して、刑法的には暴行すなわち身体に対する不法な有形力の行使がなされたと認めうる事例についてこれを「暴力の行使」にあたらぬとして威力業務妨害罪の成立を否定したものと理解しうる判例もある。

【72】「ただ玆に問題となるのは、その際被告人岡田幸雄が岸本の着衣の袖を片手で一回だけ摑んだことが労働組合法第一条第二項但書にいわゆる『暴力の行使』と目せらるべきやの点であるが、前記認定のように相手方が正当なものと認められる程度のスクラムを強引に突破しようとする瞬間において、相手方の着衣の袖をただ一回だけ摑む程度のことは、右スクラムの状況及び一般社会通念に照らし不法性がないものと解するのが相当である。然らば被告人岡田幸雄に右程度の所作があつたからといつて、直ちにこれを暴力の行使と断ずることは当を得ない。従つて被告人等の右行為が正当なる争議行為の範囲を逸脱するものとして、

被告人等に右会社及び右岸本に対する各業務妨害の罪責を負わしめることはできない。」(東京高判昭三一・七・一九刑集九・七・七六)。

判例がここで頭から暴行罪および脅迫罪にあたる行為については刑法三五条の適用の余地がないとしていることについては、理論的にみてかなり問題がある。たしかに一般的にいつて暴行罪ないし脅迫罪にあたる行為は、相互に誠意をもつて相手方の云い分をきき、また自己の主張を納得させるように条理をつくして説得するということとはおよそ正反対に相手方の自由意思を有形無形の圧力によつて抑圧しあるいは剝奪するという要素をもつているからかかる程度の暴行ないし脅迫が刑法三五条によつて違法性を阻却されるいわれはなく、また暴行は直接人の身体に対する有形的な攻撃を内容とするから人の生命身体の安全を侵害するものとしてやはり刑法三五条により違法性を阻却される余地はないものと考えてよいであろう。前掲【72】の判例にはこの点疑問が多い(これはさらにピケティングを正当とする点で重要な問題を含む)。

これに対して脅迫罪については、労働争議行為が本質的に相手方の自由意思に圧力をかけるという性質のものであることから、これがすべての刑法三五条により違法性が阻却されないものとすることは不当な結果を招くものといわねばならない例えば財産に対する害悪の告知を内容とする脅迫行為については、労働争議の特性上通常脅迫罪にあたるような言動であつても正当な争議行為として違法性を阻却するものと認めうる余地を考えねばならないであろう。また脅迫の名の下に示威行為が取締られる危険性もあるそこで脅迫行為が不法とされる趣旨と労働争議との特殊性とを考慮に入れるときに結局労使の対等、フェア・プレイの原則に反するような、相手方の自由意思を剝奪しあるいは極端に抑圧する程度の脅迫行為——主として被害者が生命身体の危険を感ずるに至る程度の脅迫行為——については違法性を阻却されないものと解すべきである。もつともこの程度に達しない脅迫は争議行為に関する限り脅迫罪を構成しないという見解をとるならば、脅迫罪にあたる行為は違法性を阻却されないということもできる。ともかく判例の立場は前述のような留保を附した上ではじめて肯定できよう。

また前掲の一、二の判例に見られるようにある行為が「暴力の行使」であるかどうかを厳格に論じそこから行為の違法性を根拠づけようとするのは理論的におかしい。けだし暴力の概念そのものが相対的・流動的であつてせいぜい「民主的な文化社会において社会通念上許容できない不法な実力」という程度のものであるから、問題は当該の実力行使が社会通念上許容されるものかどうかということを論ずれば足り、それが暴力にあたるかどうかを問題にするまでもないといわねばならないからである。なお蛇足ながら、暴力行使が争議中になされても、それが労働組合の意思決定に基く行動と全く無関係に行われたときには争議行為ではなくはじめから正当性の問題を生じない（本稿八八頁参照）。

五　禁止規定違反の争議行為

（一）総　説

争議行為を特に制限禁止する法律がある場合にそれに違反してなされた争議行為が違法であることはもちろんである。争議行為の制限禁止とは本来ならば争議権の正当な行使としてなしうる行為について特別の必要からこれに制約を加える場合を意味するが、現行の法規の中には、本来争議権の限界を逸脱したものと認むべき行為について、いわばその違法性を確認する趣旨で禁止規定を設けたものとみるべき場合もすくなくない。この区別は後に述べるように違反の場合の一般刑罰法令との関係で重要な意義を有する。

現行法上、国家公務員および地方公務員並びに公共企業体等の職員については争議行為をなすことおよびそれを共謀・煽動することが全面的に禁止されている（国公法九八条五項・一一〇条一七号、地公法三七条一項六一条四号、公労法一七条一項、地労法一一条一項）。

民間企業では、電気事業および石炭鉱業の従業者について、争議行為として、電気の正常な供給を停止する行為その他電気の供給に直接に障碍を生ぜしめる行為をなすこと、および鉱山保安法に規定する保安の業務の正常な運営を停廃する行為であつて、鉱山における人に対する危害、鉱物資源の滅失若くは重大な損壊、鉱山の重要な施設の荒廃又は鉱害を生ずるものをすることが禁止されており（電気事業及び石炭鉱業における争議行為の方法の規制に関する法律二条、三条）、また船員については、船舶が外国の港にあるとき、または争議行為により人命もしくは船舶に危険が及ぶようなときには争議行為をなすことが禁止されている（船員法三〇条）。これらと同趣旨の規定としては、労働関係調整法三六条があり、工場事業場における安全保持の施設の正常な維持又は運行を停廃し、又はこれを妨げる争議行為が禁止されている。

さらに公益事業については、抜打争議行為（労調法三七条）、緊急調整中の争議行為（労調法三八条）がそれぞれ禁止されている。

すなわち国家公務員等については争議権そのものが否認され、その他の労働者については特定の場合に争議権の行使について制約が加えられているということができる。

これらの法律の規定のうちあるもの——例えば労調法三六条——は当然違法な行為の違法性を確認するに止まるものと解すべきものであるが、他のもの——例えば公務員の争議行為の禁止——は、本来ならば正当に行いうる行為をも全面的に制限、禁止したものであり、そこでその場合には当該制限、禁止の合憲性が当然問題となつてくることになる。

（二）　公務員等の争議権の否認の合憲性

公務員、公共企業体あるいは地方公営企業の職員の争議権を全面的に否認した国家公務員法九八条等の規定が憲法二八条に違反するかどうかについては各種の見解が対立している。労働法学者のあいだではむしろ違憲論が有力なように見うけられる（労働問題講座労働争議と争議権七九頁以下参照）。この点について、国家公務員法等の当該規定を直接にとり扱つた最高裁判例は未だ存しないが、これら諸法律の規定のいわば母法的規定ともいうべき昭和二三年政令二〇一号二条についての大法廷の判例が裁判所の態度を知る有力な手がかりを提供している。

すなわち最高裁判所の多数意見は、一応公務員にも本来は団結権団体行動権等は憲法上保障されているが、公共の福祉の見地からこれを制限することは可能であるとする。

【73】　「国民の権利はすべて公共の福祉に反しない限りにおいて立法その他の国政の上で最大の尊重をすることを必要とするものであるから、憲法二八条が保障する勤労者の団結する権利及び団体交渉その他の団体行動をする権利も公共の福祉のために制限を受けるのは已を得ないところである。殊に国家公務員は、国民全体の奉仕者として（憲法一五条）公共の利益のために勤務し、且つ職務の遂行に当つては全力を挙げてこれに専念しなければならない（国家公務員法九六条一項）性質のものであるから、団結権団体交渉権等についても、一般に勤労者とは違つて特別の取扱を受けることがあるのは当然である。従来の労働組合法又は労働関係調整法において非現業官吏が争議行為を禁止され、又警察官等が労働組合結成権を認められなかつ

たのはこの故である。同じ理由により、本件政令第二〇一号が公務員の争議を禁止したからとて、これを以て憲法二八条に違反するものということはできない。

また憲法二五条一項は、すべての国民が健康で文化的な最低限度の生活を営み得るよう国政を運営すべきことを国家の責務として宣言したものである（当裁判所昭和二三年(れ)第二〇五号、同年九月二九日大法廷判決、刑集二巻一〇号一二三五頁）。公務員がその争議行為を禁止されたからとてその当然の結果として健康で文化的な最低限度の生活を営むことができなくなるというわけのものではないから、本件政令が憲法二五条に違反するという主張も採用し難い。」（最判昭二八・四・八刑集七・四・七七五）。

もちろんこの場合国は争議権を奪つた代償として労働者の生存権を保障すべき何らかの施策を講じなければならないことはいうまでもない。しかしこれに対しては有力な反対説があり、憲法二八条にいう勤労者の中には公務員は含まれないとする。前示判例に対して栗山裁判官が小数意見としてこの立場を述べている。

弁護人森長英三郎の上告趣意第四点について。憲法二八条が保障している権利は私有財産制度を前提としていることは沿革上明である。羅馬法以来の私有財産権の至上性が十八世紀的個人主義即ち個人の意思の至上性と結付いて経済活動をする場合に、企業家のもつ力は公権力の至上性にも比すべきものがある。かような企業家又はその利益の代表者即ち使用者と被傭者が取引するものとすれば双方が対等な交渉力を持つのでなければ契約の自由はあり得ない。この労使（労資）の対等取引を前提として正義を分配しそれを保障したものが憲法二八条である。然るに国又は地方公共団体とその公務員との関係は毫も対等取引を前提とする関係でもなければ又もとより私有財産制度を前提とする労使の関係にかかわりないものである。それ故公務員は憲法二七条にいう勤労の権利を有する者であることは勿論であるけれども本質的に憲法二八条の勤労者ではないのであつて、同条が保障している権利はもともと享有していないのである。憲法二七条の勤労の権利の内容が何であるかはしばらくおくとしても事業主でも失業者でも等しく同条の勤労の権利を有する者であるけれども、同条の勤労の権利を有する者はすべて使用者と被傭者との関係、ことにその対等な交渉関係を前提要件とする憲法二八条の勤労者であるということはできない。されば旧労働組合法四条一項の警察官吏等の組合結成禁止の規定はこれ等公務員が労資の利害を前提とする憲法二八条の団結権の保障には均霑しないものであることを明にしただけのことである。多数意見のように警察官吏等はもとから憲法二八条の組合結成権を享有しているけれども彼等は「全体の奉仕者」であるから公共の福祉で法律により之を取上げられたものと解すべきではない。

多数意見は又国又は公共団体の非現業官吏が争議行為を禁止されたのも（法律一七五号による改正前の労働関係調整法三八条）前記警察官吏等と同じ理由即ち公共の福祉で法律によつてもともと憲法二八条で享有している争議権が剝奪されたと解するのである。しかし実は現業官吏たると非現業官吏たるとを問わず公務員である以上は結局前に述べたと同じ理由で憲法二八条の勤労者でもなく、その保障している争議権を享有しているものではない。もとより同条の権利を享有していなくとも法律が之を附与するかどうかは立法政策の問題にすぎない。されば前記労働関係調整法三八条が非現業官吏の争議行為を禁止し之と同時に現業官吏の争議行為を容認したとしても、それは憲法二八条の保障にかかわりないものである。故に同条の禁止は公共の福祉を理由に憲法二八条の保障が否定されたものと解すべからざるはいうまでもない。」

もつとも公務員といつても国の権力的な作用を担う立場にある者と、管理行為的作用、ことに国営企業（ないし公共企業体）に従事する者とがあり、また多数の下級公務員は単に機械的な職務ないし労務に従事するにすぎないから、これらをすべて一律に論ずるのは誤りである。単に機械的な職務に服しあるいは労務を提供するに止まる公務員や、国営企業に従事する公務員は、実体において一般の労働者と異なるところはないであろう。

なお公務員の争議権とくに罷業権の剝奪は結局刑罰をもつて公務員の意に反した労働を強制することになるから憲法一八条に違反し違憲だとする議論もあるが、判例はこれを否定する。

【74】「公務員は本件政令第二〇一号により、その二条一項に該当するいわゆる職場離脱を禁止せられたけれども、人格を無視してその意思にかかわらず束縛する状態におかれるのではなく所定の手続を経れば何時でも自由意思によつてその雇傭関係を脱することもできるのである。それ故、所論のように同政令が憲法一八条にいわゆる奴隷的拘束を公務員に加えその意思に反して苦役を科するものであるということはできない。論旨は理由がない。」（最判昭二八・四・八刑集七・四・七七五）。

判旨は当然のことである。なおこれは政令二〇一号に関する判例であるが、国家公務員法、地方公務員法の関係規定につきそのまま適用することができよう。

㈢　その他の争議行為を制限・禁止する規定の合憲性

労調法三六条の規定についてはこれを違憲だとする見解はすくなく、むしろこれは争議行為を制限・禁止する規定というよりは、労組法一条二項と相まつて、争議行為の正当性を判断するための一般的基準を示した規定であると解せられる。

公益事業に対する予告制度および緊急調整制度にともなう予告期間中および緊急調整中の争議行為の禁止についてはいろいろ論議もあるようであるが、判例は、一方では前掲のように公務員の場合には公共の福祉のために争議権が制限されることは必ずしも違憲でないとし、また同時に争議権の行使には一定の限界がありその濫用は許されないことを強調しているから、この点について、直接の判例はないがその態度はおおよそ推察のつくことである。

いわゆるスト規制法についても、とくに電気産業の労働者については、電源スト、停電ストという有力な争議手段が奪われ事実上争議権が全面的に否認されたような結果になることからその違憲性が問題とされている。電源スト、停電ストが本来違法な争議行為であるというならば問題はないが、下級審の判例の多くは具体的事例についてその合法性を認めており、若し停電スト、電源ストが合法な争議手段であるならば、これを公共の福祉の名の下に制限禁止できるかどうかという問題がむし返されることになろう。

船員法二〇条、スト規制法二条についてはむしろ本来違法な行為を注意的に規定したものと解すべきであろう。(なお以上については労働争議と争議権七九頁以下参照)。

(四)　争議行為の制限・禁止違反の効果

特別の立法によつて争議行為が制限・禁止されている場合、この禁止を犯して争議行為がなされたときには、当該行為は刑法三五条の適用をうけず違法性を阻却されない。したがつて当該禁止規定に対して罰則が規定されているときにはその罰則によつて処罰されることは当然のことであるが、禁止規定に罰則の附せられていない場合、例えばスト規制法二条に違反して電源スト・停電ストが行われ、あるいは公共企業体等労働関係法に違反して国鉄職員が同盟罷業その他の争議行為をなした場合に、それが他の刑罰法規——例えば公益事業令電気の供給使用妨害の罪等の罰則（同令八三・八五条の罪）、刑法威力業務妨害罪脅迫罪など——の構成要件を充足するならば直ちに違法性あるものとして当該刑罰法規の罪を構成するとして処罰をうけることになるかどうかということである。実は争議行為の制限・禁止規定に対して罰則が附せられているときにも同様の問題が生ずる。例えば炭鉱の争議に対して緊急調整の決定があつた後五十日間以内に炭鉱労働者が更に同盟罷業その他の争議行為をなした場合、それが同時に例えば刑法威力業務妨害罪の構成要件を充足しているならば直ちに違法なものとして刑法により処罰されるものかどうかという場合を考えたならばよいであろう。

この場合われわれは違法な争議行為について、その違法性がいかなる法益を侵害することにより根拠づけられているかということを考えなければならない。例えば労働関係調整法六条の工場・事業場における安全保持の施設の正常な運行を停廃するような争議行為の禁止に違反した行為の違法性は、法の趣旨は人命の安全のために、当該施設の正常な運行という業務そのものを保護することにあると考えられるから、その違法性は人命の安全に関する限度での使用者側の経営権の侵害ということにより根拠づけられるであろう。したがつて当該行為が威力業務妨害罪を構成することがあるほか、さらに人命に対して危険を及ぼす関係で各種の犯罪を構成する場合が生ずるであろう。例えば鉄道の信号係あるいは踏切警手の職場離脱によつて列車の進行が妨げられあるいは踏切事故発生のおそれが生じたときには、列車の運行を停止させた点については威力業務妨害罪が、また衝突の危険を生ぜしめた点においては往来妨害罪、ないしは鉄道営業法二八条違反の罪がそれぞれ成立することになるであろう。これは争議行為が本来その手段の点で違法性を帯びるからである。
これに対して例えば国有鉄道の労働組合が禁止をおかして同盟罷業をし、あるいは私鉄の労働組合が予告期間を無視して抜打的に同盟罷業を行つたという場合それは威力を用いて国有鉄道ないし会社の業務の正常な運営を妨害したことになるわけであるが、そこで当該争議行為が違法であるということから直ちに威力業務妨害罪を構成するというわけではなかろう(石井・労働法一三九頁)。けだしこれは本来正当な争議行為をとくに禁止したものに他ならないからである。判例もこの理を確認している。

【75】　「原判決の確定した、判示第一の事実は、被告人等三名は、いずれも鉄道職員であつたが、昭和二三年八月二九日福知山市所在鉄道青年寮で大阪鉄道局福知山機関助手梶村美津二外一〇数名の同機関区鉄道職員に対し、多数の鉄道職員共同して夫々職場を放棄し鉄道業務に支障を来たさせ多数の威力を以て公務員法改正に対する反対運動を展開しなくてはならぬとの趣旨を示唆慫慂し、さらに被告人臼井は同月三一日同寮で同機関区機関士阿部一郎に対し、右同趣旨の勧誘をなし、右梶村、阿部外一〇数名の機関士及び機関助手をしてその旨の決意をなさしめた結果、同人等をして共同して同年八月三一日頃から九月六日頃までの間に於て夫々無断欠勤することにより各自その職場を放棄し列車運行に関する計画にそごを来たさせたというのである。そして原判決は右事実につき被告人三名を一面国の業務たる鉄道の運営能率を阻害する争議行為をとらせたものとして昭和二三年政令第二〇一号三条の罪の教唆犯にあたると共に、他面大阪鉄道局福知山管理部長の管理する鉄道業務を妨害させたものとして刑法二三四条の業務妨害罪の教唆犯にあたるとして処断しているのである。しかし本件当時においては、国有鉄道の職員たる機関士、機関助手等は国家公務員であつたのであるが、右の如き現業職員たる公務員等も旧労働組合法三条にいわゆる労働者として団結権、団体交渉権その他の団体行動をする権利を有するものとされていたのであるから、もし本件昭和二三年政令

第二〇一号が制定施行されなかつたとすれば、右鉄道職員が、右判示の如く何ら暴力等を用うることなく、単に同盟罷業として、多数共同してその職場を去りこれを放棄し、その結果国有鉄道の業務を妨害するに至つたとしても、それは正当な行為として何ら罪となることはないのである。しかるに昭和二三年七月三一日、本件昭和二三年政令第二〇一号が制定公布され即日施行され、公務員が「国又は地方公共団体の業務の運営能率を阻害する争議行為」をすることを禁止し処罰することとしたため、本来ならば処罰されることのない前記の如き共同職場放棄が右政令の禁止する「国又は地方公共団体の業務の運営能率を阻害する争議行為」にあたるものとして処罰されるに至つたのである。そして右の如き争議行為をすれば、その国又は公共団体の業務が妨害され又は妨害される虞のあることは言を俟たないところであるから、公務員が右の如き争議行為をなし、因つて国又は地方公共団体の業務を現に妨害した場合であつても、その公務員に対しては、本件昭和二三年政令第二〇一号三条、二条一項だけを適用し処断すれば足るのであつて、すなわち右政令第二〇一号は刑法二三四条に対する特別法と解すべく、更に刑法二三四条を適用処断すべきものではない。してみれば前記原判決判示第一の事実に対し原判決が右政令第二〇一号三条の外更に刑法二三四条を適用処断したのは誤であつて原判決はこの点において破棄を免れない。」（最判昭三〇・一〇・二六 刑集九・一一・二三一三）。

この判例の趣旨からすれば、禁止をおかした争議行為は、禁止規定が特に存しないかぎり合法とされる範囲内の行為であれば、当該争議行為の違法性は専ら争議行為の制限禁止規定が保護しようとする法益との関係において根拠づけられるものであり、直ちに刑法上の犯罪を構成するものではない。例えば同盟罷業の禁止が専ら企業主体の業務を保護するためではなく主として公共の福祉を保護することにおかれている場合には、同盟罷業が違法だからといつて直ちにそれが威力業務妨害罪を構成するものではない。しかし当該行為が法の禁止をまたずはじめから違法なものであれば、その関係では直ちに刑法上の犯罪を構成することになるであろう。したがつて例えば公共企業体の職員が公共企業体等労働関係法に違反して争議行為を行つた場合、当該行為が一般の労働者においては合法的な争議行為とされる限界内に止まるかぎり刑法によつて処罰されることはない。

【76】「公労法一七条において争議行為を禁止したのは公共企業体職員の争議がそれ自体反道義的とされるに至つた訳ではなく従来の労働運動の実際に鑑み公共の福祉を確保するための已むを得ない防衛的措置に過ぎず、飽くまでも行政的な禁止の性質をもち、その違反の効果は公労法の枠内において決せられるものとすべきである。」（横浜地判昭二五・一〇・三〇、最判昭二九・一二・二三刑集八・一三・二一七五の第一審判決）。

もちろん当該行為が争議行為としての合法性の本来の限界を逸脱するものであれば刑事上も違法であつて、刑法により処罰されることになるであろう。

要するに、争議行為が制限・禁止をおかしてなされた場合には、その制限・禁止が本来違法な争議行為の違法性を確認したに止まるか、あるいは本来正当な争議行為を公共の福祉を保護する等の特別の理由によつて特に制限禁止したものであるかを区別し、後者の場合には当該行為が禁止規定が存しなかつたとすれば正当な行為と認められる限界内にあるかぎり、当該制限・禁止の違反に対する制裁が科せられるに止まり刑法の適用はない。これに対して争議行為が当該禁止規定にかかわりなく本来違法であれば刑法の適用が問題となるのである。

なお平和協定に違反して争議行為がなされた場合についても前述の場合に準じて、当該違反行為が本来正当な争議行為の限界内に止まるかぎりは協約違反の責任を問われるに止まり刑事責任は生じないものと考えられる。

六　全体的争議行為の正当性と、部分的争議行為の正当性との関係

争議行為の正当性に関連してさらに問題となるのは、全体的に観察した場合の争議行為の正当性と、部分的な個々の争議行為の正当性との関係である。多くの場合には、主たる争議行為——例えば同盟罷業——と、従たる争議行為——例えばピケティング——とについて、前者が違法性を帯びる場合に個々の従たる行為がすべて違法となるのかどうか、また逆に争議中に偶々不法行為が行われた場合に直ちに全体としての主たる争議行為が違法となるのかどうかという問題となる。

この点については争議行為の全体と部分とは一応切りはなしてその合法・違法を論ずるのが正しいゆき方であろう。例えば生産管理という全体としての争議手段が違法であるからといつて、生産管理にともなうすべての部分的行為——例えば使用者との団体交渉が直ちに違法となり脅迫罪・住居侵入罪等に問われるということにはならない。また反対に同盟罷業が正当な争議行為であるからといつて、その過程で暴行、脅迫が行われてもすべてこれを合法化することにはならないのも当然のことで判例もくりかえして強調しているところである。

【77】（事実）「第一　被告人Tハ、

㈠　同月（昭和九年八月）十八日右罷業開始後新ニ雇ハレタル大橋バス運転者Kヲ脅迫シテ其ノ職ヲ辞セシメント欲シ別府市海浜通リ大橋バス事務所ニ於テ右Kニ対シ「オ前ハ辞メロオ前達ノ様ナ者ヲ叩キ延スノハ訳ハナイカ今ヤレハ損タカラ堪ヘテ置ク丈ケタ辞メテシマヘ」ト申向ケ暗ニKカ辞職セサレハ他日同人ノ身体等ニ危害ヲ加フヘキコトヲ諷示シ以テ同人ヲ脅迫シテ辞職セシメントシタルモ同人カ之ニ応セサルタメ所

期ノ目的ヲ遂ケス

(二)　同月十三日頃大橋バスニ勤務セルF、Nノ両名カ罷業ニ参加シナカラ之ヲ裏切リタルニ立腹シテ『吾々同志ヲ裏切リ大橋ノ残飯ヲ食ツテ居ル奴等ノ名前ヲ覚ヘテロFノ坊主Nノ犬』云々ト記載セルポスターヲ通行人多キ別府市外血ノ池地獄附近ニ掲示シ以テ公然右F、及N等ヲ侮辱シ、

(三)　同月十九日別府市桟橋附近ノ通行人多キ街路ニ於テ同所通行中ノOニ対シ『Oノ馬鹿野郎待テ朝カラ妾ノ所へ行クノカ助平野郎』ト怒号シ以テ公然同人ヲ侮辱シ

第二　被告人Kハ同月十九日別府市外海地獄ニ於テ前示罷業開始後雇ハレタル大橋バス運転者Nニ対シ『自分等モ何時迄モ斯様ナ詰ラヌ争議ヲヤツテ居ル訳ニハ行カヌ大橋カ悟ラネハ最後ノ犠牲者ヲ出ス気ノ毒タカ大橋ニ働イテ居ル以上ハ夫レ丈ケノ覚悟ハシテ居レ』ト申向ケ暗ニ争議中犠牲者ヲ出スヘキ事態ニ至ラハNノ身体等ニモ危害ヲ加フヘキコトヲ諷示シ以テ同人ヲ脅迫シ

第三　被告人Kハ同月十八日別府市外竈地獄ニ於テOノバス営業ヲ妨害スル為運転手Aカ大橋バスニ遊覧客ヲ乗車セシメテ発車セントスル際同バスノ傍ニ到リ車内ノ乗客ニ対シ『此ノ運転手ハ癲癇ヲツルカラ用心ナサイ』ト虚偽ノ事実ヲ告ケ以テ偽計ヲ用ヒOノ右営業ヲ妨害シ」たものである。

「労働争議ニ因ル同盟罷業カ違法ニ非ストシテ処罰セラレサルコトハ洵ニ所論ノ如クナリト雖之カ為同盟罷業中ニ為サレタル判示ノ如キ脅迫侮辱業務妨害等ノ行為カ可罰性ヲ失フノ理由ヲ存スルモノニ非ス」（大判昭一〇・三・一四　刑集一四・二六一）。

【78】　「論旨（第二点及第三点）は、生産管理は正当な争議行為であり正当な争議行為中の個々の行為は、争議目的を達成するためのものである限り、すべて労働組合法一条二項により刑法三五条の適用を受けて違法性を阻却されると主張する。しかし労働組合法一条二項は、労働組合の団体交渉その他の行為について無条件に刑法三五条の適用があることを規定しているのでなく、唯労働組合法所定の目的達成のために為

した正当な行為についてのみ適用を認めているに過ぎない（昭和二二年(れ)第三一九号同二四年五月一八日最高裁判所大法廷判決参照）。如何なる争議行為を以て正当とするかは、具体的に個々の争議につき、争議の目的並びに争議手段としての各個の行為の両面に亘つて、現行法秩序全体との関連において決すべきである。従つて生産管理及び生産管理中の個々の行為が、すべて当然に正当行為であるとの論旨は理由がない。（そうして本件被告人等の判示所為が正当と認められないことは、既に上村、牧野両弁護人の上告趣意について述べたとおりである。）」（最判昭二五・一一・一五刑集四・一一・二二五七）。

しかし逆に違法な行為が行われたからといつて直ちに全体としての争議行為が違法となるわけでもない。例えば団体交渉に際して暴行・脅迫あるいは不法監禁等の暴力の行使がなされたからといつて、その際の同盟罷業自体が違法性を帯び業務妨害罪あるいは脅迫罪に問われるというわけではない。けだし争議行為によつて経営者の業務が妨害されること自体は争議権を認めた以上当然のこととして一般には放任されているからである。ただ争議手段が同盟罷業という消極的な侵害行為に止まらず、私有財産制の根幹をゆるがすような積極的な侵害行為に至つた場合にその業務妨害行為が違法性を帯びることになる。また争議行為が暴力化したというだけでは直ちに同盟罷業による業務妨害行為が違法となるわけではあるまい。この場合には暴力から私人の生命・身体・自由等の法益を保護すれば足りることである。

ただこの点は刑事責任を問う際には、刑事責任が結局犯罪行為をなした個々人に帰せられる点からいつて、あまり実益はない。（民事上はしばしば解雇等の関係で重大な問題となるようである）。

三　団体交渉および各種の争議行為の正当性

前章では争議行為一般についてその正当性の要件を検討したが、本章ではそれを基礎にして各種の類型の争議行為についてその正当性を検討することにしよう。もちろんそれは主として争議手段としての正当性を問題とするものであり、それらの争議行為が正当な目的を有することを前提としてのことである。

なお団体交渉についてもそれは争議行為そのものではないけれども争議の中核をなす行為でありまたその正当性について多数の判例が存するところでもあるから、便宜ここでとりあげることにしよう。

一　団体交渉およびそれに附随する行為の正当性

憲法は労働基本権の一として団体交渉権を保障し、さらに労働組合法は経営者に対して団体交渉に応ずべき義務を課している。したがつて労働者が団結の力を背景に経営者と労働条件に関する交渉を行つてもそれは正当な行為として脅迫罪にはならないし、また正当な団体交渉に応ずることによつて経営者の行動の自由がある程度制約され、また業務の執行が妨げられたとしても違法ではなく業務妨害罪その他の犯罪を構成することはない。しかしこれはもちろん団体交渉の正当な範囲内に於いてのみいい得ることであつて、団体交渉権の行使といえども争議権の行使と同様社会通念上相当と認められる限界を逸脱してはならないのであり、また団体交渉そのものが正当であつたとしても、団体交渉に際してなされた個々の行為が無条件にすべて正当化されるわけでもない。

団体交渉の正当性については二つの観点から問題が存する。一つは形式的に団体交渉権の認められる範囲如何ということであり、団体交渉権の主体、団体交渉の内容ということが問題になる。また一つは団体交渉権の具体的な行使に際してその正当性の限界いかんということが問題になる。以下順次これをとりあげてゆくことにしよう。

（一）　団体交渉権の主体

憲法二八条は労働者に団体交渉権を保障しているが、これはすでに述べたような同条の趣旨からいつて、労働者が経営者の経済的な実力に圧倒されて不利益な条件で働かざるを得なくなることを防ぐために、団結してその経済的社会的力を背景として経営者と交渉することを保障したものとみるべきである。したがつて単に労働者が団結して行政官庁その他に対して一定の要求をかかげて陳情ないし交渉するいわゆる大衆交渉には憲法同条および労働組合法の団体交渉権の保障は及ばない。したがつて相手方はかかる交渉に応ずる義務はないから、相手方の意に反して交渉を求めることは住居侵入、業務妨害、脅迫、強要などの諸罪に該当する場合を生じ、その場合には大衆交渉を理由に違法性を阻却されることにはならない。

この点でしばしば問題となつているのが、失業対策事業に雇用される日傭労務者の賃金増額・完全就労等の要求をかかげてなす団体行動である。すなわち事業主体たる国または市町村に対する関係で、日傭労務者が一般の労働者のように使用者対労働者という関係にあるかどうかということ、およよび職業安定所長に就労の斡旋を要求する行為が団体交渉にあたるかどうかということ等の問題である。

まず事業主体に対する関係では日雇労務者の雇傭関係は一日限りのものであるため、そこに継続的な労使関係を認めうるかどうか問題となるが、判例はこの点は積極に解している。

また団体交渉事項については、失対事業に雇傭される労務者の労働条件の決定権が事業主体にはなく、労働大臣に属することから、そのため賃上げ交渉が団体交渉の対象となるかどうかという問題が生ずる。もつともこれはいわゆる職場交渉のときにも一般によく生ずる問題である。判例は一応この点も積極に解する。

【79】　「抑も、失業対策事業における事業主と労働者との雇傭関係は、公共職業安定所の紹介により当日一日限りの契約を以て締結されるのであるが、元来失業対策事業は、多数の失業者が発生し又は発生するおそれある地域において、失業者の状況に応じてこれを吸収するに適当な事業として出来るだけ多くの労働力を使用することを目的として計画実施されるものであり（緊急失業対策法第四条参照）、一方において右失業対策事業に雇傭される労働者は労働組合法第三条にいわゆる資金、給料その他これに準ずる収入により生活する者に該当することは明白であるから、かかる労働者と事業主体との関係は仮令形式上は各人一日限りの雇傭関係に過ぎずその日以外は何等使用者対被使用者と云う関係がないように見えるとしても、その実質においては当該失業対策事業が継続する限り、その事業主との間に使用者対被使用者としての関係が継続するものと認めるのが相当である。しかして失業対策事業の為公共職業安定所から失業者として紹介を受けた者で法定の除外事由がないものの職は地方公務員法第三条第三項第六号に規定する地方公務員特別職であつて、これらの者に対しては労働組合法の規定が排除されていない（地方公務員法補則第五八条参照）のであるか

ら、右失業対策事業に従事する労働者は労働組合法の規定するところに従いその労働条件を改善するため事業主との間に団体交渉権を有するものと解するのが相当である。事業主体側に賃金の額の決定権がない（緊急失業対策法第一〇条同法施行令第五条第三号）ことはこれを以て直ちに失業対策事業労務者に対する労働組合法第七条の規定の適用を排除する事由とは認められない（昭和二七年不再一五号昭和二八年二月一八日中央労働委員会再審命令書参照。）」（東京高判昭二八・二・一七資料一〇二・三二一）。

そのほか、最高裁判所も、小樽市役所において日雇労務者が市助役に対して大衆交渉を求めた事件についてこれを団体交渉の範囲と認めている（最判昭二七・一一・二七刑集六・一一・一二四〇、本稿一七二頁【81】事件）。もちろんこの場合にも団体交渉対象となりうる事項は後に述べるように労働条件に関するものに限られ、市政に対する陳情という性質のものまでをも含むものではない。

【80】「依つて進んで事件における交渉が右にいわゆる団体交渉として正当な行為と認められるかどうかの点につき判断するに、本件記録により被告人等の交渉の経過を検討すると、本件交渉は前記失業対策事業に従事する労働者としてその労働条件の改善を図る為の団体交渉と云うよりも、むしろ長野市民たる被告人等失業者の最底生活を保障するため長野市長に対し生活資金を支給すべきことを要求するのが主眼と認められるのであつて、かかる交渉は使用者対被使用者の関係を前提とする団体交渉権の行使と云うには該当しない。」（東京高判昭二八・二・一七資料一〇二・三二一）。

これに対して単に事業主体に対する就労の斡旋をなす権限を有するに止まる機関――例えば職業安定所長、都道府県労働部長等――に対する交渉は、両者の間に使用者対被使用者という関係が存しないことを理由として団体交渉権を否認するのが確定した判例である。したがつてこれらの行為は単なる大衆的陳情にすぎないから、当該機関は交渉に応ずる義務はなく交渉の申出を拒否し、あるいは交渉中に交渉を打切りいつでも退去を要求しうる立場にあることになる。したがつて職業安定所長等に対して面会を強要しあるいは交渉中要求をうけても退去しないときは、職務強要罪、公務執行妨害罪、不退去罪等を構成するものといわねばならない。

【81】「憲法二八条は企業者対勤労者、すなわち使用者対被使用者というような関係に立つものの間において経済上の弱者である勤労者のために団結権乃至団体行動権を保障したものに外ならないこと当裁判所大法廷判決（昭和二二年(れ)三一九号同二四年五月一八日言渡集三巻六号七七二頁参照）の示すところである。然るに第一審判決判示の失業対策委員会は同判決判示のとおり市長の諮問機関であつて、市の執行機関でなく、また同判示組合が決議した内容は使用者たる市と労働者との労働条件に関するものと見るべきではなく、むしろ小樽市の失業対策一般に対する日雇労働者の要望を述べたものである。従つて被告人等の失業対策委員会に対する行動は団体交渉ではなく、市政に対する陳情というべく、この点について被告人等の所為が団体交渉行為であることを前提とする所論は既にその前提において失当である。」(最判昭二七・一一・二一刑集六・一〇・一二四〇)。

【82】「原審の是認した第一審判決の確定した事実によれば、被告人三浦秀清外一名は昭和二五年一月二七日名古屋市中区南外堀町愛知県庁内労働部職業安定課で労働部長長谷川寛三等に対し名古屋中公共職業安定所笹島労働出張所に登録している日雇労働者を代表してその日就職の斡旋を受け得なかつた労働者のために就職の斡旋を要求交渉をしたが同日午後六時頃に至り遂に同部長からその要求に応じられない旨言明され、退去を求められたがなお執拗且つ頑強にその要求を続けその後長谷川部長等から再三退去を要求されたにも拘らず同日午後八時三〇分頃右職業安定課室で逮捕されるまで立去らなかつたというのである。

そこで、憲法二八条は使用者対被使用者すなわち労働者というような関係に立つものの間において経済上の弱者である勤労者のために団結権ないし団体行動権を保障しもつて適当な労働条件の維持改善を計らしめようとしたものに外ならないと解すべきことは当裁判所大法廷の判例とするところである。（判例集三巻六号七七二頁以下参照）。しかるところ、職業安定法四条二号によれば政府は失業者に対し職業に就く機会を与えるため必要な政策を樹立しその実施に努めなければならないこと勿論であるが、政府ないし愛知県が失業者に対し就職の斡旋をすることは使用者対勤労者というような関係に立つものではないのであるから本件被告人等の所為が憲法二八条の保障する団結権ないし団体行動権の行使に該当しないことは多言を要しないところである。」（最判昭二八・五・二一刑集七・五・一一二五）。

【83】「原判決の維持した第一審判決の確定した本件浅川町自由労働者組合と須賀川公共職業安定所間における失業対策事業の適格審査についての交渉のごときものは、使用者対勤労者というような関係に立つものではないから、憲法二八条の保障する権利の行使に該当しないことは、当裁判所の判例の趣旨とするところである（判例集七巻五号一一一一頁以下、同三巻六号七七二頁以下参照）。されば、所論は、その前提を欠き刑訴四〇五条の上告理由に当らない。」（最判昭二九・六・二四刑集八・六・九五一）。

【84】「憲法二八条は企業者対勤労者すなわち使用者対被使用者というような関係に立つものの間において、経済上の弱者である勤労者のために団結権ないし団体行動権を保障したもので、勤労者以外の団体又は個人の単なる集合に過ぎないものに対してまで団結権ないし団体行動権を保障したものでないこと当裁判所の判例とするところである（昭和二二年(れ)三一九号同二四年五月一八日大法廷判決、集三巻六号七七二頁、昭和二七年(あ)四〇四四号同二九年二月二六日第二小法廷判決、昭和二八年(あ)五二五七号同二九年六月二四日第一小法廷決定、集八巻六号、九五一頁）。原判決の肯認する第一審判決の認定事実によれば、被告人両名は郡山自由労働者組合に属する組合員であるところ、同組合所属の他の日傭労働者と共に郡山職業安定所所長加藤金伍に対し賃金増額並びに完全就労等の要求をなし、右日傭労働者全員に面会せられんこと

を求めたところ、代表者五名以外とは面会しない旨の回答を受けたのでこれを不満とし、㈠被告人柳内は右日傭労働者約一五〇名と共同して、同安定所の職務に従事中の同所長等職員に対し判示の通り暴言を吐き一団となつて罵詈雑言をなし気勢を示して同所長を脅迫し、㈡被告人荒井は右㈠の犯行に呼応して日傭労働者多数の威力を示し判示同所長名義の掲示をはぎ取り毀棄し、㈢被告人両名は同所長より退去を要求せられたのに拘らず右日傭労働者約一五〇名と共同して同所長の看守する同安定所を不法に占拠して退去せず、㈣被告人柳内はその頃同所で右建造物侵入罪の現行犯人として巡査部長泉川歩に逮捕されようとした際、同巡査部長の左腕をつかみ、その腕時計をむしりとる等の暴行を加えその公務の執行を妨害した、というにある。

右によれば、被告人等を含む判示自由労働組合所属日傭労働者の判示職業安定所に対する関係は被用者対使用者の関係でないこと明らかであるから、この関係においては、憲法二八条は被告人等日傭労働者に対して団結権ないし団体行動権を保障したものでないことというまでもなく、判示のような関係からなされた被告人等の判示行為は憲法同条に保障する団体交渉その他の団体行動権の行使に該当せず、これを正当の行為ということはできない。」（最判昭三二・二・五刑集一一・二・四八三）。

もちろんこの場合、日雇労務者も労働者の団体としてではなく一般市民の団結として、平穏に陳情をなす権利は否定されないから、当該行為が一般市民の陳情として相当と認められる程度の秩序ある平穏なものであるかぎり必ずしも違法ではない。しかし日雇労務者が経済的地位の向上をはかるため公の機関に働きかけることがかりに正当であつても常規を逸脱する行動は許されないのである。

【85】「市民のために食糧を獲得すること又は市長や食糧営団の職員に反省を促すことが目的として正しいとしても、それだけでその目的を達成するための手段がすべて正当化される訳ではない。その手段は秩序を守りつつ個人の自由や権利を侵さないように行わなければならない。けだし秩序が維持されることも個人

の基本的人権が尊重されることも、それ自体が公共の福祉の内容をなすからである。」(最判昭二五・一〇・一一刑集四・一〇・二〇一二)。

(二)　団体交渉の内容（要求事項）

組合に団体交渉権があり経営者が団体交渉に応ずる義務があるといつても、団体交渉権の保障は本来労働条件について経営者との交渉によつて解決しうる事項に限定されるのであるから、当事者間の交渉によつて解決できない事項——例えば政治的要求——や、労働条件とは直接関係のない事項——例えば特定の役員の退陣——その他常識的にみて正当性を欠く主張——例えば機械化反対——等に対しては経営者は団体交渉に応ずる義務はないのである。したがつてこれらの問題について平穏な方法で話し合いを求めることは格別、強いて団体交渉に応じさせようとすればそこにおのずから犯罪が行われる可能性が生ずるわけである。(石井・労働法・一一五、一三一頁)

(三)　団体交渉の態様

組合が一応形式的には団体交渉権を有ししたがつて経営者が団体交渉に応ずる義務を負う場合であつても、その行使は社会通念上相当と認められる態様でなされなければならない。すなわち不当に他人の権利・自由・私生活の平穏を侵害したり・あるいは社会秩序を乱すような方法でなされてはならないしたがつてまず第一に団体交渉権の行使が、交渉の人数、日時・場所等について、おのずから制約をうけることのあるのは当然である(石井・労働法一一六頁)。一時団体交渉は多人数でなければならないというような誤解から必要以上の多人数の組合員が交渉現場に押しかけたり、さらには吊しあげ、人民裁判というような大衆の面前での交渉が行われたことがあるが、かかる行為はもちろん社会道念上許容されないところである。いわんや重役の私宅に押しかけ争議と全く関係のない重役の家族に争議の解決について面会陳情するごときは本来団体交渉権の範囲を超えるものである。

【86】「団体交渉権の行使は社会通念上何人も首肯するに足る程度の平和的且秩序ある方法により行うことを要し、この限度を逸脱し、公共の福祉に反するような方法によることは許されないから、自らその行使の方法において時間的場所的その他諸条件の制約を受け、その制約を逸脱した行使は不退去罪においても違法阻却の事由とはならないのである。ところで原判決引用の証拠によれば被告人等は多人数の者と共に午後四時頃団体交渉のため会社重役の私宅に赴き、十数名の集団が同家四畳半の間に立入り先に会社及び労働組合の間において正式に調印された条項を無視し、同家に居合せた重役三名に対し全員復職等三個の要求項目をつきつけ、回答を迫り、他の者は屋内各所に相手方罵倒のビラを貼り廻し、鉽力罐等を叩き喧騒を極め、相手方の「ここは私宅で近隣の迷惑でもあるから交渉場所を会社に移し度い」とか「即答はできない、他の幹部に計つた上交渉する」との申立をも拒否し、交渉開始後五時間余を経過した午後十時頃又は十一時頃の退去の要求にも応ぜず、翌日午前十一時頃に至るまで同場所に居坐つていたというのであるから、相手方の退去要求はもとより妥当な措置として是認せられ、所論団体交渉権は社会通念上明らかに正当な権利行使の限界を逸脱し、不退去の違法性を阻却するものではないのである。」（大阪高判昭二六・一〇・一資料一〇二・四〇一）。

【87】「団体交渉と言うのは、労働組合が、当事者となつて使用者と交渉することであつて、その目的を達するためには一人又は数人が組合を代表して交渉に当るのが常道であつて、大勢が出かけて行かなければ団体交渉ができないわけではない。また労働者の団結の正当な目的は組合の組織によつて無形の実力を養い使用者と対等の実勢関係をつくる点にある。有形の威力を示して相手を威圧することは、団結の正当なありかたではない。まして暴力を用いることはいかなる場合においても正当でないことは労働組合法第一条の規定するところである。」（札幌地小樽支判昭二六・五・二三資料一〇二・二六五）。

【88】「凡そ労働争議において団体交渉権が認められ、組合員の集団の威力を行使することが許されているとはいえ、それは労働関係の当事者間にのみおける問題であつて、争議に関係のない第三者（特に争議会社の重役の家族）に対し集団の威力を示してこれを畏怖せしめ、或はこれを困惑に陥いれて間接に争議を有利に導かんとするが如きは特別の事情のない限り正当な争議行為の範囲を逸脱するものと解する。本件についてこれを見ると、諸般の証拠によれば、被告人はB株式会社取締役Sに直接面会して陳情するというのではなくして、争議に全く関係のない同人の妻Tに面会して争議解決について協力方の陳情を行うと称し、同人の私宅に被告人等を含む百四、五十名の組合員が大挙して出向き、大部分の者は同家の表側や裏側にたむろし、一部の者は同家の周囲の土塀及母家の周囲の各白壁その他の箇所に後に記すような趣旨の文句を記載した多数のビラを貼りめぐらし、又他の一部の者は右Sの母Aから拒絶されたのにも拘らず中庭に侵入し、同女に対し右Tに面会を強要し悪口雑言をあびせて喧騒を極めたことが認められる。このビラ貼り陳情は原審証人Kの尋問調書によると、争議解決の曙光すら見えないため、戦術会議において会社側に圧力を加えるという手段として採用されたものであるから、その目的において、その相手方において、その手段において、労働争議行為の範囲を逸脱したものであつて、法令にもとづく正当な行為とはいい得ない。労働組合法第一条第一項第二項の規定の趣旨は此処にあるものと解する。又これを一般的の所謂単なる陳情として観察すると、陳情には社会通念上是認された慣習（例えば小数の代表者を挙げて平穏裡に社会的の儀礼をもつてする等）に従うというか、或は又公序良俗に反しない態度方法に従うというか自らそこに途がある筈である。しかるに被告人等の採用した目的及び手段が前記の如きものである以上、到底社会通念上是認される陳情とは認め難い。」（広島高判岡山支判昭二九・一二・一五高裁特報一・一二・五五四）。

第二に交渉の過程において暴力的行為がなされてはならない。団体交渉は争議という緊迫した雰囲気を背景としてなされるためとかく興奮状態の下で行われやすく、粗暴な言語のやりとりや、威圧的な行動が行われやすい。もちろん単に粗暴な不穏当な言動がなされたというだけでは必ずしも違法といい切れないであろう。しかし団体交渉権の行使といえども個人の生命、身体、自由などの諸法益を不当に侵害してはならないことは当然であるから、交渉の際に相手方をして生命、身体に危険を感じさせるような言語、態度をなしたり、その自由を不当に拘束する等のことは団体交渉権の正当な行使ということができず、暴行罪・脅迫罪・逮捕監禁罪等について違法性を阻却されるものとは認められない。この点については多数の判例があり、その多くは暴力の行使の節で紹介した。

【89】「弁護人細迫兼光は判示第一の事実について本件団体交渉は争議中に行われたのであるから平和な団体交渉の場合と違つて交渉が長時間に亘つたり団結の威力によつて使用者側に心理的圧迫を加えたり、相当語気の荒い議論の応酬があつたりするのは当然のことであり、これに刑罰法規を適用すべきでないこと労働組合法に刑事責任免責の規定のあることに照して明らかであるというのであるが、団体交渉においても組合側においては使用者側の人格的自由を認めなければならないことはいう迄もないのであつて、単にその団結の威力を示すに止まらず多衆の威力を示し暴言をほしいままにし、その生命身体の危惧を感ずるに至らしめるが如きことは到底是認せらるべきことではない。」(広島高判昭二六・四・二一三資料一〇二・四四二)。

【90】「労働組合側と使用者側との間における団体交渉が適法であるためには、交渉が平和的で且つ秩序ある限度内に止まるものであることを要し、交渉にあたる者の人数が必要以上の多数に上り、交渉の時間が過度の長時間にわたり、一部の者において激昂の余り机上を叩いて机上の硝子を破損し、多数の者が暴言を吐いて喧騒し終始交渉の相手方たる者の身辺につきまとうて食事、用便、電話等一切の行動を監視する等、交渉の経過において不当の勢威が一方に偏倚するものと認められるような情況がある場合においてはその団体交渉は平和的で且つ秩序あるものとはいい難い。今、本件についてこれを見るのに、原判決引用の各証拠に

徴すれば、交渉の経緯に関する原判決摘示の情況事実、殊に自由労働者多数が小倉市役所土木課に到り、そのうち、七、八十名の者は土木課の室外の廊下に待機し、被告人ら四名は、その他四、五十名の者と共に土木課の室内に立入り、土木課長花島義一の机の周囲に参集し同人を相手として交渉し交渉中、次々と同所に参集した自由労働者の数は一時約四百名以上に達し、交渉の時間は、午前九時頃から午後七時頃に至るまで約十時間の長時間にわたり、その間、自由労働者の一名片山某の如きは激昂の余り労働手帳の束を振上げ土木課長の机に叩きつけて机上の硝子を破損し、他の多数労働者は、室の内外で暴言、喧騒を極め、ために、土木課職員の執務は一時不能に陥り、他方、土木課長周辺の多数の者は、終始土木課長の身辺につきまとうて、食事、用便、電話等一切の行動を監視して威圧を加える等、本件交渉は、その経過において、不当の勢威が一方に偏倚するものと認められるような情況の下に行われ平和的で且つ秩序あるものではなかつた事実を肯認するに足り、右のような情況の下における交渉は、団体交渉の正当な範囲を逸脱するものであつて、適法な団体交渉とは認め難く、従つて、被告人等の原判示所為の違法性を阻却するに由ないものと解すべく団体交渉の正当性の限界に関し、右と同一の見解に出た原判決はまことに相当であつて、これを不当として論難する論旨には賛同し難い。」(福岡高判昭二七・一二・八資料一〇二・四五九)。

【91】「仮に本件交渉が前示雇傭関係に基く団体交渉と認められるとしても、前示のように長野市助役より代表者三名とならば会うとの回答があつたにも拘らず、全員の面会を要求し、数十名の組合員等と共に長時間に亘り市長秘書室に留まり、遂に右助役の命を受けた同市役所守衛長より即時退去方を求められたに拘らず、尚もこれに応じないというが如きは団体交渉としての正当性の範囲を逸脱しているものと認められるのであるから、被告人が右要求を受けながら右秘書室より退去しなかつた行為は刑法一三〇条にいわゆる「要求ヲ受ケテ其場所ヨリ退去セサル」場合に該当するものであり、原判決がこれを同法条により処断したことは正当といわなければならない。」(東京高判昭二八・二・二一七資料一〇二・三二一)。

【92】「かりに所論にいう公開大衆交渉がその目的貫徹のための正当な労働争議であり、その大衆性に鑑み、多少の威圧は寛容さるべきものとしても、その手段としてなされた被告人等の本件所為は原判決の認定した事実を要約すると、O坑長およびH係長を各自室に訪れ、組合員等が企業整備に関する質問を求めているから出て回答して貰いたい旨要求し、各拒絶せられるや、待機中の青年行動隊員十数名を指揮してそれぞれその席から外に出させ、かくしてO坑長およびH係長の両名を原判示角力場に連行し、かつ土俵上に押しあげて立たせ、一方土俵の周囲は逐次動員されて集合していた組合員およびその家族等数百名をして円陣を作つて取り囲ましめ、更にその外周は青年行動隊員に囲ましめて警戒せしめ、更にまた町内数ケ所に青年行動隊を配置して内外の連絡を遮断する等して右両名の脱出を全く不可能にしたうえ、右包囲された両名に対し、マイクを突きつけ、被告人等交々人員解雇の根拠等の釈明を要求し、『首きりは一方的であると認めよ』『今後首きり関係の業務を止めろ』『首きり反対の我々の空気を上司に伝えろ』等と申し向けて詰め寄り、この間O坑長が回答を拒み、或は回答に窮して黙するや、口々に『何故いわぬ』『早くいえ』と怒鳴り、回答を得るまでは徹宵してもこの状態をつづける気配を示して威圧し、他の組合員もこれに応じて罵声や弥次を浴せる等して発言を迫り、約三時間の長きにわたり、右両名を解放するに至らなかつたというにあつて、右の事実は原判決挙示の証拠で十分肯認することができる。

かかる被告人等の行為は、当時の諸般の事情を考慮しても、その威圧は寛容の度をこえ、社会通念上明らかに正当な権利行使の限界を逸脱したものであつて、不法監禁の違法性を阻却するものとはいい難い。」（札幌高判昭三一・一・三一高裁特報三・七三）。

なお以上の場合、団体交渉に際して多人数の者が互いに意思を連絡して暴力行為を行つたというような場合には団体交渉そのものが全体として違法性を帯びるが、暴力行為が単に偶発的・散発的になされたに止まるときには当該暴力行為のみが違法であつて、団体交渉全体としてはなお合法性を失わないものと考えられる。もつともこれはすでにふれたように民事的には重要な意味があるが、刑事責任を問うについてはとくに意味はない。

ともかく以上のように団体交渉行為が団体交渉権の正当な行使の範囲を逸脱した場合には、経営者は団体交渉に応ずる義務を負わないから、その意に反して団体交渉を継続する場合には、暴行罪・脅迫罪はもちろん、不退去罪、威力業務妨害罪、監禁罪等を構成する事態が生ずることになろう。

（四）　団体交渉権と自力救済

経営者が故なく団体交渉に応じないとき（あるいは行方をくらましているとき）に、制止をおかして役員室等に立ち入り、あるいは、家宅捜索に類する行為をなすことが合法かどうかもしばしば問題となつている。かかる場合、本来のあり方としては団交拒否という不当労働行為に対する法的救済の手段が整えられている以上原則としてそれによるべきで、みだりに自力救済をなすことは許されない。ことに住居の平穏は憲法上身体の自由とともに最も重視される法益であり、労働者の団交権といえどもかかる自由権に優越するものとは認められないであろう。ただ不当に団体交渉を拒否して逃走しようとする者を平和的方法で制止するような場合には違法性がないといえよう。

【93】　「使用者側に仮に所論のような団体交渉権をふみにじつた不法があつたとしても、これに対し被告人等のとつた本件行動は未だ正当防衛をもつて論ずる余地もないし、又使用者は団体交渉に応ずべき法律上の義務があるとしても、これに応じない使用者に対し実力的暴行を加えてこれに応じさせる権利は何人にもない。たとえ団体交渉のためであつても犯罪を構成するものであつて暴力行使である以上、前に記した労働

組合法第一条第二項の趣旨に則り刑事上の責任を免れることはできない。団体交渉権は憲法で勤労者に保障されている権利で基本的人権の一種であることは所論の通りであるが、所論のように団体交渉のためならば如何なる刑事上の犯罪を構成しても無条件に刑事上の責任を負わせないというのが労働組合法第一条第二項の規定の趣旨であるとは認められない。」（東京高判昭二六・一・二七資料一〇二・三二二）。

二　同盟罷業およびそれに附随する諸行為の正当性

（一）　総　説

同盟罷業は、労働者が労働組合（ないし労働者の団体）の統制下に、企業経営者の指揮命令を排除して集団的に労務の供給を停止することをその本体とする最も一般的な争議行為である。それは当然に経営者の企業活動の妨害となるが、今日においてはそれが特に政策的な理由から制限・禁止されている場合を除いては原則として正当な争議手段として違法性を阻却されることは一般に承認されており、またその理由についてはすでに第二章で述べたところである。また同盟罷業が公益的見地から制限禁止されるときにその制限・禁止に違反しても、それは経営者の財産権の保護を主目的とするものではないから、威力業務妨害罪が成立することはない（なお本稿一六三頁参照）。

問題が生ずるのは罷業すなわち労務供給の停止自体についてではなく、罷業に附随し、罷業を有効に遂行しあるいは罷業に対する侵害を阻止するための諸行為についてである。同盟罷業が本来正当であるからといつて罷業に際してなされるすべての行為が合法化されるものでないことはすでに述べたとおりである。個々の行為はそれぞれにその正当性を問題とされなければならない。そこで以下に附随的な争議行為の正当性を検することにしよう。もちろんこれらの諸行為は同盟罷業のみならず怠業、生産管理等の主たる争議手段にも附随して行われ、あるいは全く独立して行われることもあるが、便宜上一括してここで問題としよう。

(二)　組合の団結を強めるための行為

同盟罷業に際してはしばしば経営者側から妨害、切崩しなどが行われあるいは組合内部で意見の対立を生じ脱落者を出したりまた組合の分裂というような争議の敗北に連なるような事態を招くおそれがあるから、かかる事態をさけ内部結束を固めるために必要且つ相当な行為は団結権の行使として違法性を阻却されることになろう。この種の行為としては、ハンスト・煙突男など専ら組合員の士気を鼓舞する行為・あるいは脱落者を防止するための説得、批判、組合大会等が考えられる。なおピケティングも同様の趣旨のものであるが、これについては節を改めて問題とする。

(1)　ハンスト　ハンガーストライキ自体は単なる示威行為に止まるもので別段違法ではない。しかしそれが坐り込みをともなうため、特定場所への立ち入り、あるいは管理者から立退きを要求されて応じない等の行為が住居侵入罪あるいは不退去罪を構成するかどうかの点で問題となる。

【94】　「ハンスト自体は労働組合運動の一態様として必ずしも正当性を欠くものではないが、本件の如く秋田鉱業所の庶務課長等から屢々退去を求められたが之に応ぜず同所内の所長室前の廊下その他においてハンストを継続し事務の正常な運行に支障を来さしむるに至つては最早社会通念上適当と認むる線を越えたものとして許さるべきでない……。」(秋田地判昭二五・一二・一三資料一〇二・八九一)。

しかしすわり込みハンストにより事務の正常な運行がある程度阻害されたとしてもそれは争議行為として当然の結果であり、また立退要求に応じないという不作為も、争議中には労働組合は一般に経営者の指揮命令に従い作為をなすべき義務を免れるから当然には違法でなく、すわり込みが積極的な建造物侵入行為(例えば事務室への侵入)をともなう場合は格別、これを不退去罪で処罰するのは疑問がある。

(2)　煙突男　煙突男もまたハンストと同様組合員の結束をかため士気を鼓舞するための一つの争議手段であり、単なる示威という観点からすれば別段法益侵害性はないが、多くの場合には煙突に登攀するために通常立入を禁止された場所への侵入、あるいは頂上に滞留することによる煙突の本来の機能の停止という積極的妨害をともなうから、この観点から違法性を帯びることになるであろう。しかし判例にあらわれた事件については、それが組合の団体行動の一環として行われたものではないという理由で違法性を阻却しないとされており(大阪地判昭二四・一二・一資料四九・一二八)。組合の行為としてそれが許されるかどうかについては未だ判例はない。一般的場合には建造物侵入をともなう限度で違法と解すべく、業務妨害の点についてはその手段が「威力」にあたらぬものとして犯罪にならないものと考えるのが正当であろう。

(3)　脱落者を防止する行為　脱落者の制止は団結権の当然の効果として、暴力行使等手段の面で正当性を逸脱しないかぎり合法的になしうるところである。主たる問題点はピケティングについて生ずるが、この点は後に述べるとして、ここでは脱落者に対する名誉毀損の問題をとりあげよう。

まず、脱落者に対する批判が専ら個人攻撃にのみ止まるかぎりはこれは正当な行為とはいえない。

しかし個人に対する人身攻撃をふくみ、名誉権を侵害する場合であつても、その目的が専ら当該脱落者を弾劾するということではなくて、他の組合員から新たな脱落者が出るのを防止することを主たる目的とする場合には、特に侮辱的にわたらないかぎり組合の結束を固めるための相当な行為として違法性を阻却されるとするのが判例の態度である。妥当な見解といえよう。

【95】「労働組合法第一条第二項は労働組合の団体交渉其の他の行為に付いて無条件に刑法第三十五条の適用があることを規定したものではなく労働組合法制定の目的達成の為即ち団結権の保障及団体交渉権の保護助成に依つて労働者の地位の向上を図り経済の興隆に寄与させる為に為した正当な行為についてのみ右規定の適用を認めて居るに過ぎないのである。従つて労働者の団体交渉に於ても社会通念上許容される限度を超え刑法所定の名誉毀損罪が成立する場合にも常に同法第三十五条が適用せられて斯る行為が正当化せられるものと解釈することは出来ない。

本件に於て之を観るに原審が原判示第一に於て確定した事実の要旨は被告人Nは相被告人K及Mと共に名古屋市笹島自由労働組合の幹部であつた処名古屋中公共職業安定所笹島労働出張所と小林町作業現場との連絡係を担当して居たHを排斥する為両名と共謀の上昭和二十五年七月五日右笹島労働出張所附近に於て就労を待つ多数の労務者に対し予て相被告人Kが被告人N等と共謀の上「ウラギリ者の正体は」と題し「Hと云ふ男はミズホ公園で現場からセメントを盗み出してクビになり矢田川では現場で時間中ドブをのんでヘドを吐いてくびになり植田川では恩のあるT連絡員をふみたおそうと策謀した男である。自分が直行になるためにだけサルヂエをしぼつて窓口のものをくいものにする男だ」等と記載して作成したビラ多数を配布し、Mに於て附近の板塀に貼付して掲示し以て公然事実を摘示してHの名誉を毀損したと謂ふにあつて之を前段説示するところに照すと被告人Nの右所為が労働組合法第一条第二項の労働組合の団体交渉権に基く労働者の地位の向上を図る為の正当な行為に該当するものとは認め難い。」（名古屋高判昭三〇・六・三一 高裁特報二・一三・六四九）。

【96】「そこで按ずるに、所論挙示の証拠を総合すれば、本件名誉毀損の手段としての本件ビラの掲示をした前日、被害者が社宅を引払うためトラックに荷物を積込もうとした際、被告人等において同人宅を取囲み、スクラムを組んで脱出を防止し、そのため同人は相当混乱したこと、また本件ビラの掲示によつてその妻子を傷心せしめた事実およびFが希望退職するに至るまで組合幹部から再三その飜意を説得されたことは認められる。しかし、本件記録に徴すると当時の組合としては、その不当とする会社の企業整備に死力を尽して反対闘争を展開し、会社の企図する希望退職を含めての人員整理に強く反対し、その撤回を要求する態度を堅持していたのであつてそのため、会社側とは刑事事件さえひきおこすまでに無理な団体交渉が繰りかえされている最中の状態であつたので、組合側としてはその内部において歩調の乱れるのを最も懸念していたこと、さればこそ組合幹部が希望退職について再三にわたりその飜意を説得したことがうかがえる。してみると、Fに対する報復としては本件掲示の前日になされた前記行為で一応完了し、Fの去つた後においては、同人に対する私憤というよりはむしろこれが他に波及するのを阻止して組合員の団結をはかるための前記争議行為の一段として本件が敢行されたとみるのが至当である。かかる事情と本件掲示のビラにより本人が害せられる社会的評価の程度等諸般の情況を併せ考えると、使用された文言等に妥当をかく憾みはあつても、社会通念に照し、本件労働争議行為としてその正当性を逸脱したものとは考えられず、またその必要性においても相当の理由があるものと解せられるから、原判決がこれと同一見解に立つて、労働組合法第一条第一項により被告人等の本件行為は違法性を阻却するものとして無罪を言渡したのは相当といわねばならない。」（札幌高判昭三一・一・三一 特報三・三・七三）。

しかし裏切者を大衆討議にかけて吊しあげないしは暴力による制裁を加える等の行為は、いかに裏切者に非があり、また組合員の憤懣が激しくとも到底是認されることではない。この点については前出【57】【60】等の判例を参照されたい。

(4)　スパイの摘発　労働争議はあくまで公正な手段で堂々とたたかわれなければならず、スパイ的手段で相手方を攪乱しあるいは挑発するというような陰険な手段はとられてはならず、また刑事犯がおかされないかぎり、官憲の干渉は許されない。かかる行為はいわば憲法によつて保障された団結権をおかす不正な攻撃であり、労働組合としては必要且つ相当な手段でかような侵害に対抗することができるであろう。いわゆる東大事件、あるいは舞鶴事件に関する判決は直接労働争議に関連したものではないが、憲法上の権利の擁護という点で共通性を有するものであり、参考に供することができよう（判例については、小野慶二・「法令または正当な業務による行為」本叢書刑法(1)を参照）。しかしこの種の行為といえどもみだりに暴力を行使することは許されない。前記両事件の判決はある程度の暴力の行使をも是認するもののような印象をうけるが、これは穏当を欠くのではなかろうか。

なおスパイの摘発と称しても、当該被害者の行動が合法的なものである場合には行為の違法性を阻却するものでないこともちろんである。

【97】　「原判決の確定した事実の要旨は、被告人は判示一坑においてカッペ式採炭の実施にからみ、同坑採炭夫が行つていた集団欠勤闘争を支援するために他所から来集した十数名及び五、三〇記念大会開催のため集つた遠賀地区朝鮮統一民主戦線派約四十数名等の者が、昭和二七年五月三〇日午後一時頃同坑労働クラブ前玄関で赤旗、北鮮旗等十数流を押し立て円形を作つて集合しこれに漸次、同坑採炭夫等も参加してスト支援の挨拶が交わされているうち、同日午後二時頃五、三〇記念大会視察のため同クラブ前にやつてきた遠賀地区警察署巡査部長新田繁夫を参集者が発見し「スパイだ、逃がすな」と騒ぎ出すや、参集者六、七十名

と共謀の上新田巡査部長を同クラブ玄関前端中央に連れ出して取りかこみ、その脱出を困難ならしめた上、囲繞の態勢を解かず、同人がやむなく身分、氏名を明かすや警察に対する非難攻撃の言辞を弄し、罵言雑言をして喧騒する参集者多衆の威力を背景にして新田部長の身体又は自由に対して危害を加えかねまじき気勢を示し脅迫を続けて畏怖させるとともに身体の捜査をしたり、種々糺問的質問を続発してつるし上げ、依然として包囲態勢を解かず、同部長が報告のため本署に帰ろうとするのを許さず、更に警察手帳を取り上げてその内容を読み上げ、なお参集者に向つて「自分は署長の命令で来たが経済闘争の弾圧に来たのではない、皆さんに迷惑であれば申訳ない、悪ければお詫びする」旨弁明させた上、その要領を書面に記載することを強要し、署長の命令で来たこと、将来高松一坑の集会に来ないことも書き入れろと申し向け、早く書けなど大衆の怒号する中で身の危険を怖れた同部長をしてやむなくその旨の文書一通（詫状）を作成提出させた上、これを参集者に向つて読み上げさせて義務なきことを行わせ、ついで新田部長をデモ隊に入れて警察に抗議することとし、同日午後四時頃約二百名の示威隊を編成し同人を無理にその示威隊の中央附近に引き入れ、他の者と交替し「同部長とスクラムを組み、デモ行進列中から脱出し得ないようにして、同所から判示水巻町警察署前まで連行し、以て午後二時頃から午後五時過頃まで約三時間余、同部長の自由を拘束して不法に監禁したというのであつて、右被告人の所為は労働争議に関し、社会通念上許容される限度を超え、労働組合法第一条第一項の目的達成のためにする正当の行為といい得ないものであることは多言を要しないところである。

そもそも、労働組合法第一条第二項の規定は労働組合の団体交渉その他の行為であつて同条第一項にかかげる目的を達成するためにした正当な行為について、刑法第三五条の適用を認めるとともにその但書において暴力の行使はいかなる場合にも、刑法第三五条にいわゆる「法令又は正当の業務に因り為したる行為」と解釈されてはならないものとして不法な実力行使を禁止しているのであるから、被告人の本件強要、不法監禁の所為を暴力の行使と認め、労働組合法第一条第二項本文の規定を適用しなかつた原判決は正当であつて、所論のように法律の解釈を誤つた違法は存しない。」（福岡高判昭二九・三・三〇資料一〇二・四九四）。

（三）　同盟罷業に対する激励・応援行為

同盟罷業中の組合を応援するために示威運動を行うことはそれ自体は違法ではない。ことにある組合の一支部、分会の罷業を激励するために同一労働組合の他の支部、分会の組合員あるいは当該組合の加入している上部団体に属する他の組合の組合員が示威運動をなすことは本来は正当な争議権の範囲内に含まれ、したがつて工場事業場内に立入つても直ちに違法ではない。また単なる友誼団体としての争議激励も、争議権の範囲内には属しないが一般市民の団体行動として許される限度で正当であるということができよう。しかしこれらの行為も暴力的で、工場、事業場ないしその近隣の平穏秩序を害するに至つたときには違法性を帯び犯罪となる。

【98】　「被告人の本件侵入行為は団体交渉のためではなく、被告人の属する電気産業労働組合でない他の組合である判示三井化学工業株式会社三池染料工業所の労働組合の争議に対する激励のためのデモ敢行のためであり、また、本件工場内にはいわゆる暗償工場に指定されているものも点在し前日における再三に亘るデモ隊の行進状況から見て使用者側が右暗償工場等にいかなる危険の及ぶかも測られぬことを危惧して正門を閉ざすことも已むを得ないところであつて、使用者側が正門を閉してデモ隊の入門を拒否し得る特別の事情があつたのでこれを拒否したところ、被告人等デモ隊員の或る者は工業所人事課調査係員藤田須弥雄の左頬をなぐりその奥歯が折れるような暴行を加え、そのことから双方乱闘に入り斯くて被告人等は同工業所の正門（鉄さく高さ五尺位）を乗越えて同所構内に侵入したというのである。されば、被告人の本件侵入行為が

団体交渉権の委任の範囲内の行動である旨の論旨並びに会社側の入門拒否は単に言いがかりで基本的人権の無視である旨及び暴行を加えたのは会社側であり、吾々はそれを避ける対抗をしたに過ぎない旨の主張は、いずれも原判示に副わない独自の見解であつて是認できないし、また、被告人が他の組合の争議激励のためデモを敢行する権利があるとしても、判示のごとく正当に入所を拒否される特別の事情があつたにかゝわらず判示のごとく正門を乗越えて構内に侵入するがごときはその権利の範囲を逸脱し違法であること多言を要しない。」(最判昭二七・二・二一刑集六・二・九三)。

【99】「而して或る労働組合の正当な組合大会がその組合員所属の工場構内で開催される際に、これを応援する他の労働団体員がその工場構内に入ることは組合活動の範囲内として許されることである。しかし乍ら原判決が認めるように大会員一同が工場構内を占拠する態勢をととのえた上構内で気勢を上げるようなことがあり、なお原審証人津坂秀雄の原審公判供述によつて認めうるような職場作業の妨げとなる如き状況にあつた為に工場管理者から部外者の工場構内からの退去を要求された以上は、爾後部外者はこれを占拠することは適法な行為とは認められないのであるから応援団体員の右占拠はもとより違法というべきものである。」(東京高判昭三一・一・一刑集九・一・五〇)。

ただ組合により工場占拠がなされている場合には、組合の承諾をえて工場内に立ち入ることは、単なる不法占拠の状態の性格を変ずるものではないから住居侵入罪にはならないであろう(なお【34】参照)。

三　怠　業

怠業は同盟罷業と異なり、職場離脱をともなわない労働力の提供の部分的停止すなわち作業能率の低下である。それはまず第一に企業活動に対する妨害行為として違法性を帯びるが、これについては同盟罷業において労働力の提供の全面的な停止が違法性を阻却されたと同様の理由で、怠業における部分的労務提供の停止も違法性を阻却されるものと考えられる。しかし怠業には工場占拠的要素が含まれてくるのでその面で企業施設の占拠と、企業施設の用を妨げ企業活動を妨害するという点でさらにその違法性が問題となる。この点については工場占拠で述べたように、経営者が企業施設からの労働者の立退きを要求したとき以降工場占拠は不法となるが、単に引渡の要求に応じないというだけでは未だ労務提供拒否と本質的に異るところがなく、不退去罪に関しては違法性が阻却されるものと考えられ、単に民事上の不法占拠が存するにすぎない。しかし経営者が正当な手段で占有を回復しようとするのに対して積極的な抵抗を試みたり、あるいは労働組合が一旦工場事業場に対する占有を失つたのち実力でその恢復をはかることになれば、威力業務妨害、暴行、脅迫、建造物侵入等の犯罪が成立することはいうまでもない。ただ怠業に関して刑事々件となつた事例はあまりないようである。

四　工場占拠

工場占拠は罷業中の労働者が企業設備を占拠して経営者による操業を妨害する行為で、罷業破りによる採業を防止する意味で有効であり、強力な争議手段に属する。組合が単に工場を占拠するだけでなく経営者にかわつて企業の経営を自ら行うことになれば生産管理となり、実際問題としては生産管理にともなつて工場占拠のなされた例が多く、純然たる工場占拠についての判例はないが、これまで考察した判例の一般論からその正当性の限界を一応考えておこう。

工場占拠は労働組合による企業の物的施設の全部又は一部の実力支配であるから、企業施設に対する占有の侵害、企業活動の妨害という二面からその違法性が問題となる。

まず企業施設に対する占有侵害について、企業施設に対する占有は第一次的には経営者に属し、労働者は二次的にのみ占有を有するにすぎず経営者の意に反しては施業施設の占有利用をなし得ないものと解しなければならないから、経営者の指揮命令に反して作業を停止するときにはもはや企業施設に対する占有を継続する正当な理由はない。とくに経営者から立退要求がなされたときは爾後の占有は不法となりこの意味で工場占拠は企業施設の不法占拠として違法性を帯びる。しかし犯罪成立の点については、単に作業を停止してそのまま要求をうけても立退かないというだけでは、それは単に従前の事実的状態の継続にすぎず、ただ立退要求に応じないという作為義務違反が生ずるに止まり、労働争議の特殊性から労務提供の停止という義務不履行は違法性なきものと考えられなければならないから不退去罪で処罰されることはないものといわねばならない（なお大阪高判昭二五・九・一九資料一〇二・四〇七・本稿一一五頁【34】参照）。もちろん一旦企業施設に対する占有を失つたのち実力でその恢復を試みるような場合には建造物侵入、器物損壊、暴行、脅迫その他の犯罪の成立を妨げられないことはいうまでもない。

次に企業活動に対する妨害の点であるが、ここでは罷業にともなう当然の結果としての企業活動の妨害と、企業施設の経営者による利用すなわち非組合員等による操業の強行を妨げることによる企業活動の妨害との二つの面を区別しなければならない。前者が正当性を失わぬことは同盟罷業と異ならない。これに対して後者は経営者に属する企業施設の支配管理権の直接的侵害をともなう点においてすでに述べたいわゆる「積極的実力行使」であつて違法と考えられる。ただ妨害の態様が「威力」と認むべき程度に達するか否かが威力業務妨害罪の成否につき問題として残されることになる。

五　生産管理

生産管理は終戦直後の困難な経済事情の下で頻発したわが国独得の争議手段であつたが、今日ではかような争議手段は戦術的に拋棄されているので現在この合法性を論ずる実益はすくなくなつたが。しかしそれは争議行為の一類型として同盟罷業と対比した場合、積極的な企業権侵害を内容とする点において一つの典型たるを失わずその正当性を論ずることは、企業権の侵害を伴う争議行為の正当性を論ずる一つの基準をなすものとして理論的に重要な意義を有するものといわねばならない。

生産管理は労働組合がその所属工場の設備資材等の企業の物的設備を全体的に一時自己の支配下におさめ、さらに使用者の企業指揮権を接収して自ら企業の経営にあたる行為である。かかる争議手段が採られるに至つたのは、一つには労働者にとつて当時の困難な経済事情の下で賃金収入を失う同盟罷業のような争議手段をとりえなかつたこと、また一つには経営者にとつては採業生産を継続するよりは生産を停止して手持資材の値上りをまつた方がかえつて有利だというような事情から、罷業により打撃を与えることができない等の事情によるものといわれる。

生産管理は要するに労働組合による一時的な企業の乗つ取りであつて、企業の物的施設の占拠管理処分という面で建造物侵入、窃盗、業務上横領等の犯罪の観点から違法性を帯び、また経営者から企業経営権を取り上げてその企業活動を妨げるという面で業務妨害罪の観点からも違法性を帯びることになるから、それが正当な争議行為としてこれらの犯罪について違法性を阻却されるものかどうか極めて大きな問題となるわけである。

生産管理の正当性如何については第一に法的問題として争議権の行使の故を以って財産権（企業権）に対する直接的侵害が許容されるかどうかということが問題になりまた第二に実質的問題として、経営者は生産管理によって企業経営権を奪い取られ直接間接に莫大な不利益をうけるのに、労働者は何ら失うところがないという点で、労使の対等をこえて一方的に労働者に優越した地位を認めることになり、フェア・プレイの原理に反することになるかどうかという点が問題となる。判例は前者にとくに重点をおいているように思われる。

生産管理についてリーディングケースとなったのは、山田鉱業吹田工場の労働争議に際しての生産管理である。

この事件では生産管理中組合員が給与支払に充当するために会社所有の資材を売却したことが窃盗罪（起訴は横領罪）に問われたものであるが、第一審大阪地方裁判所は生産管理を合法とし無罪を言渡したところ、控訴、上告審ではこれを覆えし、生産管理を違法とするに至ったものである。

【100】（第一審判決）「先ず争議手段としての生産管理が適法か否かを按ずるに、所謂生産管理とは、企業において、労資間に、労働関係につき意見の不一致が生じた場合、これを解決するために、団体としての労働者が、その所属工場の設備資材等企業の物的設備を、全体的に一時自己の手におさめ、使用者側の支配を排除して企業を経営する争議方法の一種たる事実行為と解するところ、近時、企業一般においては、所有と経営とが分離し、経営は専ら経営技術者、並に一般従業員である労働者によって運営せられているのであるから労働者は企業内部の一担当者として、経営技術者及び出資者とともに、企業全体を成立せしめていると同時に、企業設備の所有権も、かかる企業組織の制約下で経営技術者により行使せられているということ

ができるので、現在における企業の社会的性質及び所有権の社会的意義を考慮に入れるときは、労働者が争議解決のため企業の物的設備を一時自己の手におさめ、使用者側の意思を排除するも、それは、すでに、一般私法規律を超えた労働法の立場により判断すべき現象で、かかる観点よりすれば、争議については労使双方は企業に対し平等の立場にありというべきであるから、団体としての労働者が使用者側の意思に反し企業を占有することをもつて、直に、その占有権ないし所有権及びこれに基く経営権を侵害するものとは見做し難く、生産管理遂行に伴い個別的に派生する諸行為の、適法であるか否かの問題とは区別して、生産管理自体は適法な争議行為といわねばならぬ……。」

「次に被告人等が本件鉄板を売却した行為が、業務上横領罪を構成するか否かを按ずるに、生産管理下の労働組合は、経営技術者が通常なし得る一切の行為をなし得ると解すべく、しかも善良な管理者の注意をもつて、会社の従前の経営方針を守り、資材製品の処分方法にも変更を加えず、経理出納も従来の方針に従うならば、企業の実体に対する侵害があるとはなし得ない。」（大阪地判昭二三・一一・二二資料一〇・一〇八頁）。

【101】（第二審判決）「思うに、法が労働者に団結権、団体交渉権乃至は争議権を与えた所以のものは、元来経済的に弱い立場にある労働者を団結せしめその団体的行為の威力によつて使用者を牽制し、何等使用者からの圧迫を感じない自由な立場に立つて対等に使用者と交渉し、公正な労働条件を定めることを得させて労働者の地位の向上を図り、もつて経済の興隆に寄与せんとするに外ならない。従つて労働者の団結や団体交渉若しくは争議行為が国家経済の興隆を阻止し、又は労働者の地位の向上をもたらさないような場合は、之を正当な行為と謂い得ないと共に、これらの行為によつて却つて使用者の自由な意思を剝奪し、又は極度に抑圧して使用者をして自由な意志決定をすることのできない状態に陥らしめるのは労働者と使用者とを対等の立場にあらしめてお互に自由な気持で公正な労働条件を定めしめるという右の趣旨に反するから、斯の如き行為も亦その限度を超えた不当なものであると云わねばならない……。」

「而して生産管理とは、労働者の団体が争議の目的を達成するため使用者の工場事業場や設備資材等一切を自己の手に接収してその占有下におき、使用者の指揮命令を排除して自己の手によつて企業経営を行うもので之によつて使用者はその企業の所有者及経営者としての地位を奪われ、自己の生命ともたのむ企業はその経営の経験殆んど全くなき労働者の手によつて運営せられるので、企業の成敗及びその運営に対し極度の危惧痛心を抱き、その意思は極度に抑圧せられて自由な意思決定をすることのできない状態に陥るに至るのが一般の事例であるから、前示の説明に照らし斯くの如き争議行為はその正当なる限度を超えたものであると認める。」

「然しながら使用者が所謂生産サボを行い生産の全部又は大部分を停止し、手持資材の値上りを待ち、或は之を横流しするような行動に出たり、又は労働者によつて為された同盟罷業に対し使用者が之を奇貨として生産サボの態度に出で、団体交渉を回避したりして殊更に争議を延引せしめるようなときには、使用者側において既にその企業経営に対し多くの魅力や執着を感じない状態に在り、労働者が生産管理の挙に出たとしても使用者の自由な意思を剥奪し又は極度に抑圧するような処がないから、斯る特別の場合に限り生産管理は正当な争議行為と云い得る。

本件についてはその労働争議の経過内容は判示の通りであつて、全般の証拠によるも前述のような生産管理を正当なりとする特別の事情があつたことは之を認められないから、本件従業員組合の行つた生産管理は之を不当のものなりと断ぜざるを得ない。」（大阪高判昭二三・五・二九、最判昭二五・一一・一五刑集四・一一・二二五七の第二審）。

【102】（上告審判決）「論旨は生産管理が同盟罷業と性質を異にするものでないということを理由として、生産管理も同盟罷業と同様に違法性を阻却される争議行為であると主張する。しかしわが国現行の法律秩序は私有財産制度を基幹として成り立つており、企業の利益と損失とは資本家に帰する。従つて企業の経営、生産行程の指揮命令は、資本家又はその代理人たる経営担当者の権限に属する。労働者が所論のように

企業者と並んで企業の担当者であるとしても、その故に当然に労働者が企業の使用収益権を有するのでもなく、経営権に対する権限を有するのでもない。従つて労働者側が企業者側の私有財産の基幹を揺がすような争議手段は許されない。なるほど同盟罷業も財産権の侵害を生ずるけれどもそれは労働力の給付が債務不履行となるに過ぎない。然るに本件のようないわゆる生産管理に於ては、企業経営の権能を権利者の意思を排除して非権利者が行うのである。それ故に同盟罷業も生産管理も財産権の侵害である点において同様であるからとて、その相違点を無視するわけにゆかない。前者において違法性が阻却されるからとて、後者においてもそうだという理由はない。よつて論旨は採用することができない。」(最判昭二五・一一・一五刑集四・一一・二二五七)。

控訴審、上告審の判決の趣旨とするところは要するに同盟罷業のように労働者が自らの所有に属する労働力を経営者に利用させないという消極的な限度をこえて、経営者に属する企業支配権を奪取し自ら収益することを承認するならば、私的所有権の保障を根抵からゆるがし、団体交渉における労使の対等を害するという点で生産管理は争議手段として相当性を欠くということにある。これに対して第一審は労働権の前に所有権の概念自体が変容されるという注目すべき理論をうち出しているが、のちの判例によつて支持をうけるところとはなつていない(なお有泉、労働争議の法理一五二・一五四頁、末弘労組問答一一四頁)。

【103】「論旨は、本件生産管理は会社側が争議手段として工場閉鎖(ロックアウト)を断行したのに対してなされたものであるから合法だと主張する。いいかえれば工場閉鎖に対抗する争議手段としては生産管理以外にないのであるから、これを違法視すべきでないというのである。しかしながら、もし工場閉鎖に対抗して生産管理を行うことが許されるとするならば、その結果工場閉鎖はなんら意味をなさないものになつてしまうのであつて、このことは使用者側の適法な争議手段として工場閉鎖が認められていることとそもそも矛盾するのみならず、もしこれを許容するとすれば、労働者側にはなんらの苦痛も犠牲も生じないのに対し、使用者側としてはこれに対する合法的手段を全然封ぜられることになり、労働組合法第一条第一項に掲

げる労使対等交渉の理念を没却することになるといわざるをえないであろう（これに反し同盟罷業に対抗して工場閉鎖の挙に出る場合においては、それが労働者側にとつて苦痛であると同時に、使用者側もまたそれ自身によつて苦痛を蒙るのであつて、工場閉鎖に対抗するに生産管理をもつてする場合とは全く趣を異にするのである）。それゆえ工場閉鎖に対抗する手段としての生産管理もまた合法なものとは解せられない。」（東京高判昭二七・一二・一六資料一〇二・三三八）。

しかし労使の対等労働権と財産権との均衡ということは、労働争議の通常の状態において考えられることで、労働者がその生存すら危殆に瀕するというような状況に追いこまれたときには、緊急避難の原理にならい労働者の生存権が財産権に優越する場合も認められるのではないかという疑問が生ずる。下級審でこの立場から生産管理を合法としあるいは過剰避難とした例がある。

緊急避難的争議手段として生産管理を合法と認めた事例

【104】（控訴審判決）「生産管理が罷業や怠業と異る性格を有することについては、さきに触れるところであつた。いま仮に労資間に適式に協定された労働協約が故なく企業主によつて踏みにじられ給料の不払若くは遅払が続き、物価の急騰その他経済事情の変化によつて従業者の生存が著しく危殆に瀕するような事態に立至り、しかも罷業怠業等通常の争議手段を以てしても全くその実効を期待し得ない程度に著しく両者の力の権衡が失われている場合ありとすれば、これを以て真に已むを得ざる緊急事態となしこれに対処する方法として生産管理の道を選ぶことも亦已むなしとして容認せられるものと解する余地があるのではあるまいか。かような事情の下に於て、なおかつ従業者の拱手傍観を期待することは不可能に近いと謂い得るのみならず、これを命ずることは衡平の法理念に反する。ただ然しこの場合は真に已むを得ざる事態に処する手段として容認する場合であるから他の争議手段として既にその意義を喪つているという客観的事態を必要とす

ると同時に、生産管理そのものも素朴な力の対立抗争を止揚した立場に於て規定せられなければならないこととなる。この点について次の二つのことが留意されねばならない。その一はかかる場合労働者は労働条件の改善その他自己の経済的地位を向上せしめ窮極に於て経済全般の興隆に寄与せんとする意図の下に已むを得ず一時企業を自己の支配下に置かんとする目標によつて指導せらるることを要し他の平和的方法による解決の途があるにもかかわらず短兵急にかかる非常手段に出ることは許されず単なる政治目的その他法の精神に背馳する目的を以ても指導せられてはならないということであり、その二は管理行為の内容は右目的を達するに必要な最小限度に止まらねばならず管理方法も善良な管理者の注意を以て行われなければならないということである。

本件争議の過程に於て労働組合法、協約組合規約並びにこれ等相互の関係につき解釈上多くの疑義を生じこれをめぐつて会社と生産管理を主張する被告人等とが相対立したこと認めるに十分である一方に於ては、さきに示した通り会社側から理由に乏しい工場閉鎖全員解雇案が提示され、他方右会社案に同意するや否やに関する分会決議の効力につきかかる解釈上の疑義をめぐつての争があつたのであるから、右分会の議決を有効なりとして工場閉鎖、従業員全員解雇を強行に断行せんとする会社に対し、被告人等（社外被告人を除く）が自己の主張を貫徹せんがため争議の手段として生産管理の挙に出たことは、これをおいて他に実効ある争議行為を期待し難い当時の客観的状況からみて、洵に已むを得なかつたところであると謂わざるなを得い。」（東京高判昭二四・一〇・三一資料四八・二七）。

緊急避難の主張を斥けた事例（但し間接に緊急避難の成立する余地を認める）

【105】「昭和二十四年法律第百二十四号による改正前の労働組合法第一条第二項には刑法三五条の規定は労働組合の団体交渉その他の行為にして、労働者の地位の向上を図り経済の興隆に寄与することの目的のた

めになしたる正当のものにつき適用する旨規定するが、労働者と使用者との交渉においては両者の対等なることを要し、従て労働者の争議権の行使といえども使用者の有する一般的基本的人権である自由権財産権と調和するものでなければ正当な行為とは認め難い。而して本件生産管理の如きは労働者において使用者の自由意思を抑圧し、企業者の財産に対する支配を排除し、自ら企業経営の権能を行うものであり、明かに労使両勢力の均衡を破つて労働者の権利を偏重し使用者の有する財産権の根幹を揺がすものであつて正当な争議行為として許さるべきでない。被告人等は本件生産管理は会社側の工場閉鎖に対し被告人等として他に採るべき何等の方法もなかつたものでやむことを得ず之をやつたものだと主張するが、会社側の各工場閉鎖は労働者う[illegible]に対する対抗手段としてなされたものであつて何等不当のものでないと認められるのみならず、労働[illegible]社側の工場閉鎖を正当にあらずとする場合にはこの点を指摘し、自己の権利実現のため法律によ[illegible]済を求むる途なしとせぬのであるから、本件生産管理を以て他に採るべき方法がないため已むことを得ずなされたものと言うことはできない。」(大阪高判昭二六・三・三一資料一〇二・三五一)。

最高裁判所はしかしかような見解を斥ける。次にかかげるのは前掲【100】事件の上告審判決で、生産管理の合法性を否定し控訴審判決を覆えしたものである。

【106】 「先ず原判決にいうところの本件生産管理の適否について考察するに、かりに当時の、会社側の経営状態及び本件争議に対処した会社の態度並びに従業員側の情況がそれぞれ原判示のとおりであつて、会社側に非難に値する仕打があり、従業員側にむしろ同情すべき事情があつたとしても、本件の如く、被告人等が会社側の意向を全然無視し、強いて会社の建造物に立入つてこれを占拠し、他の従業員の就業を阻止し、あるいは会社所有の物品をほしいままに管理処分するが如き一連の行為は、当裁判所が先きに、昭和二三年(れ)第一〇四九号事件につき、昭和二五年一一月一五日に言渡した判決の趣旨に徴し、到底適法な争議行

為としてこれを容認するを得ない。……然るに原判決は……『会社側並びに従業員側に存する前記の如き特殊な情況下においては、被告人等の為した、……一連の行為は……緊急避難的な意味を有する特殊の生産管理行為として例外的に合法視さるべきものであつて、旧労働組合法第一条第二項の趣旨に徴し、それが争議目的を達成する為め、緊急已むを得ないものであるにおいては、かかる生産管理の内容を為す、本来刑事責任を問わるべき個々の行為と雖も、その可能性を免れる』旨の判断をしているのである。そしてかかる見解を前提として考案を進め、本件公訴事実中、建造物侵入の点及び業務妨害と窃盗の各一部の点は、前記組合法の条項の趣旨に徴し、争議目的達成の為め緊急已むを得ないものであつて、刑法三五条の適用のある場合であるとして無罪の言渡をしているのである。原判決が右の如き無罪判決の前提として、本件行為が争議中の行為であり、適法な生産管理行為であると判示した見解の誤れること前記の如くである以上、原判決がかかる前提の下に本件公訴事実中建造物侵入及び業務妨害の点につき被告人……をそれぞれ無罪とした部分は、結局旧労働組合法一条二項の解釈適用を誤つた違法あるに帰し、しかもかかる違法は、判決に影響を及ぼすこと明白である。」(最判昭二六・七・一八、刑集五・八・一四九一)。

また生産管理において単に従前の経営者の経営方針をそのまま引き継ぐに止まらず、これと異る経営を行つた場合すなわち約半年にわたり工場を占拠して会社側の人物の工場内への自由な立入を拒否し、争議に何等関連がないのにかかわらず会社側から要求されても工場内に保管されてあつた会社の得意先からの寄託品の引渡に応ぜず、従来の会社の営業方針に拘りなく新規の註文を引受けて印刷製本の作業を行い、生産管理中の組合員に対しては作業収益金の中から従来の基本賃金の外、その九割に相当する金員を仮渡金名下に支給し且つこれ等に対する勤労所得税を放置し、しかもその経理内容について会社の要求あるも絶対にこれを明かにしなかつたという事例について、

【107】「経営権と労働権との対等を保障しているわが国現行の法律秩序からすれば、両者の間に労働協約による特別の定めがない限り、企業の経営、生産行程の指揮命令は資本家又はその代理人たる経営担当者の権限に属するものであるから、同盟罷業が有効でないからといつて、(原判決は所論のいわゆる生産サボという事実は認めていないばかりでなく）事情の如何にかかわらず、使用者側に専属する生産手段の管理を排除して、それを組合側の実力支配の下におくことは、いわゆる生産管理等その名目の如何にかかわらず争議行為の適法性の限界を越えたものであることは前掲当裁判所判例の説示するところである。

されば原判決が認定した程度に会社側に属する生産手段の支配を排除した被告人等の判示行為は正当な争議行為ということができないことは明白であつて、結局右と同趣旨に出た原判決は正当であるから論旨は採用に値しない。」(最判昭二七・二・二二刑集六・二・二八八)

とする。

さらに会社側の工場閉鎖に対抗する手段として生産管理を行うため工場内に立入り、資材を搬出するため倉庫内に侵入する行為についてもこれを違法としている。

【108】「判示のように既に会社側は適法に工場閉鎖を行つた上更に組合側の実施しようとする違法な生産管理を阻止し、以て自己の主張を貫徹せんがため適法な権利行為として木柵の設置倉庫の施錠及鍵保管者変更等の措置を行つたものであるから、之に対し被告人等が判示のように多数暴力を以て右木柵、錠前及び扉を恣に破壊した上倉庫内に侵入したことは到底、労働組合法第一条第二項に所謂正当な争議行為と認め得るものではない。」(大阪高判昭二六・三・三一資料一〇二・三五一)

その他生産管理についてはなお多数の判例が存するが概ねこれを違法としている。

一口に生産管理といつてもその態様はさまざまであるが、一般的にいつてその構成要件は、企業経営権――企業活動をなす権能――そのものの実力による接収と、その必要的な手段としての企業の物的施設に対する実力支配との二要素に分ちうるから、その違法性は二面にわたつて問題となる。

まず第一に企業経営権の接収であるが、企業経営権は本来所有権に由来し、所有権者たる資本家あるいはその委託をうけた経営者にのみ属するものであり、争議手段として労働組合による企業経営権の全面的接収は私有財産の保障を根抵からゆるがすことになつて到底これを正当な行為と認めることのできないことはすでに述べたとおりであり、判例もこれを強調する（法益の均衡）（なお吾妻、基本問題、五四頁以下）。また実質的にも、経営者はそれによつて莫大な経済的損害をこうむるのに対して労働者は経済的に何ら失うところがないという手段の面での不均衡という要素も看過しえない。したがつてそれは経営者の企業活動の妨害という点で業務妨害として違法たるを免れず、また企業収益の恣意的配分の点でさらに財産権の侵害として違法性を帯びる。

前掲判例【107】のごとく、組合が独自の経営方針で企業活動を行い、且つ企業収益について従来の賃金以上に、要求額に達するまでの金銭を支払うという場合が典型的な企業経営権の奪取ということができ、その違法性は当然のことである。

第二に企業の物的施設に対する実力支配という点であるが、これらの物的施設に対する占有管理権は基本的には経営者に属し、労働者は経営者の企業指揮権にしたがつて労務を供給するという限度で企業施設に対する占有管理を有するにすぎない。したがつて生産管理のように経営者の企業指揮権を排除して労働組合の指揮下に生産に従事するために企業施設を占拠することは本来違法であり、しかも労働組合による企業経営権の行使という違法な目的のための行為であるからそれを正当化する理由がない。そこで工場占拠は不法占拠となり、かかる不法占拠をなすための工場内への立入りは建造物侵入罪を構成し、会社の同意なしに会社財産を処分すれば窃盗、毀棄等の犯罪が成立することになる。

ただ工場に対する不法占拠は、積極的な行為によって占有を侵奪する場合ではなく、組合員が就業している状態が従前のまま平穏に引き継がれ、単に経営者の意思に反して占有がなされているというだけの場合には、退去要求に応じないだけでは別段不退去罪を構成しないものと考えられる。けだし不退去罪は不作為犯であるからその違法なるがためには作為義務（退去要求に応ずべき義務）違反の存することが前提となるが、労働争議に際しては労働者は経営者の指揮命令に従って一定の作業をなす義務を免れるものであることは、労務供給の停止が正当と認められる趣旨からあきらかであるから、ここでは不退去という不作為について違法性が阻却されるものと認められるからである。もちろんこれは不法占拠が平穏な状態で行われている場合にかぎられる。なお判例は、経営者が工場施設に対する事実的占有を完全に失っている場合には、組合員がその退去要求に応じなくとも不退去罪は成立しないとしている（大阪高判昭二五・九・一資料一〇二・四〇九・本稿【36】事件）。

しかし生産管理も態様によってはそれが正当な争議行為として違法性が阻却される場合も考えることができよう。

すなわち生産管理に際して労働組合が従来の経営方針を変更せず生産に従事する場合には、形式的には経営者の企業指揮権は直接的に侵害されているが、実質的には生産の面では企業の常態は維持されており、ただ企業利益の経営者への帰属が一時阻止されているにすぎない。すなわち企業活動の妨害は実質的にみた場合、経営者に帰属すべき企業収益が労働組合の下に一時抑留されているという点にのみ存し、かかる妨害行為は労務提供の拒否の域を出ないのであるから一種の巧妙な怠業として違法性を阻却されるものと考えられる。かかる場合はいわゆる理想型の生産管理とされ多くの学者によりその正当性が是認されている（石井・労働法一三七頁、団藤・刑法八〇頁）。しかしかかる生産管理は、全く無力な争議手段であつてむしろ生産管理の名に値しないものである。判例は生産管理を一切違法とするものかどうか必ずしもあきらかでないが、かかる場合についてはふれていないと考えられる（石井・講話一九一頁）。

なおそのほか一部の判例にあらわれているように緊急避難として典型的な生産管理が正当化されうることは考えられる（この点については本稿ではとくにふれない。緊急避難の項を参照されたい）。しかし生産サボに対抗する生産管理が正当化されるという理論は根拠がない（註解労働組合法三〇頁）。

六　その他の「業務管理」的争議行為

ここで業務管理的争議行為というのは、争議の態様が労務提供の拒否、企業経営権に対する消極的侵害に止まらず、経営権に属する事項を一時組合が支配管理するという要素をもつた争議手段である。判例で問題となつた事例として電産労組のなした電源スト・停電スト、納金スト等がこの性質を有する。

（一）電源スト・停電ストの合法性

(1) 総説　電源スト、停電ストは、争議手段として組合の指揮下にその計画に応じて発電量を一定量低下させあるいは一定時間の送電停止を行う等電気の正常な供給に直接障碍を与える争議手段である。その過程において発電所の水車室、機械室、配電盤室その他電源職場における従業員の手による発電施設の運行の一時停止、配電線の遮断およびそれを計画された減電量、送電停止の達成に必要な期間維持するための職場占拠およびピケティングをともなうものであり、単なる労務提供の停止の範囲をこえ、企業指揮権を部分的に一時排除してこれを組合の指揮下におくという所為がともなうため単なる同盟罷業と同視しえないだけでなく、極く小規模の組合員の職場離脱によって、経営者のみならず一般需要者に大きな損害を与える効果を有するため、その手段としての均衡性合法性がしばしば問題とされた。

このような行為は公益事業令八三条の電気供給妨害罪、八五条の電気供給の不当停止の罪に触れるが、これらの罪は一方において電気事業者の企業活動の保護と同時に他方において需要者の利益を保護するものであるから、その争議手段として正当性は二つの観点から問題となるわけである。かような争議手段はいわゆるスト規制法によって全面的に単純な同盟罷業にともなう発送電停止をも含めて禁止されたけれども、このスト規制法に違反する停電スト、電源スト等の争議手段が本来は正当な争議行為であるか、それとも本来不法な争議行為であるかはいぜん重要な課題たるを失わない。けだし第二章でもふれたように電源スト・停電スト等の争議手段が単にスト規制法違反に止まり刑罰を免れるか、さらに電気の不当取扱に関する公益事業令の罰則が適用されるかという問題が残されるからである。

停電スト・電源ストについては検察当局はこれを違法な争議行為であるとして電気事業法、公益事業令違反で起訴したが、下級審の大部分の判決はこれらは同盟罷業と同様正当な争議行為であるとして無罪を言渡しており、検察側はさらにこれを不服として上告中昭和二七年一〇月国会の抜打解散にともなう公益事業令の失効により上告中の事件はすべて免訴となつたため、最高裁判所の法律見解は遂にあきらかにされることなく終つてしまつた。

(2)　経営権との関係　検察側は、電源スト、停電ストことに狙い打ち停電ストについて、それが単なる労務提供の停止の範囲をこえて経営者の企業指揮権を一時的に侵奪するということを理由としてその違法性を主張し、一部判例はこれに同調するが（新潟地高田支判昭二八・一二・一〇高裁刑集九・七・八〇一（東京高判昭三一・七・一九の第一審）なおこの判決は控訴審で覆えされた）。大部分の判例はこれらを合法としている。

【109】　「本件電源ストは発電所の水車室、機械室、配電盤室その他堰提取水口等の電源職場において従業員が一旦、発電施設の運行を停止せしめた上その職場を離脱し一定時間労務の提供を拒否することにより一定の減電量の実現を目的とする争議方法として案出されたものであつて、これにより会社の発電量の低下を来たし、その業務の正常な運営を阻害するものであるが、本来、争議行為において使用者の業務の正常な運営を阻害する結果を伴うことは、その性質上已むを得ないところであるから（労働関係調整法第七条）、電産がその争議方法として上記のような電源ストを決定し、その実施によつて会社の正常な業務の運営が阻害せられ水利の妨害を受けることがあつても、このことのみを以つて不当な争議方法であるとはいえない。ただ、この争議方法によるときは、電源職場従業員が会社側より発電施設の操作を停止することなく、現状のまま引き継ぐよう要求されてもこれに従うことなく敢て発電施設の運行を停止せしめ、一時会社の施設の管

理を行う状態を伴う点において、不法性を帯びるやの疑を生ずるけれども、電産がかかる電源ストの方法を採用するに至つた理由を考按するに、原審証人藤田進、当審証人小川照男、同宮川安弘等の各供述を総合すると、電気事業は最も重要な基礎産業としての公益事業であるから、全国ないし一地方の電気産業従業員が一斉に労務不提供に入れば、社会的経済的に頗る深刻な影響をもたらすことが予想されるので、当時電産としてはかかる大規模なストの実施を良識的に避けて、電気の供給に実質的な障害を生ぜしめないよう減電量を定め被害の少ない一定時間、一部発電所に限つて行う電源ストの方法を採つたものであること、かように電源ストは一部発電所を対象として限られた時間だけ行う争議方法であるから、単に職場を放棄するのみでは会社側非組合員の手により操業を継続させることが容易であり、従来の電産争議の経験に徴しても、会社側は当然そのような対抗策に出ることが予想せられ、かくては短時間小部分の電源職場を単純に離脱するのみでは、その実効を挙げ得ないため一時発電機の運転を停止して減電量十五パーセント程度（保安電力及び一般需要家に支障を生ぜしめないよう考慮し電源ストとしては最低線と認められる限度）を実現確保する必要があるとして会社の上記要求に従うことなく、敢て発電施設の操作を停止する方法を採るに至つたものであることが認められるのである、して見れば、叙上の限度において会社側の前記要求に応ぜず、発電停止の準備操作の間一時、会社の当該施設を会社側の意思に反して管理する状態に立ち至ることも、電源職場の特質上洵に已むを得ないところといわなければならない。然らば電産の採用した本件電源ストの方法は正当な争議手段と認めることができるのである。」（東京高判昭三一・七・一　九刑集一九・七・七七六）。

【110】「次に検察官は被告人等に争議権があり、これが争議行為として為されたものであるとしても、同盟罷業・怠業等の労務の提供拒否に随伴して行われるものならば格別、積極的に電気の供給を停止するが如き行為は企業権の侵害行為であり、又県下一斉に電気の供給を停止するが如きはその影響の広汎且深刻な点からみて、権利濫用として許さるべきではないと主張する。しかしながら、公益事業令第八十五条が『公益事

業に従事する者が電気又はガスの供給を正当な事由がないのに取扱わず又は不当な取扱をしたときは……」と規定している文言によれば、正当な事由がある場合電気の供給を取扱わず又は不当な取扱をしても何等これが刑事責任を問われないことは明白であつて本件停電等の行為が外形的にはまさに右法文に云う電気の供給を取扱わず又は不当な取扱をしたときに該当するものとして処置せらるべきものであることも亦明かである。従つて労働組合法第一条第二項によつて正当な争議行為としてその違法性を阻却せらるべき行為は、前記公益事業令第八十五条にいう「正当な事由ある場合」に該当するのは勿論であつて、このことは公益事業令施行前の電気事業法第三十三条についても全く同一であるといわねばならない。電気供給事業においては電気の供給そのものが生命であつて、企業者の意思に反して労働者がこれを停廃することは同盟罷業・サボタージ等の労務提供拒否の行為より進んだ企業権の侵害であると検察官は主張するのであるが、労務拒否と本質的に右停電行為が異るものとする点は首肯し難いところであるばかりでなく、前記停電行為は具体的場合においては単純なる労務拒否もしくは職場放棄よりも公衆生活に対する影響の点において遙かに合理的な方法であることも看取される。」（福岡高判昭二六・四・二〇 六資料一〇二・四九七）。

【111】　「検察官は、仮に被告人等が具体的争議権を持つていたにしても、被告人等のした争議行為は、正当な争議行為の範囲を逸脱した争議権の濫用と目すべきものであると主張するので、最後に……本件被告人等の争議行為は、争議手段として正当性を有するか、どうかを取上げることとする。

前掲の各証拠によると、

㈠　被告人等の本件争議行為は、たとえ不当弾圧に対する抗議をも含めて実行されたものであつたとはいえ、それは第二次的意義を有するにすぎず、その主たる目的は、あくまでも第二次争議本来の目的であつた労働条件の改善と、労働者の経済的地位の向上とを期した経済的要求の貫徹にあつたこと。

㈡　被告人等の行為は、前記第一の㈣に認定したように、電産が昭和二十三年五月下旬上諏訪の第二回全国大会において決定し、同年六月十七日発表した三月仮協定の内容を完全に闘いとるためにあらゆる停電ストを含む実力行使を用いる闘争戦術として地域的にスト戦術に入るべき旨の戦術第一号の指令に基づいてなされたものであること、

㈢　しかも、停電ストを行うに当つて、占領軍関係、病院、鉄道等の保安関係に対する電気供給の確保、電気機械器具等の破壊防止、大口需要者その他一般公衆に対する事前予告等の社会への影響を顧慮して周到な措置の採られていること。

㈣　終日的であると時間的であるとにかかわらず本質的に差異のない単純な労働力提供の拒否が、被告人等の争議手段として採られる場合、被告人等にとつては、本件の所為以外に他に採るべき争議行為としての争議手段がないこと、すなわち、電力発電所又は変電所の従業員である被告人等が、終日的に労働力提供の拒否をした場合、全面的に発電用ボイラー罐の操作停止や送電の停止の結果が必然的に招来される現象であることに鑑みるならば、争議手段として時間的に労働電力提供の拒否の方法を採つた場合、亦時間的に発電用ボイラー罐の操作を停止し、或は送電用の開閉器を遮断することは、電気供給事業の特質上、時間的労働力提供拒否の実質をなすものであること。

㈤　ことに上津役電力所管内の変電所における被告人等の送電停止行為の指令は、昭和二十三年一月三十一日九配の工務部長から管内各支店長宛に発した「電力制限に対する配当枠電力厳守について」と題して、供給枠超過の大口需要家に対する送電停止を命令した通達によつて窺い得るように、経営者側の既に計画していた電力制限案の一部を、たまたま争議手段として実行に移したにすぎない事実、そして右通達は、その頃電力制限の実施方法としての緊急制限の計画化を阻害する過半の原因が、需要者の使用過多による配当枠以上に負荷をかけたことにあつた点に鑑み、㈠各支店毎に与えられた電力枠より絶対に超過せぬこと、第一線発変電所においては、割当電力より超過せし場合、直ちに超過配電線を遮断すること、㈡給電指令を絶対

守ることを指令し、その不履行が過去において、結局「サイクル」降下を来たし、場合によつては火力発電所が停止し、或は電源側において送電を遮断し、停電の範囲が拡大されたことのある点を指摘して第一線の発変電所に対し、各支店の使用電力が割当電力を超過した場合、直ちに超過配電線を遮断するよう強力に指令している事実を綜合すると、被告人等の本件争議行為は、電産の組織的争議行為の一環としてなされたもので、電産労働者側の恣意によつて企業経営の基幹を遙がし、企業権を侵害したような行為でもなく、又争議権を濫用したものともいうことはできず、たんなる電気事業の特質の上に立つ単純な争議行為に外ならないことが容易に諒解される。」（福岡高判昭二六・七・三〇資料一〇二・四六五）。

【112】「固より労働者が使用者の意思を排除して企業経営の権能を行い使用者の私有財産の基幹を揺がすような争議行為はわが国現行の法律秩序を破壊し到底正当な争議行為と認むべきではない。然し記録に徴すると原審の認定したとおり被告人等が電産の指令を実施するため日発川崎変電所長の業務命令に反し日発が関配より委託を受けている関配所有の東芝柳町及び堀川町両工場に対する配電線を遮断し、約十二分間送電を停止したことが明らかであるが、該所為を以て未だ右に叙ぶる如き程度の法律上許すべからざる争議行為をしたと断ずることは当らない。而も本件記録によると原審が認定しておるように本件停電ストを実施するに当り、電産においては東芝柳町及び堀川町両工場労働組合に対しその日時方法を連絡し且つ柳町工場に対しては八丁畷線、堀川工場に対しては幸町線よりそれぞれ保安電力を確保し得るよう危険防止の措置をとつていたことが明らかであるばかりでなく、重大な事故発生の危険の伴い易い職場放棄等の手段を避け比較的安全にして効果的な停電ストの方法に出たことは産業事業の性質上機宜に適した処置であつたものとも謂いうべく従つて本件停電行為を以て必ずしも正当な争議行為の範囲を逸脱したものとは認められないから論旨は理由がない。」

「本件停電行為が一般的普遍的な停電ではなく東京芝浦電気株式会社柳町及び堀川町両工場に対する停電

であつたことは原審の認定するところであるが、労働組合の行う労働争議はその使用者との間において労働関係に関する主張が一致しない場合その主張を貫徹することを目的とするものであるから労働組合としてはその争議行為において当該争議目的を達するためにやむを得ない必要によつて行われるものである限り、その方法については一に労働組合が決定すべき事項であつて、その結果において使用者の業務の運営を阻害するに至ることとあるも止むを得ないところである。而して原審認定のように右電産においては本件争議行為として停電ストを実施することと定め……停電ストを決行すべきことを指令するに至つたこと及び本件送電線スイッチ遮断が右指令によつて行われたことが記録によつて認められるから、本件停電行為を以て単に所謂狙い打ち停電行為であるからという理由で違法だと主張する論旨は当らない。」(東京高判昭二七・七・三資料一〇二・二九五)。

そこでこれらの争議手段が単なる労務の提供の停止に止まらず発送電施設の実力による占拠と、電力会社の指揮を排除した発送電設備の操作を主体とすることからそれが正当な争議行為として違法性を阻却されるかどうかについて検討しよう。

この場合いわゆる理想型における生産管理を違法でないとした趣旨に照し、判例にあらわれている会社が既に計画していた停電を争議手段として実施するという事例では実質的にみて企業経営権の奪取ということは認められないから、それが特定工場に対する狙い撃ち停電であると否とを問わず違法性を欠くものと考えられる。したがつて問題は組合の恣意により減電・停電を実施する場合に限定される。この場合電源スト、停電ストの構成要件を分折すると、第一に会社の指揮に応じた労務提供の停止、第二に発送電を停止するための発電機の運転停止あるいは送電線の遮断、第三に組合の計画した停電量ないし減電量を達成するに要する期間の職場占拠に分ちうるであろう。第一の点は労務提供の停止で合法的争議手段と認められ、第二の点もまた職場離脱にともなう安全保持のためのいわば後始末として必要的な行為であるから、それ自体としてみたときには企業経営権の直接的侵害をともなうけれども正当な労務提供の拒否に必然的な行為としてやはり違法性を阻却される。この限度では行為は同盟罷業の範囲に止まるものである（神山・労働刑法提要二二八頁以下）。しかし第三の職場占拠は――これが減電停電計画の実施という業務管理（生産管理）的行為としての電源スト・停電ストの必要的要素であり問題の中心をなすわけであって――行為の性格を一変させる。すでに工場占拠で述べたように会社の承認しない発送電の停止のために適法に会社の施設を占拠する権限は組合にはないのであるから、会社は発電所変電所等への組合員の立入を禁止しあるいは退去を要求しうるものであり、爾後の職場占拠は不法となる。したがって立入禁止をおかして発・変電所内に立入れば建造物侵入罪を構成し、また会社が職場代置を行うために発・変電所の占有を回復しようとするのを妨害することは、正当な争議権の行使とは認められず、威力業務妨害、暴行、脅迫等の犯罪を構成する場合が生ずるであろう。前掲【109】事件の判例が発電所の占拠を当然に合法とし、ピケラインによる職場代置の妨害を合法としている（後出二三一頁【117】事件）のには疑問なきを得ない。なお要求を受けて退去しないというだけでは不退去罪にならないことはたびたびくり返して述べた。ともかく以上を総合すると、会社に対する関係では電源スト・停電ストは、電気の供給の妨害・停止という観点からすればそれは本質的には労務供給停止の結果にすぎず（本来は）正当な争議行為であるが、それに必要的に伴う職場占拠は実質的に計画的停電を行うための業務管理的行為であって違法であり、会社の職場代置を妨げあるいは作業場閉鎖を実力で無効にするような行為が刑法に該当する場合には違法性を阻却されないとみるのが正当であると考えられる。要するに争議手段としての電気の供給の停止は、それ自体では企業経営権の侵害という理由では違法とはいえないが、職場占拠をともなう限りで違法となるという結論になる。

しかしなお電源スト・停電ストによる電気の供給の妨害・停止は一般需要者に多大の影響を及ぼすものであるから、第三者の利益ないし公共の福祉との調和という観点からさらにその違法性が問題とされうる。すなわち狙いうち停電ストのように特定需要者に対し電気の供給を停止することはそれにより需要者はその意に反して生産・操業を停止しあるいは能率を低下させるのやむなきに至るから一種の威力による業務妨害行為であり、かかる行為は争議権の濫用として法の保護を否定されるのではないか、あるいは停電の継続により国民生活に直接・間接に打撃を与え、ひいては社会不安をかもすような事態を招くような大規模な電力の供給停止が行われるときにはそれは公共の福祉との調和を破る争議権の濫用と考えられるのではないか等々が問題となる。争議権といえども第三者の基本的権利を不当に侵害しあるいは公共の福祉に反するような行使は許されないところであるが、また反面公共の福祉の名の下に争議権を不当に抑圧することも許さるべきではない。停電によつて公共の利益がある程度侵害されてもそれは正当な争議行為によるものである以上受忍されるほかはない。

したがつて当該争議行為が相当性、均衡性を有するかどうかについては一般的抽象的標準によつて劃一的にきめられてはならず、行為の具体的な態様、その公衆に及ぼす影響を具体的に判断して決定されなければならない。同じ停電ストでも、行われる地域、対象、時間等によつてあるものは行為の相当性を失わず、あるものは行為の相当性を失い争議権の範囲を逸脱したものとして違法性を帯びることになるであろう。この点で狙い打ち停電ストの如きは本来直接特定の第三者に対する加害行為であり（なお本稿九五頁【11】参照）、特に前示判例のように会社の停電計画を実施するという特段の事情のないかぎり違法と考えねばなるまい。

【113】「更にその公益に及ぼす影響からみて権利濫用であるとする論旨も、被告人等において本件停電行為等に出でた目的・動機において被告人等所属労働組合の電産の斗争指令に基づいて行われたものであり、且右争議行為に対する不当弾圧に対する抗議を含めて為されたものであつたとしても、それはあくまで被告人等労働者の地位の向上を目ざしての労働争議における実力抗争がその本来の目的であつて、しかも占領軍関係・保安関係を除外し、且一般需要者に対してもなるべく不測の損害を与えないよう適当な措置を採つた上本件行為に出でたものであることは、既に先に認定したとおりであるから、これを以て権利濫用であるとする論旨も到底採用できないところである。」（福岡高判昭二六・四・二六資料一〇二・四九七）。

なお福岡高判昭和二六年七月三〇日、資料一〇二号四六五頁、札幌高判昭和二六年一月二六日資料一〇二号五五〇頁（本稿前出【110】事件）も同旨である。

これらの判例はいずれも停電の規模が比較的小さいこと。停電に際しては一般需要者に無用、不測の損害を及ぼさぬよう事前に相当な措置をとつたこと等をもつて個々の停電ストを合法とするが一応妥当なものと考えられる。

ともかく一応正当な争議権の行使の限界内に止まる電源スト、停電ストについては、今日ではそれがスト規制法に違反しても刑事罰を科せられることはないということになる。

（三）納金スト

納金ストとは、集金業務の一環としての納金業務について労務の提供を停止する怠業的争議手段である。問題点は納金業務の停止にともない集金にかかる会社の需要者への供給物の代価が一時的に組合の管理支配下におかれるところから――とくに組合名義で当該金額を銀行に預金する場合その支配は完全に排他的となる――一種の業務管理的行為でありその合法性が問題となるわけである。かような争議方式もまた電産労組の発案になるもので、組合委員長名義で集金にかかる電力料金を銀行に預託する行為が業務上横領罪を構成するかどうかについて問題となつたわけであり、下級番に一・二の判例がある。

刑法の問題としては、この場合会社の金銭を保管する組合が、会社の引渡請求を拒否したとき、あるいは組合委員長名義で該集金々員を銀行に預託したときに不法領得の意思の発現が認められ、横領罪（業務上横領罪）に該当する行為が行われたものと考えることができる。組合がこれを闘争資金に費消するがごとき行為は論外であるが、争議解決後それを返還する意図があつたとしてもそれを以て不法領得の意思なしとは云えない。次に掲げる判例はかような見地から集金ストにつき業務上横領罪の成立を認めている。

【114】「成る程本件集金を被告人名義で預金したことは被告人において争議を組合のため有利に導くため実質的には一時抑留する目的であつたのであり、これを自己若しくは組合の所得としたり又は自分等の為経済的にこれを利用する意思があつたとまでは見受けられない。しかしながら横領罪に必要な不法領得の意思

とは他人の物の占有者が委託の任務に背き所有者の権利を排除してその物につき権限がないのに擅に自己のためこれを抑留したり所有者でないとできないような処分をしたりする意思をいうのであつて、必ずしも占有者が自己の所有とし若しくは利益を図る意図あることを必要とするものではなく、又占有者において不正に領得した物を後日返還し若しくは利益を得る意図あることを必要とするものではなく、又占有者において不正に領得した物を後日返還若しくは補填する意思が行為当初にあつたからとて横領罪の成立を妨げるものではない。本件においては判示認定のように被告人が集金係員と共謀して同人等をしてその業務上集金保管し会社に納めなければならない金をその任務に背いて所有者である会社の意思に反し、その権利を排除して擅に何等の権限もない第三者である被告人名義で預金させて不法に自己等のためにする占有に変改したばかりではなく、所有名義をも変改したものであるから不法抑留である上にこれ亦所有者でないとできない一種の処分行為であり、不正領得の意思を以てこれを実現したものというべく、従つて横領罪は完了したものとなすを相当と考える。右行為が争議手段として組合決議に基いたものであるか否か、事前に所有者たる会社側に通告して公然と行われたものであるか否か、将又当初から後日返還する意思があつたか否か等により犯罪の成否を異にするものではなく又実際ストライキ終了後元利金共所有者に返還している事実を以てしても横領罪の成立を否定する理由となし得ないことは論を俟たない。」(和歌山地判昭二六・四・二七資料一〇二・七一七)。

しかし同行為の構成要件該当性はまさに判旨のいうとおりであるが、争議行為として金銭を抑留する行為が正当かどうかについて全く触れられていないのはおかしい。そしてこの点がまさに問題の核心をなすわけである。

これに対して神戸地方裁判所の判決は、この種争議手段の合法性を詳細に論じている。すなわち、

【115】「……電気料金の分合保管による抑留的行為は、電気料金を、会社側に納めないとする不作為であ

る。およそ構成要件を実現し、法益侵害に対する危険な状態が存在するに拘らず之を排除すべき作為に出ないところに、その特殊性が認められる所謂不真正不作為犯にあつては、その要件として作為に出ないことが、作為を要求する法律秩序の立場から否定されることを必要とする。ところで、争議行為としての納金業務一時停止を考えると、納金業務に対する労務不提供の結果として、分会に保管される電気料金をば会社側に納入しないとしても、勤労者の団体行動権が国民の基本的権利の一として保証される以上毫も電気料金を会社側に納入すべしとの作為義務は要求されるところではない。唯納金業務の一時停止は、集金業務の一環としての納金業務のみの一時的拒否であつて怠業に類似する争議行為として分会員により生産手段たる資本に転化する過程にある電気料金の占有を伴うが、この段階にあつては経営者としては、電気料金は、未だ支配し得る状態にあり、之が分会員によつて排他的に占有されたとき初めて一時的にせよ経営者の資本制生産の基幹を揺がすに至りその争議行為は違法なものとなると解せられる。従つて本件納金ストにあつては会社側が分会側に代つて納金業務を継続する要求に出た場合、或は電気料金の引渡しを要求した場合、分会側が之を拒否するときは争議権の正当性の限界を逸脱するものと云わなければならない……。」(神戸地判昭二八・九・一〉。五資料一〇二・六九〇)

としたが、結論としては不法領得の意思が認められぬとして無罪を云渡し、また控訴審の大阪高等裁判所も同様電気料金を組合委員長名義で預金する行為を不法領得の意思の発現と認められないとしている(大阪高判昭二九・七・一〇。労働法律旬報一八二号)。

しかしこの点については問題は不法領得の意思にあるのではなく(前掲事件では、不法領得の意思ありと認めるに充分であるといわねばならぬ)、金銭抑留が正当な争議行為と認められるかどうかにある。

まず単純に納金業務が停止され金銭が組合の占有下におかれている状態は、怠業に際して企業施設が組合により占拠されているのと異ならず別段違法性がない。会社の引渡要求に応じないことは多少問題はあるが、金銭の占有自体は不法であるとしても、争議の特質上引渡要求に応じないという不作為は正当な争議行為としての労務提供拒否の域を出ないから横領罪を構成するに足る違法性に欠けると解するのが相当であろう。これに対し組合委員長名義で会社の金銭を預金することは単なる不作為ではなく積極的な領得行為にほかならず、経営権の直接的侵害ともみられるが、反面それは組合が当該金員を現金のまま保管するのに比してむしろ安全な保存方法であるから引渡拒否と実質的にみて異るところはなく、とくに預金行為のみを違法とするだけの実質的理由に乏しい。結局これは理想型における生産管理と同様に、労務提供停止を本体とした一種の巧妙な怠業というべく刑法上は正当な争議として犯罪を構成しないものといわねばならない。もつとも当該金銭を会社に利用させないという限度をこえて、不当に他の目的に流用するような行為があれば違法であることもちろんである。

七　ピケティング

ピケティングは同盟罷業・生産管理その他主たる争議行為に附随してそれを強化する附随的争議行為として殆んど大多数の労働争議に際して実行されるものであり刑事々件になつたものは極めて多い。

ピケットは本来の意味の見張りに止まる限り刑法上の問題を惹起することはすくないが、多衆のスクラムによるいわゆるピケラインは刑法上重要且つ困難な問題を提供している。

ピケラインは一つには労働者が団結の威力を誇示し経営者に心理的圧迫を加えるという単なる示威的な性質のものとして行われるものであるが、その主たる目的は争議の内部崩壊を防ぎ結束をかため、さらに外部からの争議に対する妨害、切崩しを防止するという点に存する。すなわち組合決議に服従せず争議から脱落する裏切り者の就業を阻止し、経営者が非組合員、第二組合員によつて操業を強行しようとするのを阻止し、または経営者と第三者の取引を妨害し時には経営者の企業施設に対する占有の排除を有効ならしめ、それによつて争議の効果を高めそれを有利な解決へ導こうとするものである。しかしそれは単純な示威ないし労務提供の停止に止まらず積極的に経営者、非組合員、第二組合員の操業すなわち経済的活動を妨害するという点においてこれらの者に対する業務妨害を意味し、また第三者と会社との取引を阻止する点でも第三者に対する業務妨害を意味することになるから、かかる行為が正当な争議行為としていかなる限度で違法性を阻却されるかということが理論上のみでなく実際上にも極めて重要な問題を提起しているのである。

ピケティングに関する判例法は目下生成の途上にあり、大筋においては一つの方向がうち出されているが、細部については動揺しているというのが現状であろう。

まず第一にピケティングに際して暴力の行使が許されないのは当然である。ピケラインにおいて、これを突破しようとする非組合員に対して押す、突く、蹴る、撲るなどの物理力を行使すれば当然暴行罪ないし威力業務妨害罪を構成し、違法性を阻却されない。いわんや操業中の非組合員に対して暴力をふるつて職場外へ退去させる如きは到底正当な争議行為とはいえない。

【116】「憲法及労働組合法によつて労働者の団結権、団体交渉権及び争議権が認められ従来犯罪とせられた行為でも右権利の当然の帰結と認められる行為は同組合法第一条第二項により刑法第三十五条の適用の結

果罪とならなくなつたが、争議行為等はそれ自体においても望ましいものではないからその目的においても手段においても正当なるものであることが要求せられ如何なる場合でも暴力に訴え、不当の威力を行使して自己の主張を貫徹することは許されないものであることは弁護人上村進上告趣意書第一点に対する判断で説示したところを参照せられ度い。而してこのことは所謂ピケッティングについても同様であつて、罷業に参加しない者があつた場合にこれを看視し（看視の場所については暫く論外とする）相手方の道義心に訴えてその非をさとらせるとか、又言葉を以て説得し罷業に従わない者の自由意思によつて罷業に参加させることは許さるべきことであるが、暴力によつて仕事に従事して居る者を職場外に引出したり又設備を取外して仕事が出来なくなるようにすることは許されない。原判決の確定した被告人等の犯罪行為は前に掲記した通りであつて、いずれも争議行為の正当なる範囲を逸脱し違法たることを免れない。」（東京高判昭二三・九・二五資料五五・五七）。

しかしピケティングの問題の本体は暴力の行使ということに存するのではなく、ピケティングの本来の狙いであるところの争議を強化するために他人の経済的生活活動を妨害する点に存するわけであるから、業務妨害罪の成否について主として問題としなければならない。

まず第一にピケティングが他の主たる争議行為に附随する行為であるということから、主たる争議行為が正当であることの故をもつて、当該争議の実効性を維持するために必要なピケティング――による業務妨害――を正当であるとする立場が考えられる。

判例にもこの立場に従つたのではないかと思われるものがある。この立場では組合は正当な争議行為に対する侵害を排除するために経営者あるいは非組合員の操業就業を妨害する権利があるというような結論になるであろう。

【117】「右によつて見るときは、本件電源ストにおけるピケッティングも一般のそれと同じく『平和的説得ないし団結力の示威』を本来の建前とし、ただ説得困難の場合に限りスクラムによつて会社側臨時人夫等非組合員の現場立入を阻止することを認めているのであるが、本件電源ストの性質が上記のようなものである以上、その目的を貫徹するため、発電機の運転を停止する準備操作をするに際し、会社側から臨時に雇われた人夫が容易に説得に応ぜず、強引にピケラインを突破しようとする場合には、右準備操作を妨害されないための手段としてその操作実施の時間に限りスクラムによるピケッティングの方法をとることは已むを得ないところとして許容されなければならない。従つて本件電源ストの実施にあたり電産が右のようなピケッティングを指令し、被告人等が該指令に従つて時間、場所及び方法において右実施に必要な最少限度の行動をしたとしても、これを目して正当な争議行為の範囲を超えたものということはできない。」（東京高判昭三一・七・一九刑集九・七・七七六）。

しかし判例の一般的傾向としては争議に際して会社側が対抗策をとることは当然自由なことであるとし、単に正当な争議手段に必要的にともなう行為であるという理由でピケティングの正当性を根拠づける立場をとつてはいない。むしろピケティングの方法、態様に着目して、平和的説得行為であるか否かによつて妨害行為の正当性を限界づけようとするのが一般的傾向になつている。さらに妨害手段が積極的な作為による場合と消極的な不作為――例えば無抵抗のすわり込みによる場合とをわかち、後者については正当な行為として許されるという趣旨のものと認められるものも存する。一方争議から脱落したいわゆる裏切者の就業妨害についても、一部の判例は平和的説得の範囲をこえて威力により就業を阻止する場合を違法とするが、多くの判例は、裏切者の阻止については非組合員、第三者に対するよりもやや強い手段による妨害行為が許されるとの趣旨のようである。

会社の出荷に対するスクラムによる妨害

【118】「労働組合法第一条第二項の規定は労働組合の団体交渉其他の争議行為は同条第一項の目的を達成するために為された正当なものである限り罰せられないという趣旨であるから、争議行為は如何に正当な目的のもとになされる場合であつても、其の貫徹の為めに暴力を使用することは勿論不当の威力を使用することは正当な行為と認むることは出来ないと解すべきである。

原判決の確定したところによると北海道苫前郡羽幌町羽幌炭鉱鉄道株式会社築別鉱業所の従業員約七百八十名を以つて組織する労働組合は右会社に対し労働協約の改訂、割増賞与金の要求福利厚生施設の改善等を要求して昭和二十五年五月頃から争議に入つておつたが、数次の交渉を重ねるうち右組合員中争議より脱退するものが出で、一方会社では従来より会社の業務に従事していた組夫約五十名を従業員に採用し、之等の者と職員並びに従業員会の者にて採炭を続行して居つたので罷業決行派は之を制止しようとし、互に反目し抗争を続けて来たものであるが、被告人時安政富、同樋口勉等は罷業決行派の者と共に同会社の出炭業務を不能ならしめようとし、原判示第一の一乃至三記載の日時同項記載の如く百余名の者と共に電車軌道上及び其の附近に座り込み、又は立塞り或はスクラムを組み且つ労働歌を高唱する等の挙に出で、同会社電車運転手杉原石太郎等の運転する電車の運行を阻止したというのであるから、右行為は労働組合法第一条第二項の争議行為の正当な範囲を逸脱したものと認めるのが相当である。」(札幌高判昭二七・八・一五資料一〇二・五三五)。

【119】「本件労働争議は、その発展の過程において従来労資双方対等な力関係のもとに比較的公正妥当な態度で行われていたにもかかわらず、争議に突入して以来四五日有余を経過する間、会社側は本社からの送炭要請に強く支配されて、敢えて送炭をしようとしたのに対し、被告人等は本件争議行為の目的達成の一環

として右送炭阻止のために本件行為に出たことはこれをうかがうに十分であり、出荷を阻止すること自体は争議権の行使として、適法に行うことができるものといわねばならない。このことは送炭禁止の協定の有無により差異あるものではない。所論は又品質低下防止のための送炭であり不当に争議行為を妨害する目的を有しないからこれが阻止は許されないと主張するが、出荷により同盟罷業の蒙る脅威の甚大であることは前段説明のとおりであつて出荷阻止により品質が低下し信用を失墜する等有形無形の損害を蒙ることは争議行為の性格から当然のことであり、これがため何等出荷阻止を違法ならしめる根拠とはなり得ない。しかしその手段は無制限に許容されるべきものではなく、たとえその出炭が協約に反する場合といえども、いわゆる平和的説得ないし静止的、受動的実力行使の範囲にとどまるべきであつて、かかる手段では応じないからといつて本件のようにすでに積載し終つて送炭準備を完了している石炭専用貨車の開閉弁を開放することによつて、その石炭を線路上に落下放散させ、終局的に出荷を阻止することは、右範囲を超えた積極的実力行使にほかならないから、もはや正当な争議権の行使とはいい得ない。このことは出荷自体につき会社側に前記協約違反があり、したがつてそれが正常の業務に属するか否によつて消長をきたすものではないと解すべきである。更にまた会社側においては、石炭専用貨車一七輌（一車約三〇屯積）の送炭計画にもとづき、すでに三輌の出炭を了した際、組合側の要求を諒として、うち一二輌についての送炭は抛棄し、残り二輌だけについては一部積載もしている行きがかり上その送炭の諒解を組合側に求め、組合側としてもこれを必ずしも絶対的に拒否したものではなく、その交渉の段階においていわば双方の面子だけで早急に妥結する機会を失つたにすぎず、しかもこの程度の送炭に止まるのであれば敢えて本件行為に出なくても、本件争議行為全体の性格からみて、必ずしも重大な影響を受けるものではないと認められなくはないし、これを阻止するにしても、なお右行為以外の方法による余地が他になかつたと認めるに足る事情も存しないことがうかがえる。かようにみてくると、被告人等の本件行為は、労働組合法第一条第二項の適用によつてその違法性が阻却されるものとは到底解されないだけでなく、その他の免責事由も認め難い。」（札幌高判昭三一・四・二六、最判昭三三・二・二一刑集一二・二・八九三の第二審判決）。

【120】「労働協約その他特段の協定のない本件における争議中の製品出荷は本来経営者の自由であり組合は単に平和的説得によりこれを阻止することができるだけであつてその限度を超えた暴力手段による阻止は正当な争議行為といえない……。」（大阪高判昭三二・三・一九判例時報一二一・二二）。

非組合員、罷業脱落者に対する場合

【121】「前示認定事実を綜合すれば、S派執行部に属する組合員の争議は中止されたが、一面その反対者側の執行部に属する組合員の争議は依然継続していたものと認むべきである。されば右……の所謂ピケット其のものは前示の如く争議行為が継続するものと認められる右反対派所属労組の鉱員の就労を阻止し又は所謂スト破りを防止する限度において違法でないと謂うことができる。

「ピケット本来の目的は、同盟罷業にあたり組合員の団結を確保し、且つその勢力を使用者に対し示威すると共に戦列を離脱して就労せんとする組合員に対してその飜意を促す機会を得ることにあり、これが為には一応其の通行を阻止して説得することは許容されるも該説得は平和的方法によることを要し、又あくまで説得に応じない組合員に対し終局的に通行を阻止することは畢竟暴力の行使であると解すべきところ、右……認定のごとく出勤せんとする職員をスクラムを組み体あたりを以て押し返し、その通行を阻止した被告人等ピケット隊員の行動はピケットによる適法性の限界を超え威力に因る業務妨害及び暴力行為等処罰に関する法律第一条違反の罪を構成するものである。」（福岡高判昭三〇・五・二一特報二・四六三）。

罷業脱退者に対する場合

【122】「組合が争議権を行使して罷業を実施中、所属組合員の一部が罷業から脱退して生産業務に従事した場合においては、組合（従つて組合役員ならびにその意思に従つた組合員）は、かかる就業者に対し口頭又は文書による平和的説得の方法で就業中止を要求し得ることはいうまでもないが、これらの者に対して暴、

行、脅迫もしくは威力をもつて就業を中止させることは一般的には違法であると解すべきである。しかし、このような就業を中止させる行為が違法と認められるかどうかは正当な同盟罷業その他の争議行為が実施されるに際しては特に諸般の情況を考慮して慎重に判断されなければならないこともいうまでもない。」（最判昭三一・一二・一一刑集一〇・一二・一六〇五）。

【123】「労働争議のストライキに於けるピケティングは元来組合員のストライキからの脱落と所謂争議破の出現を警戒防止することを主たる目的とし、引いては争議の存在を広く社会に知らせ、国民一般のこれに対する理解と協力を得ようとするに在るものと解せられる。よつて組合員であり乍らみだりに争議から脱退して就業するような者が出ないように監視し、若しこのような者が出た場合には更に説得し、出来るだけ作業所に入ることを防止し非組合員に対しては、出来るだけ争議に協力し、ストライキ中はその職場に就労しないように呼びかけること等を目的とするものであり、更に使用者が臨時に労務者を雇入れて就業させようとする場合はその労務者に対し同じくストライキに協力して就業しないように説得し、就業を阻止することも亦その目的の一つとするところと思料される。

従つてストライキ参加者が平穏な手段方法で非参加者に対し協力並に参加を呼びかけ説得、勧誘をすることは勿論許されてしかるべきことであり、若しピケラインのストライキ参加者が非参加者に対し右のような説得呼びかけをしている際ことさらこれを妨害するならば、これは所謂ピケット権の侵害となるものと解せられるのである。

しかし乍ら他方ストライキ非参加者は参加者の右説得を聴かなければならない義務のないことは言うまでもないところであり、説得に拘ることなく自由に行動しうるものであるから、ストライキ参加者と雖も平穏な説得行為に非ずして実力を行使して非参加者の就業を妨害圧迫してよい権限は勿論有しないのである。」（東京高判昭三〇・六・一四特報二・一二・五九八）。

なお次の判例は会社の協約違反の出荷を阻止する行為を正当防衛であるとする主張に対して、協約違反の事実の存在しないことを前提としつつ、

【124】「次に論旨は被告人等の出荷阻止行為をもつて団体交渉権防衛のためやむなくなされた正当防衛行為で……ある旨主張するからこの点につき按ずるに経営者の本件出荷行為が……仮りに不当労働行為の疑あつて違法視せらるべく従つて出荷阻止が防衛行為としてなされたものとしても本件の如く平和的説得阻止の限度を遙に超えた暴行行為は刑法第三六条第二項にいわゆる「防衛ノ程度ヲ超エタル行為」と認定せざるを得ないのであつてしかも同条同項所定の情状は記録上これを認めることが出来ないから正当防衛の主張は理由なく……。」(大阪高判昭三二・三・一九 判例時報一二一・二一)。

として、正当防衛の成立を否定している。

また次の判例は、ピケ破り行為がピケに対する不法な侵害を防ぐための正当防衛ないし緊急避難であるとの主張を斥けたものである。

【125】「以上の事実から考察すると被告人……は何等権限がないのにストライキに参加しなかつた日本人運転手が正当に運転するバスの出門を多数の組合員の威力を示し実力によつて阻止したものと認めざるを得ないのである。しからば原判決が渡辺運転手等の運転手は被告人等をして平和的説得をする余ゆうも与えず、ピケラインを強引に突破しようとしたものと認め、被告人の所為を目してピケラインの組合員が右運転手等に対する説得の余地を作る為にのみする止むを得ない妨害行為で、ピケラインに対する現在の危難を避ける為止むことを得ざるに出た行為であるとして刑法第三七条第一項本文により業務妨害罪を構成しないと認めたのは正に法令の解釈を誤り事実を誤認したものというべく……。」(東京高判昭三〇・六・一 四特報一二・五九八)。

【126】「よつて、進んで、右のような事実関係を前提として、被告人の本件所為が、果して、原判示のよ

うに過剰緊急避難行為に該当するかどうかの点につき審究するに、我が国の憲法は、勤労者の団結権を保障しているので、労働者は労働組合を結成し、又は結成された労働組合に加入する権利を有することは明らかであるがこれと同時に、他にもいろいろの自由と権利とを右憲法によつて保障されている関係上、自己の意思に基づいて労働組合を結成しないことも、既に結成された労働組合に加入しないことも自由であると解すべきことは、所論のとおりであり、又、労働組合は、その所属構成員に対してのみ、労働力のコントロールを加え得るものであつて、構成員以外にまでこれを強制しえないことは、労働法上の基本理論であるから、労働組合が組合員の労働力を統制してストライキを継続することが、当然の権利行使であると同時に、非組合員が右ストライキに同調しないで就業することも、また当然の権利行使であり、右の争議権と就業権とは、対等の立場に立ち、互に並立する関係にあるものと解すべきことも、また所論のとおりであるところ、これを本件についてみるに、証人吉木国雄、同大塚孝一郎の原審及び当審における各供述、並びに当審証人北原伊四郎、同保科清、同菊一勇次郎、同小幡五郎、同渡辺祐治らの各供述をそう合するときは、本件の場合における非組合員らは、いずれも自己の自由意思によつて原判示労働組合に加入せず、原判示ストライキにも参加しなかつたものである上に、原判示のような方法によつてまで就労しようとしたのは、ストライキに同調して就労しないでおれば、その間賃金による収入が中絶するばかりでなく、職場を馘首されるおそれがあつたため、自己及び家族の生活上の必要から、やむなくその挙に出たものであつて、故意に組合のストライキを妨害しようとする意図のもとに行つたものではなかつたことが認められるのであるから、右非組合員らが就労しようとしたことは、正当な権利の行使であつたものというべきであり、従つてかかる権利の行使に対しては、ストライキ参加者において、これを積極的に妨害することは許されないものといわなければならない。

しかして、ピケットは、労働組合の争議権に基づく争議手段の一種であつて、組合の構成員以外の非組合員に対する関係においては、本来その就業を拒否する根拠がないものであり、特に、いわゆる「スト破り」の雇入れ等のように、ストライキの効果を減殺することを目的としたものではなくて、真に生活のために就労しようとする非組合員に対しては、平和的で穏和な説得行為であるならば格別、右限度をこえてその就労を拒否することは許されないものと解すべきところ、本件においては、非組合員らが、原判示のような集団の力によつて強いて就労しようとしたのは前述のとおり、いわゆる「スト破り」の雇入れ等のように組合のストライキの効果を減殺することを目的としたものではなくて、真に生活上の必要からやむなく採つた行動であつたことが認めえられるばかりでなく、被告人の司法警察員及び検察官に対する各供述調書によれば、被告人らは、非組合員といえども、組合のストライキには同調すべきことが当然の原則であるとの信念の持主であることが認められる上に、原審証人大塚孝一郎、同大神弘好の各供述、及び当審証人北原伊四郎、同保科清、同小幡五郎、同菊一勇次郎の各供述をそう合考かくするときは、本件非組合員らは、組合が原判示ストライキに突入した当初は、これに同調するの態度に出たけれども、日を重ねるに従い、且つ争議解決の見とおしが困難となつてきたため、生活上の必要を痛感するに至り、本件発生の前日、相謀つて代表を送り、組合幹部に交渉させて入場方を懇請したけれども組合側にこれを拒絶されたものである。並びに組合側においても、本件発生の前日において既に非組合員らが入場しようとしているとの情報を入手して、これに備え、非組合員といえども一切入場させない態勢を固めていたものであること等が窺われ、右非組合員らとしては、かかる事情の下においては、もはや、集団の力によつてでも入場するより外に方法がないものとして、原判示のような集団入場を決意するに至つたものと認められるのであつて、このような方法によつて入場したのも、ひつきよう他に執るべき方法がなかつたため、やむをえざるに出た権利行使の手段であつたと考えられるのである。従つて、右非組合員等が、原判示日時に集団入場しようとして原判示場所に進行して行つた当時においては、既に両者決裂の後であつて、組合員によつて「平和的説得」の行われる余地のないような状態にまで立ち至つていたことが察せられるのであり、このような状況下におかれた非組合員らが、右現場において、前示大神と赤池とのなぐりあいをきつかけとして混乱状態に陥つた際、その間隙に乗じて一せい入場しようとしたからといつて、いまだもつて、原判示のように刑法第三十七条第一項所定の現在の危難があつたものということはできないものというべく、従つて、被告人の本件所為は、結局、正当な権利の行使として就労しようとした非組合員に対し、実力をもつてこれを阻止しようとしてなした暴力行為であり、何ら違法性を阻却すべき理由を発見することができないものといわなければならない。」（東京高判昭三〇・三・三一刑集八・二・二一七）。

以上ピケティングに対する裁判所の態度を概観したが、これらの当否について若干理論的に検討を加えてみよう。

まずピケティングが単なる宣伝ないし示威運動としてなされるかぎりでは別段法益侵害をともなわないから刑法上問題とする限りではない。この点について、ピケティングが平和的説得、すなわち組合員以外の者に対して争議破りをしないよう要請するに止まるかぎり、本来違法性（法益侵害性）はないわけである。すでに述べたようにそれが争議と矛盾した経営者第三者あるいは非組合員ないし脱落者の経済活動を妨害する状況に至つた場合には、そこに法益侵害をともなうから、そこではじめて刑法上の問題が生ずるわけである。そこでかかるピケティングによる法益侵害につき、それが正当な争議行為として違法性を阻却されるものかどうかが問題となる。

まず第一にさきにも指摘したように、ピケッティングが正当な争議行為に附随してそれに対する妨害を排除するための争議行為であるから合法化されるという主張が考えられる。

しかし本来の争議行為が正当だからといつてそれに附随する行為がすべて合法化されるものでないことはすでに述べたところであり、また争議権はいわゆる一般の請求権とは異り、経営者に対して争議を受忍すべき義務あるいは争議に対抗手段をとることを避止すべき義務を課するものではなく、経営者が経営権を行使して操業を強行することは当然に自由であり、これもまた正当な経済活動として法の保護をうけなければならない。この点は以上に掲げる判例においてほぼ一致している。

前掲判例【117】は会社側の職場代置をスクラムにより実力で阻止した事件であり、電源ストについてはさきに述べたごとく発電機の運転停止自体は争議行為の正当性の範囲を逸脱するものではないがそれに必然的に伴う職場占拠は不法と解すべきであるから、不法占拠を排除するための会社側の人夫の行為を妨害する権利は組合員には存しないものと解すべきであり、この点判旨不当と考えられる。

また前掲【119】の判例は会社の出荷を阻止することは一応正当であるかのごとき表現を用いているが、これも理論的には疑問である（後に述べるように実際上それが刑法に触れぬということはある）。

このことは非組合員あるいは第二組合員の就業阻止にもあてはまる。これらの者は争議組合の統制権に服するものではなく、またこれらの者は自らの生活を維持するために就業する自由を有し、（勤労権）争議に協力すべき義務を何ら負うものではない。第三者に至つてはなおさらのことである。（もつとも単なる顧客に対しては業務妨害という問題を生じない――例えばデパートのピケで買物客を阻止するが如し）。したがつてこれらの者に対する経済活動の妨害が、単に労働争議行為であるとの理由で正当化される根拠は存しない。

しかしながらピケティングによる人の経済活動の妨害は、労働組合がこれらピケティングによつて阻止された者に対して争議に対する妨害行為を避止することを請求しうる特別の事情が存するかぎりは、それが相当な手段で行われるかぎり正当行為（むしろ一種の自救行為）として違法性を阻却される場合が考えられるであろう。

その第一の場合は争議脱落者——裏切り者——に対する場合である。かかる者に対しては、正当な手続によつて組合を脱退した場合を除き、組合は団結権の効果として組合員に対して組合の決議に服従すべきことを請求する権利をもつ。もちろん決議に服従しない者を任意的にではなく強制的に服従せしめることは本来は国家機関の手を介してなさるべきことであるが、争議のような緊急を要する場合には必ずしも国家機関による救済をまついとまのない場合もありうるから、かかる場合にかぎつて、暴行・脅迫にわたらぬ程度の相当強力な手段ですなわち多少の威力を用いて就業を阻止することが自救行為として許されるであろう。判例【120】の見解は狭すぎるように思われる。なおこの場合ピケティングによつて会社のこれらの脱落者による操業を妨害する点についてその正当性が問題となるが、脱落者の阻止が合法的になされうる以上、会社に対する操業妨害の点はその当然の結果として不問に附さるべきである。

なおこの点につき次の判例は、ピケティングが脱落者の阻止であると否とを問わず会社業務の妨害となるとするもののようである。

【127】（事実）「電鉄会社において労組員の手をかりずに列車を運行するため非組合員により列車を運行

せしめたところ、ストライキ中の組合員は、同列車の運行を阻止するため、同列車の前方、後方の各ポイントをそれぞれ反位に切りかえ、これに施錠し鍵は組合員において保管し、列車の前方、後方の線路上に多数の組合員が立塞がり或いは横臥し、更に危険信号のための赤旗をかざし同列車をして前進も後退もできないようにし、会社側の計画した非組合員による列車の運行を不可能ならしめた。」

（判旨）「弁護人は本件列車を運転した運転手車掌らは労働組合の組合員であり彼らは組合の権利を侵害するもので一の権利濫用であり……之に対し組合が自衛行動として叙上の行為に出たことは正当であると主張する。然しながら……組合員たるこれらの者がストライキ当日組合に脱退届を提出することによつて組合員たる地位を失うか否かは別論として少くとも会社の命によりこれらの者が運行せしめていた列車を叙上のような方法によつて運行を阻止することは組合の自衛行動であつて正当であるとする弁護人の論旨は採用し難い。」（広島高松江支判昭二九・一二・一三刑集七・一二・一七四七）。

しかし上述のごとく、この点は疑問である。もつとも本件のような事例では、妨害の方法が相当性を欠くからこの面で違法性を帯びるものということができよう。

また同様の理由から、労使間の特別の協定で経営者が争議破り行為を避止すべく義務づけられている場合——職場代置禁止条項等——には、経営者がこれに違反した場合に労働組合は違反行為の停止を請求することができ、当該請求権の実現について国家機関の救済を待ついとまのないときには、前記裏切りの場合と同様に、暴行・脅迫等人の身体に危害を及ぼさぬ限度で、かなり強力な手段を用いて出荷、職場代置を阻止することは合法と考えられる。すなわち以上の二つの場合には威力——スクラム——を用いて業務を妨害しても、それが単なる人の経済的活動の妨害に止まり暴行・脅迫等個人の身体的法益を害するに至らない限り、違法性が阻却されるものと解せられる。

前記の場合を除いて、争議破り行為といえども個人の正当な経済的活動として法の保護をうけることになり、したがつてピケティングは違法な業務妨害となるのであるが、ただその手段の点においてそれが威力に該当するかどうかという問題およびその威力の行使がどの程度まで合法的でありうるかという問題が残ることになる。なおこの点に関してすでに述べたように平和的説得すなわち争議破りに対し争議に対し協力するよう平穏に要請し説得することは文字通りに行われるならば業務妨害という結果を生じない。しかし平和的説得が業務妨害にならないのは説得に応じない者の通行を妨げないという限度に於いてである。けだし平和的説得は権利ではなく、したがつて相手方は一切説得に応ずる義務はなくこれを拒否しうるのであるから、説得に応じないものは絶対に通行を認めないというピケティングは、名を平和的説得にかりた巧妙な妨害手段に他ならないからである。

そこで次にピケティングの態様についてそれが威力にあたるかどうか、また威力にあたるとしてそれが不法な威力であるかどうかが問題となる。このうち威力の点についてはピケティングは一般に、多数の組合員によるスクラムないしそれに類似の方法で行われる場合には、人の意思を抑圧するに足る勢力として威力と見ることができることはすでに述べた。問題はその違法性である。この点についてまず積極的な行動をともなうピケティング、例えばスクラムを組み労働歌を高唱する等積極的に、ピケラインに近づく一般人を威圧するようなピケティングは違法であるとみてよいであろう。しかし単なる消極的抵抗に止まるすわり込み的なピケティングについては、むしろ刑法上は不法な威力とはみるに当らないと考えられる。けだしそれは単に障碍物の除去をしないという不作為的な性質に止まり、労務提供の停止的色彩が強いからである。平和的説得に仮託した通行妨害の場合も純然たる第三者に対する場合を除いて、同様の見地から積極的に通行者の身体に手をかけたり、押す、突く等の法益侵害行為がともなわないかぎり、必ずしも不法な威力とは解されないということになる。

以上「業務妨害」および「威力」の両面にわたりピケティングの違法性を検討したが、結局平和的ピケティング消極的妨害に止まるピケティングは純然たる第三者に対する場合を除き一般に刑法上は合法的であるが、積極的に威力的なピケティングは、裏切り者、あるいは経営者の協定違反のある場合に限り合法的であるといえる。判例の態度も、若干のものは除いて一般に結論においては妥当であるように思われる。もちろんこの結論は刑法的観点からのもので、前記の分析からもあきらかなように民事的には、前記の消極的抵抗によるピケティング、平和的ピケティングも、脱落者ないし協定違反の経営者に対する場合を除き、業務妨害の面では違法であるから、仮処分等の法的手段をとりうることはいうまでもない。もちろんこれは通常の事情の下でのことで刑法三十五条ないし労組法一条二項によっては違法性を阻却されないという意味であり、正当防衛ないし緊急避難として違法性が阻却される場合を否定するものではない。

(三)　ピケティングについてはさいごにいわゆるピケ破り行為の合法性についても考えておかなければならない。

ピケティングについて、組合側が正当な理由を有するときとそうでないときとの二つの場合が考えられるわけであるが、ピケ破りの合法性についても、まず正当なピケに対する場合と不当なピケに対する場合とをわけて考えなければならない。

まず裏切者や協定違反の職場代置等の不法を阻止するためのピケティングに対抗して、これらの者が暴力でスクラムを解かせることはもちろん違法であり、暴行脅迫等の所為に応じてそれぞれ刑法によつて処罰される。

問題はピケティングが本来不法な場合である。この場合ピケによつて通行、就業を阻止された者は通行・就業することにつき正当な理由を有するものであり、説得に応ずる義務はなくあくまでスクラムを解き通行・就労に対する妨害をやめるよう労働者に要求する権利がある。

しかしそれだからといつて、これらの者が実力を以つてスクラムを解き就業のために通行することが直ちに合法化されるものではない。これは不法な就業を実力で阻止する場合と同じく一種の自救行為とみるべきであるから、したがつてみだりに実力を行使することは許されず、ただ厳格な要件のもとに合法化される場合が認められるにすぎない。まずピケが違法だという理由で、頭から実力に訴えることは妥当な方法とはいえない。いわゆる勤労権の行使は労働組合法一条二項の関知しないところである(宮崎地延岡支判昭二四年九月二一日資料四八・二一)。かような場合にはまず第一にピケティング中の組合員に対して平和的な方法で妨害を停止するよう説得すべきである。とくに組合員が一応平和的に争議への協力をよびかけている場合には、非組合員はもちろんこの説得に応ずる義務はないのではあるが、しかしこれをはじめから相手にせず一切力づくでスクラムを突破しようというような態度は、自救行為の要件としての相当性を欠くことになり違法であるといえよう。

また平和的手段で妨害を停止させることが不可能であるからといって、相当な混乱なしには実力で妨害を排除しえないような事情にあるときには、一応法的手段によって妨害の排除を試みるべきで、暴力と暴力との衝突というような事態はできるだけ回避すべきである。この場合には通行・就業が阻止されることにより当人がこうむる損失を考えあわせ、就業の阻止によって回復しがたい重大な損失を生ずるような場合にのみ強力な実力行使が許されるものといわねばならない。(なお本稿二二四頁【125】事件参照)。

さらにその方法も、妨害を排除するために必要な程度の実力行使に限らるべきで、はじめから組合員の生命身体に危害を加えるような攻撃方法はまさに違法な暴力行為というのほかはない。したがってかような不法な攻撃に対しては、組合員は正当防衛ないし緊急避難をなし得、そのため若干の暴力行使があっても違法性を阻却されることになるであろう。

次の判例は暴力的なピケ破りを違法とした珍らしい事例であるが、前述の趣旨から是認しうるものである。

【128】「……私人が法益に対する侵害等を防衛する場合に已むことを得ざるものとして当然許容せらるべき範囲は整備せる現代国家の機構組織の下において必然的に極めて狭少に限局されたものであると解さねばならぬ。それ故よし被告人等に正当な権利があってもあくまで平和的に合法的にこれを行使せねばならぬ責任と義務を負うものであって、たとえこれが行使の妨げとなる不法の侵害があってもかかる限局された範囲内においてのみ実力行使を是認せらるべきものというべきで、いやしくも侵害者に対し暴行傷害を加えるようなことは立憲治下、文化国家の国民として厳に戒慎せなければならぬ。況んや本件のように争議が頂点に

達し第一組合員等が自己の目的を貫徹せんことに汲々として敢て違法の手段をも意に介せずとする亢奮状態の下において被告人等第二組合員が多衆の力を頼みその防衛線を突破して直接行動に出づることは勢の赴くところ必然的に暴行傷害の結果を誘発するは理の当然とするところであつて、かかる具体的情況の下においてなされた本件犯行が社会通念上当然として是認し許容せらるべきはずがない……。」

「尚弁護人等は被告人等の本件行為は憲法並びに労働諸法規上認められた正当業務行為であるから違法性を阻却する旨抗弁するけれども旧労働組合法第一条第二項は労働組合の団結権の保障及び団体交渉権の保護助成によつて労働者の地位の向上を図り経済の興隆に寄与することの目的達成のために、なした正当行為についてのみこれが適用を認めているのであつて憲法二八条の根本精神と同一趣旨のことを規定しているに過ぎない。然るに本件行為は単に憲法第二十七条の保障する勤労権を行使する手段としてなされたものであつて前叙目的達成のためになされた行為と観ることができないので前記法条の適用ないものといわねばならぬ。」（宮崎地延岡支判昭二四・九・二二資料四八・二八一）。

＊　＊　＊　＊

なおその他の争議行為については判例もすくないので、特にふれることを避ける。また以上の叙述は専ら労組法一条二項ないし刑法三五条の問題として争議行為の正当性を検討してきたのであるが、前記法条によつて正当とは認められない行為についても正当防衛ないし緊急避難の要件にあたる場合には違法性が阻却され犯罪の不成立を来すことのあることは折にふれて指摘したところである。その詳細な要件等については、それぞれ正当防衛・緊急避難の項を参照されたい。

地方裁判所判例

区裁判所判例

判　例　索　引

大審院判例

最高裁判所判例

高等裁判所判例

著者紹介

安《やす》 平《ひら》 政《まさ》 吉《きち》　最高検察庁検事

藤《ふじ》 木《き》 英《ひで》 雄《お》　東京大学助教授

総合判例研究叢書　刑　法 (8)

昭和 32 年 12 月 15 日　初版第 1 刷印刷
昭和 32 年 12 月 20 日　初版第 1 刷発行

著作者　安　平　政　吉
　　　　藤　木　英　雄

発行者　江　草　四　郎

印刷者　浅　野　末　五　郎

東京都千代田区神田神保町2ノ17
発行所　株式会社　有　斐　閣
電話九段 (33) 0323・0344
振替口座東京 370 番

印刷・株式会社 有 光 社　製本・稲村製本所

総合判例研究叢書 刑法(8)
(オンデマンド版)

2013年2月1日　発行

著　者　安平　政吉・藤木　英雄
発行者　江草　貞治
発行所　株式会社 有斐閣
〒101-0051　東京都千代田区神田神保町2-17
TEL　03(3264)1314(編集)　03(3265)6811(営業)
URL　http://www.yuhikaku.co.jp/

印刷・製本　株式会社 デジタルパブリッシングサービス
URL　http://www.d-pub.co.jp/

AG508

ISBN4-641-91034-0　Printed in Japan